Markus Bauder, Volker Holzer, Thomas Paaß, Ulrich Patzig, Christian Seifritz

Holzer Stofftelegramme Wirtschafts- und Sozialkunde (Gesamtwirtschaft), Gemeinschaftskunde

Kompetenzbereiche I–IV
Industriekauffrau/-mann
Groß- und Außenhandelskauffrau/-mann
Kauffrau/-mann für Spedition und Logistikdienstleistung
Immobilienkauffrau/-mann
Kauffrau/-mann für Marketingkommunikation
u. a.

Baden-Württemberg

Lösungen

2. Auflage

Bestellnummer 00655

■ Bildungsverlag EINS
westermann

Die in diesem Produkt gemachten Angaben zu Unternehmen (Namen, Internet- und E-Mail-Adressen, Handelsregistereintragungen, Bankverbindungen, Steuer-, Telefon- und Faxnummern und alle weiteren Angaben) sind i. d. R. fiktiv, d. h., sie stehen in keinem Zusammenhang mit einem real existierenden Unternehmen in der dargestellten oder einer ähnlichen Form. Dies gilt auch für alle Kunden, Lieferanten und sonstigen Geschäftspartner der Unternehmen wie z. B. Kreditinstitute, Versicherungsunternehmen und andere Dienstleistungsunternehmen. Ausschließlich zum Zwecke der Authentizität werden die Namen real existierender Unternehmen und z. B. im Fall von Kreditinstituten auch deren IBANs und BICs verwendet.

Die in diesem Werk aufgeführten Internetadressen sind auf dem Stand zum Zeitpunkt der Drucklegung. Die ständige Aktualität der Adressen kann vonseiten des Verlages nicht gewährleistet werden. Darüber hinaus übernimmt der Verlag keine Verantwortung für die Inhalte dieser Seiten.

service@bv-1.de
www.bildungsverlag1.de

Bildungsverlag EINS GmbH
Ettore-Bugatti-Straße 6-14, 51149 Köln

ISBN 978-3-427-**00655**-8

westermann GRUPPE

© Copyright 2017: Bildungsverlag EINS GmbH, Köln
Das Werk und seine Teile sind urheberrechtlich geschützt. Jede Nutzung in anderen als den gesetzlich zugelassenen Fällen bedarf der vorherigen schriftlichen Einwilligung des Verlages.
Hinweis zu § 52a UrhG: Weder das Werk noch seine Teile dürfen ohne eine solche Einwilligung eingescannt und in ein Netzwerk eingestellt werden. Dies gilt auch für Intranets von Schulen und sonstigen Bildungseinrichtungen.

Inhaltsverzeichnis

Wirtschafts- und Sozialkunde (Gesamtwirtschaft)

Kompetenzbereich I:
In Ausbildung und Beruf orientieren 7

1 Duales Ausbildungssystem 7
1.1 Grundlagen: Beteiligte, Lernorte, Ausbildungsordnung 7
1.2 Das Ausbildungsverhältnis mit Exkurs Zeugnis 7
1.3 Konfliktsituationen und Lösungsmöglichkeiten 12

2 Schutzbestimmungen für Mitarbeiter am Arbeitsplatz 13
2.1 Das Jugendarbeitsschutzgesetz 13
2.2 Arbeits-, Unfall-, Gesundheits- und Kündigungsschutz 14

3 Mitwirkung und Mitbestimmung nach dem Betriebsverfassungsgesetz 15
3.4 Aufgaben zu den Kapiteln 3.1–3.3 15

4 Tarifvertrag, Arbeitskampf und Betriebsvereinbarung 21
4.3 Aufgaben zu den Kapiteln 4.1 und 4.2 21

5 Das System der sozialen Absicherung 27
5.9 Aufgaben zu den Kapiteln 5.1–5.8 27

6 Prüfungsaufgaben Kompetenzbereich I 32

Kompetenzbereich II:
Wirtschaftliches Handeln in der Sozialen Marktwirtschaft analysieren 52

1 Wechselseitige Beziehungen der Wirtschaftssubjekte 52
1.3 Aufgaben zu den Kapiteln 1.1 und 1.2 52

2 Ordnungsmerkmale der Sozialen Marktwirtschaft 56

3 Kooperation und Konzentration 58
3.4 Aufgaben zu den Kapiteln 3.1–3.3 58

4 Markt und Preis 60
4.1 Markt und Marktformen 60
4.2 Bestimmungsgründe: Nachfrage und Angebot 62
4.3 Die Marktpreisbildung 68
4.3.1 Vollkommener und unvollkommener Markt 68

4.3.2	Polypol – vollkommener Markt	71
4.3.3	Markteingriffe des Staates	77
4.3.4	Angebotsmonopol	80
4.3.5	Angebotsoligopol	85
5	Prüfungsaufgaben Kompetenzbereich II	88

Kompetenzbereich III:
Wirtschaftspolitische Einflüsse auf den Ausbildungsbetrieb, das Lebensumfeld und die Volkswirtschaft einschätzen 99

1	Wirtschaftspolitische Ziele	99
1.4	Aufgaben	99
1.5	Prüfungsaufgaben	103
2	Konjunktur und Konjunkturpolitik	105
2.3	Aufgaben	105
2.4	Konjunkturpolitik (allgemein)	107
2.6	Prüfungsaufgaben	109
3	Beschäftigungs- und Arbeitsmarktpolitik	112
3.4	Aufgaben (Grundwissen)	112
3.5	Prüfungsaufgaben	113
4	Der Wert des Geldes und seine Messung	114
4.5	Aufgaben (Grundwissen)	114
5	Geldtheorie und Geldpolitik	117
5.1	Das Europäische System der Zentralbanken (ESZB)	117
5.2	Inflation und Deflation (Geldwertschwankungen)	119
5.3	Geldpolitik der EZB	120
5.3.4	Aufgaben	120
5.4	Prüfungsaufgaben	124
6	Europäische Integration, Globalisierung, Freihandel, Protektionismus, WTO	125
6.5	Aufgaben	125
6.6	Prüfungsaufgaben	126

Kompetenzbereich IV:
Entscheidungen im Rahmen einer beruflichen Selbstständigkeit treffen 127

1	Berufliche Selbstständigkeit	127
1.1	Anforderungen	127
1.2.1	Beratung	128
1.2.2	Förderung und Finanzhilfen	128
1.3	Businessplan	128

2	**Standortfaktoren**	**129**
2.3	Aufgaben	129
2.4	Prüfungsaufgaben	129
3	**Rechtsformen der Unternehmung**	**130**
3.1	Kaufmann – Handelsregister – Firma	130
3.3	Einzel- oder Gesellschaftsunternehmung	135
3.4	Die Kommanditgesellschaft (KG)	135
3.5	Die GmbH (einschließlich UG)	142
3.6	Die GmbH & Co. KG	146
3.7	Prüfungsaufgaben	146
4	**Unternehmensziele und Unternehmensleitbild**	**151**
4.1	Unternehmensziele	151
4.2	Unternehmensleitbild	151
4.3	Prüfungsaufgaben	151

Gemeinschaftskunde

1	**Junge Menschen in Beruf, Familie und Gesellschaft**	**157**
1.1	Auszubildende und ihre Lebenswelt	157
1.2	Strukturwandel der Gesellschaft	158
1.3	Medien und Mediennutzung	161
1.4	Prüfungsaufgaben	162
2	**Demokratie in Deutschland**	**177**
2.1	Partizipation und politischer Entscheidungsprozess	177
2.2	Entwicklung der Demokratie in Deutschland und ihre Gefährdungen	181
2.3	Grund- und Menschenrechte	186
2.4	Prüfungsaufgaben	187
3	**Internationale Zusammenarbeit**	**204**
3.1	Europa im 20. und 21. Jahrhundert	204
3.2	Globalisierung	206
3.3	Friedenssicherung und Entwicklungszusammenarbeit	207
3.4	Prüfungsaufgaben	212

Prüfungsaufgaben Sommer 2017

1	Prüfungsaufgaben Wirtschafts- und Sozialkunde Sommer 2017	228
2	Prüfungsaufgaben Gemeinschaftskunde Sommer 2017	231

Wirtschafts- und Sozialkunde

Kompetenzbereich I:
In Ausbildung und Beruf orientieren

1 Duales Ausbildungssystem

1.1 Grundlagen: Beteiligte, Lernorte, Ausbildungsordnung

1.
   - Berufsbildungsgesetz
   - Ausbildungsordnung
   - Jugendarbeitsschutzgesetz
   - Berufsausbildungsvertrag

2. **Duales Ausbildungssystem:** Kombination zwischen praktischer und theoretischer schulischer Ausbildung

   Lernort Betrieb: Auszubildender erhält praktische Berufsgrundbildung.
   Basis der Ausbildung:
   - Berufsausbildungsvertrag
   - **Berufsbildungsgesetz**: enthält u. a. Bestimmungen über Rechte und Pflichten des Auszubildenden sowie über die Ausbildungsordnung (s. u.)

   Lernort Berufsschule: Auszubildender erhält theoretische Ausbildung.
   Basis der Ausbildung:
   - Schulpflicht
   - Lehrpläne
   - Schulgesetze der Länder

3. **Inhalte der Ausbildungsordnung (§ 5 Berufsbildungsgesetz):**
   - Bezeichnung des Ausbildungsberufes
   - Ausbildungsdauer (zwei bis drei Jahre)
   - Ausbildungsberufsbild: Fertigkeiten und Kenntnisse, die Gegenstand der Ausbildung sind
   - Ausbildungsrahmenplan: Anleitung zur sachlichen und zeitlichen Gliederung der Fertigkeiten und Kenntnisse
   - Prüfungsanforderungen

4. **Ausbildungsberufsbild:** Beschreibung der Fertigkeiten und Kenntnisse, die Gegenstand der Ausbildung sind

5. **Ausbildungsrahmenplan:** schriftliche Anleitung zur sachlichen und zeitlichen Gliederung der Vermittlung der notwendigen Fertigkeiten und Kenntnisse des jeweiligen Ausbildungsberufes

1.2 Das Ausbildungsverhältnis mit Exkurs Zeugnis

1. mindestens ein Monat, maximal vier Monate
2. während Probezeit jederzeit ohne Angabe von Gründen fristlos kündbar

Nach Probezeit: unkündbar

    Ausnahmen:
- fristlose Kündigung bei wichtigem Grund
- Aufgabe Berufsausbildung (Frist vier Wochen)
- andere Berufsausbildung (Frist vier Wochen)

3. Rechte:
- Vergütung
- Fürsorge
- Ausbildung gemäß Ausbildungsziel
- Bereitstellung der Ausbildungsmittel ...
- Urlaub
- Freistellung zur Berufsschule
- Zeugnis

    Pflichten:
- Dienstleistung
- Berufsschulbesuch
- Berichtsheft führen
- Lernpflicht
- Schweigepflicht
- Weisungen befolgen ...

4. Berufsbildungsgesetz, Jugendarbeitsschutzgesetz

5. Schriftform

6. mit Bestehen der Abschlussprüfung bei der IHK

7.
- Selbstständigkeit
- Teamfähigkeit
- Verantwortungsbereitschaft
- Fähigkeit zur Problemlösung
- Kommunikationsfähigkeit
- Denken in Zusammenhängen
- Eigeninitiative
- Kreativität

8. a) Vereinbarung I: Vorrang des Betriebes gesetzeswidrig, weil
- Berufsschulpflicht besteht für den Auszubildenden und Pflicht zur Freistellung zum Besuch der Berufsschule für den Ausbilder.
- Ein Entgeltausfall darf durch den Besuch der Berufsschule nicht eintreten.

    Vereinbarung II: Probezeit
- ist zu lang; maximal vier Monate, Probezeit endet am 31.12.2013.
- Beendigung des Ausbildungsverhältnisses fristlos und ohne Angabe von Gründen ist während der Probezeit möglich.

    Vereinbarung III: Tätigkeiten
Diese Vereinbarung ist ungültig, denn Auszubildenden dürfen nur Aufgaben übertragen werden, die dem Ausbildungszweck dienen. Hausmeisterarbeiten gehören nicht dazu.

    Vereinbarung IV: Urlaubsregelung
- Die Mindesturlaubsdauer beträgt 24 Werktage; dies gilt auch für volljährige Auszubildende.
- Für Auszubildende unter 18 J. gelten längere Regelungen, abhängig vom Alter.
15-jährige = 30 Werktage, 16-jährige = 27 Werktage, 17-jährige = 25 Werktage. Der Auszubildende hier ist zu Beginn des Kalenderjahres noch keine 17 Jahre alt (Geburtstag am 25.05.2013); er hat also Anspruch auf 27 Werktage, d. h. Anspruch auf neun Werktage im Jahr 2013.

WiSo (Gesamtwirtschaft): Duales Ausbildungssystem

ba) Die Kündigung ist rechtens; in der Probezeit kann fristlos gekündigt werden.
bb) Die Kündigung ist nicht rechtens. Für eine fristlose Kündigung nach der Probezeit muss ein wichtiger Grund vorliegen. Das ist hier nicht der Fall. Eine fristgerechte (vier Wochen) Kündigung wäre möglich, wenn Jan die Berufsausbildung ganz aufgeben möchte bzw. eine andere Berufsausbildung absolvieren möchte.
bc) Wenn Erdan die Abschlussprüfung insgesamt besteht, endet die Ausbildung mit der Bekanntgabe des Ergebnisses. Dies ist am Tag der mündlichen Abschlussprüfung der Fall. Das Ausbildungsverhältnis endet am 15.07.2013.
bd) Einfaches Zeugnis:
Angaben über Art, Dauer und Ziel der Berufsausbildung sowie erworbene Kenntnisse und Fertigkeiten
Qualifiziertes Zeugnis:
zusätzliche Angaben über Verhalten (Führung) und Leistung

9. a) Hallo Ursel, grundsätzlich können laut § 20 BBiG Probezeiten von 1–4 Monaten vereinbart werden, und damit können auch Unterschiede bei Auszubildenden entstehen. Deine Probezeit von 6 Monaten ist jedoch aufgrund des Gesetzes nicht zulässig.
b) Hallo Kevin, da du noch nicht volljährig bist, gilt für dich das Jugendarbeitsschutzgesetz. Hier ist in § 8 Abs. 1 klar geregelt, dass Jugendliche maximal acht Stunden täglich und 40 Stunden wöchentlich arbeiten dürfen. In Ausnahmefällen auch 8,5 Stunden, sofern die 40 Stunden in der Woche nicht überschritten werden. Damit sind die Überstunden nicht rechtmäßig.
c) Hallo Sabrina, die getroffene Vereinbarung verstößt gegen das Gesetz. Laut § 17 Abs. 1 BBiG muss die Vergütung jährlich ansteigen.
d) Hallo Armin, laut § 13 Nr. 6 BBiG bist du während deiner Ausbildung verpflichtet, Stillschweigen über betriebsinterne Geheimnisse zu wahren. Eine fristlose Kündigung ist laut § 22 Abs. 2 Nr. 1 BBiG nur aus einem wichtigen Grund zulässig. Hierzu können die Weitergabe interner Informationen gezählt werden. Damit ist die Kündigung rechtmäßig.
e) Hallo Nina, laut § 15 BBiG und § 9 JArbSchG muss dein Chef dich für die Berufsschule freistellen.

WiSo (Gesamtwirtschaft): Duales Ausbildungssystem

Test → Ausbildungsvertrag I – Lösungen

1. An der beruflichen Ausbildung sind **zwei Partner** beteiligt: **Berufsschule** und **Ausbildungsbetrieb**.

2.

Vorteile des dualen Systems	Nachteile des dualen Systems
• Die Ausbildung wird **abwechslungsreicher**.	• Die **Abstimmung** der Ausbildungsinhalte zwischen **Betrieb** und **Schule** ist häufig **schwierig** umzusetzen.
• Die Ausbildung erfolgt **praxisbezogen**, da sie sich überwiegend im Betrieb abspielt.	• **Ausbildungsplatzangebot** der Betriebe ist **unzureichend**.

3.
- **Berufsbildungsgesetz** (BBiG)
- **Jugendarbeitsschutzgesetz** (JArbSchG)

4.
- **Ausbildende**
- **Auszubildende**
- Bei Minderjährigen ist die **Unterschrift** des **gesetzlichen Vertreters** notwendig.

5.
- **Schriftform** – Ausfüllen eines bundeseinheitlichen Vordruckes
- Bei der **IHK** (ist für die kaufmännische Ausbildung zuständig) erfolgt die Eintragung in das Verzeichnis der Ausbildungsverhältnisse („Lehrlingsrolle").

6.
- **Beginn** und **Dauer** der **Ausbildung**
- **Dauer** der **Probezeit**
- Höhe der Ausbildungsvergütung usw. Siehe § 11 BBiG.

Tragen Sie Ihre Punktesumme ein und ermitteln Sie auf dem Aufgabenblatt Ihre Note.

Punktesumme 1. 12 | Punktesumme 2. 12 | Punktesumme 3. 12

WiSo (Gesamtwirtschaft): Duales Ausbildungssystem

Test → Ausbildungsvertrag II – Lösungen

1

Pflichten des Auszubildenden § 13 BBiG	Pflichten des Ausbildenden § 14 ff. BBiG
• **Lern**pflicht — **0,5**	• **Ausbildungs**pflicht — **0,5**
• **Schweige**pflicht — **0,5**	• **Freistellung** zum **Berufsschulbesuch** — **0,5**

1. 2
2. 2
3. 2

2

mindestens **1 Monat**, maximal **4 Monate** (§ 20 BBiG)
0,5 **0,5**

1. 1
2. 1
3. 1

3

Beide Partner sollen sich **kennenlernen** — **0,5**
und
die **Berufseignung und -neigung** überprüfen können. — **0,5**

1. 1
2. 1
3. 1

4

a) Während der Probezeit kann jeder Vertragspartner, also auch der Arbeitgeber, **fristlos** kündigen (§ 22 Abs. 1 BBiG). — **1**
Da Deborahs Arbeitgeber die **Schriftform** nicht beachtete, ist die Kündigung **unwirksam** **0,5** (§ 22 Abs. 3 BBiG). **0,5** **0,5**
b) Eine **fristlose Kündigung** — **0,5** ist **nach Ablauf der Probezeit nicht möglich**. Da bei Kim ein **Berufswechsel 0,5** vorliegt, beträgt die Kündigungsfrist **vier Wochen 0,5** (§ 22 Abs. 2 BBiG).

1. 4
2. 4
3. 4

5

a) Der Ausbildungsbetrieb muss ein **einfaches Zeugnis** ausstellen. (§ 16 Abs. 2 BBiG) **1** **1**
b) Das Zeugnis enthält Angaben über **Art, Dauer** und Ziel der Berufsausbildung sowie über die erworbenen Fertigkeiten und Kenntnisse des Auszubildenden (§ 16 Abs. 2 BBiG). **1**
c) Auf Verlangen des Auszubildenden sind Angaben über **Führung, Leistung** und besondere fachliche Fähigkeiten aufzunehmen (§ 16 Abs. 2 BBiG). **1**
d) Es handelt sich um ein **qualifiziertes Zeugnis** (§ 16 Abs. 2 BBiG).

1. 4
2. 4
3. 4

Tragen Sie Ihre Punktesumme ein und ermitteln Sie auf dem Aufgabenblatt Ihre Note.

Punktesumme 1. 12   **Punktesumme** 2. 12   **Punktesumme** 3. 12

1.3 Konfliktsituationen und Lösungsmöglichkeiten

1. Konflikte sind meist die Folge von *Kommunikationsstörungen*. Nur 10 % der Konflikte sind auf unterschiedliche Auffassungen über eine **Sachfrage** zurückzuführen. In 90 % aller Konflikte geht es „eigentlich" um die **Beziehung**, die beide Konfliktpartner zueinander haben.

2. **Mobbing** liegt vor, wenn der Konflikt über einen *längeren Zeitraum besteht*, die angegriffene Person unterlegen ist, die Angriffe *absichtsvoll und geplant* erfolgen, mit dem Ziel, das Mobbingopfer *auszustoßen*.

3. **Kommunikationsregeln** für ein Konfliktgespräch:
   - Person des Gesprächspartners achten; nur sachliche Kritik vortragen
   - keine Vorwürfe, nicht verletzen
   - Gesprächspartner nicht ins Wort fallen, ausreden lassen
   - Probleme des Gesprächspartners ernst nehmen, nichts herunterspielen
   - gemeinsam nach Lösungen suchen
   - keine Lösungen aufdrängen

4. Ablauf eines Konfliktgesprächs:

1.	Konflikt gemeinsam genau **beschreiben**: Worum geht es eigentlich? Typische Frage: „Wie siehst du das?" (keine Vorwürfe, nicht unterbrechen)
2.	Persönliches Anliegen und Betroffenheit durch **Ich-Botschaften** ausdrücken. Nicht gleich nach Lösungen suchen. Typische Redewendungen: „Mir geht es dabei ...", „Für mich bedeutet das ...", „Ich möchte gern ...", „Ich fühle mich ..."
3.	Gemeinsam nach **Lösungsmöglichkeiten** suchen. Typische Fragen: „Was können wir tun?", „Was hältst du von ...?"
4.	Gemeinsam **Vereinbarungen** beschließen. „Können wir uns darauf einigen ...?", „Ich werde ... tun und du wirst auf ... achten."

5. Stufenplan zur Konfliktbewältigung:

1.	Konfliktsignale wahrnehmen	• Widerspruch (Drohung, Beleidigung, Polemik) • Aufregung (Unruhe, Streit, Fraktionsbildung) • Ausweichen (Schweigen, Blödeln) • Lustlosigkeit (Desinteresse, Unaufmerksamkeit) • Krankheit (hohe Fehlzeiten), hohe Fluktuation
2.	Konfliktursache feststellen	• Sachfragen (unterschiedliche Vorstellungen) • Beziehungsebene (Sympathie, Antipathie) • Führungsfehler (Bevorzugung, autoritäre Führung) • Organisationsmängel (Über-, Unterorganisation)
3.	Konflikt handhaben	• Rückzug (Umgehung, Vermeidung, Verdrängung) • Durchsetzen (Gewinner)/Nachgeben (Verlierer) • Kompromiss (beide geben teilweise nach) • Konsens (gemeinsame Vereinbarung) • Intrige, Sündenbock suchen
4.	Rückmeldung (Feedback)	• Ich-Botschaften geben • zeitliche Nähe beachten • Bezug auf eine konkrete Situation • Bezug auf das Verhalten (nicht auf die Person) • Abmahnung, wenn keine Besserung

2 Schutzbestimmungen für Mitarbeiter am Arbeitsplatz

2.1 Das Jugendarbeitsschutzgesetz

1. Personen unter 18 Jahren

2. Kinder, Jugendliche unter 15 Jahren

3. Berufsausbildungsverhältnis oder leichte Tätigkeiten mit Einwilligung der Eltern ...

4.
   - Beschäftigungsverbote
   - Arbeitszeiten
   - Berufsschulbesuch
   - Ruhepausen
   - Urlaub
   - gefährliche Arbeiten

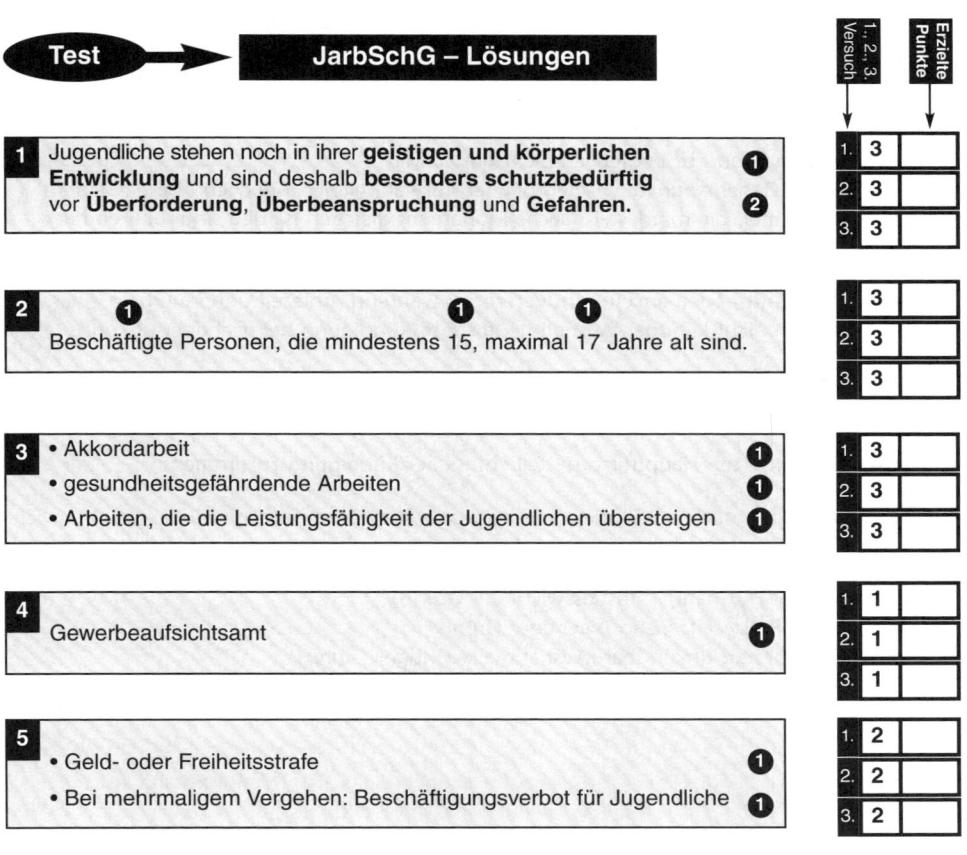

2.2 Arbeits-, Unfall-, Gesundheits- und Kündigungsschutz

1. a) • Arbeitsschutzgesetz (Inhalte: Arbeitssicherheitsgesetz, Arbeitsstättenverordnung, Gefahrenstoffverordnung, Bildschirmarbeitsverordnung, Betriebssicherheitsverordnung)
    • Gewerbeordnung
    • Vorschriften der Berufsgenossenschaften
   b) Gewerbeaufsichtsämter, Berufsgenossenschaft, Sicherheitsbeauftragter im Betrieb bei mehr als 20 Beschäftigten
   c) Unternehmerpflicht: geeignete Maßnahmen für Arbeits-, Gesundheits- und Unfallschutz der Beschäftigten treffen; Gefahren minimieren, z. B. hinsichtlich Umgebungsbedingungen (Beleuchtung, Lüftung, Staub- und Gasbeseitigung, Schutzvorrichtungen), Arbeitsbedingungen (einseitige Belastung, Monotonie, Körperhaltung), persönlichen Eigenschaften (Alter, werdende Mütter, Erfahrung)

2. a) Allgemeiner Kündigungsschutz: Schutz vor sozial ungerechtfertigter Kündigung Kündigung in folgenden Fällen unwirksam:
    • Der Arbeitgeber liefert keinen Kündigungsgrund.
    • Die Kündigung ist betrieblich nicht notwendig.
    • Soziale Gesichtspunkte wurden bei der Auswahl nicht ausreichend berücksichtigt.
   b) Arbeitnehmer, die mindestens sechs Monate im gleichen Betrieb sind; Betrieb hat mehr als zehn Arbeitnehmer

3. **Betriebsratsmitglieder und Jugendvertreter:** während Amtszeit und innerhalb eines Jahres danach nicht kündbar. Ausnahme: fristlose Kündigung bei wichtigem Grund.

   Werdende Mütter: während der Schwangerschaft bis vier Monate nach Entbindung, während Elternzeit

   Schwerbehinderte: Hauptfürsorgestelle muss der Kündigung zustimmen.

   Auszubildende: nach der Probezeit unkündbar; Ausnahme: fristlose Kündigung bei wichtigem Grund.

4. a) unkündbar (Ausnahme: fristlos/wichtiger Grund)
   b) Während Probezeit: fristlos/wichtiger Grund
      Nach Probezeit: unkündbar (Ausnahme: wichtiger Grund)

5. schwere körperliche Arbeiten, Akkord-, Fließarbeit, Mehr-, Nacht-, Sonn- und Feiertagsarbeit

3 Mitwirkung und Mitbestimmung nach dem Betriebsverfassungsgesetz

3.4 Aufgaben zu den Kapiteln 3.1–3.3

1. **Für Mitbestimmung:**
   - Interesse und Motivation der Arbeitnehmer am Betrieb steigen.
   - Demokratisierung der Wirtschaft
   - Humanisierung des Arbeitslebens
   - Gegenseitige Abhängigkeit von Arbeit und Kapital erfordert Mitbestimmung.

   Gegen Mitbestimmung:
   - Erschwerung betrieblicher Entscheidungsprozesse
   - Mitbestimmung ohne gleichwertige Mitverantwortung und Risikoübernahme
   - evtl. fehlende notwendige Sachkenntnisse der Arbeitnehmer
   - evtl. Kapitalflucht des in- und ausländischen Kapitals

2. a) **Betriebsrat:** Vertretung der Arbeitnehmer gegenüber dem Arbeitgeber

   b) **Einigungsstelle:** zur Beilegung von Meinungsverschiedenheiten zwischen Arbeitgeber und Betriebsrat

   c) **Betriebsversammlung:**
   - Versammlung aller Arbeitnehmer eines Betriebes während der Arbeitszeit
   - Der Arbeitgeber ist einzuladen.
   - Berichte des Betriebsrats und des Arbeitgebers

   d) **Wirtschaftsausschuss:**
   - in Unternehmen mit über 100 Arbeitnehmern
   - Mitglieder werden vom Betriebsrat bestimmt.
   - Aufgaben:
     – Beratung wirtschaftlicher Angelegenheiten mit dem Unternehmer und Unterrichtung des Betriebsrats
     – Informationsrecht über wirtschaftliche Angelegenheiten

   e) **Betriebsausschuss:** wird gebildet, wenn der Betriebsrat mindestens neun Mitglieder umfasst (§ 27 BetrVG).

   f) **Jugend- und Auszubildendenvertretung:** Vertretung der Belange der Jugendlichen und Auszubildenden (§ 60 ff. BetrVG)

WiSo (Gesamtwirtschaft): Mitwirkung und Mitbestimmung nach dem BetrVG

3. Z. B.

   Liebe Kolleginnen und Kollegen,
   Euer Betriebsrat hat unter anderem folgende Aufgaben:
   - Mitarbeiter beraten und sie bei der Durchsetzung ihrer Rechte gegenüber der Geschäftsführung unterstützen
   - kontrollieren, ob die geltenden Gesetze und Verordnungen zum Schutz der Mitarbeiter eingehalten werden
   - Mitbestimmung in sozialen Angelegenheiten
   - Mitwirkung in personellen Angelegenheiten
   - Betriebsversammlung organisieren und leiten

   Bei Fragen sind wir gerne für Euch da!
   Euer Betriebsrat

4. a) § 99 BetrVG: **Mitwirkungsrecht des Betriebsrats:**

   - Unterrichtung vor Einstellung
   - Vorlage der Bewerbungsunterlagen
   - Auskunft über Bewerber und Auswirkungen der geplanten Maßnahme
   - Zustimmung und Zustimmungsverweigerung in bestimmten Fällen möglich
   - Möglichkeit des Arbeitgebers bei Zustimmungsverweigerung durch BR: Antrag beim Amtsgericht, die Zustimmung zu ersetzen

   b) § 87 BetrVG: **Mitbestimmungsrecht des Betriebsrats:** Betriebsrat muss zustimmen. Bei Nichteinigung entscheidet die Einigungsstelle.

   c) § 111 f. BetrVG: Recht auf rechtzeitige und umfassende Unterrichtung und Beratung; bei Nichteinigung über den damit zusammenhängenden Sozialplan: Unternehmer oder Betriebsrat können den Präsidenten des Landesarbeitsamtes um Vermittlung ersuchen oder die Einigungsstelle entscheidet.

   d) § 90 BetrVG: Recht auf Information und Beratung

   e) § 102 BetrVG:

   - Dem Betriebsrat müssen vor Kündigung die Kündigungsgründe mitgeteilt werden.
   - Er kann innerhalb einer Woche in bestimmten Fällen widersprechen (z. B. wenn soziale Gesichtspunkte nicht ausreichend berücksichtigt wurden).
   - Kündigt der Arbeitgeber dennoch, ist die Kündigung zwar wirksam, der Arbeitnehmer kann jedoch auf Feststellung klagen, dass das Arbeitsverhältnis nicht aufgelöst ist. Er muss dann bis Ende des Rechtsstreits weiterbeschäftigt werden.

   f) § 93 BetrVG: Betriebsrat kann verlangen, dass Stellen erst innerbetrieblich auszuschreiben sind. Hier weigerte sich der Arbeitgeber. Folglich kann der Betriebsrat gemäß § 99 Abs. 2 Nr. 5 BetrVG die Zustimmung zu Einstellungen verweigern. Der Arbeitgeber kann beim Arbeitsgericht beantragen, die Zustimmung zu ersetzen (§ 99 Abs. 4 BetrVG).

   g) § 102 Abs. 1 BetrVG: Kündigung unwirksam, da Betriebsrat vorher zu hören ist.

WiSo (Gesamtwirtschaft): Mitwirkung und Mitbestimmung nach dem BetrVG

h) § 102 BetrVG: Da der Arbeitgeber soziale Gesichtspunkte nicht ausreichend berücksichtigte, kann der Betriebsrat innerhalb einer Woche schriftlich Widerspruch einlegen. Kündigt der Unternehmer dennoch, kann Boll Klage auf Feststellung erheben, dass das Arbeitsverhältnis nicht aufgelöst ist. Der Unternehmer muss dann den Arbeitnehmer nach Ablauf der Kündigungsfrist bis zum rechtskräftigen Abschluss des Rechtsstreits weiterbeschäftigen, wenn der Arbeitnehmer dies verlangt. Ist die Klage erfolgreich, muss Boll weiterbeschäftigt werden.

5.
   - Anhörungs- und Erörterungsrecht in betrieblichen Angelegenheiten, die seine Person betreffen (§ 82)
   - Beschwerderecht bei ungerechter Behandlung (§ 84 f.)
   - Einsicht in Personalakte (§ 83)

6. Allgemeine Aufgaben des Betriebsrats (§ 80 BetrVG) z. B.:
   - Überwachung der Einhaltung von zugunsten der Arbeitnehmer geltenden Gesetze und Vorschriften (z. B. Tarifverträge, Betriebsvereinbarungen, Unfallverhütungsvorschriften)
   - Maßnahmen, die dem Betrieb und der Belegschaft dienen, beim Arbeitgeber beantragen
   - Verhandlungen mit Unternehmer über Arbeitnehmeranregungen führen
   - Förderung der Eingliederung von Schwerbehinderten und Ausländern
   - Wahlorganisation und enge Zusammenarbeit mit der Jugendvertretung

7. von der Arbeitnehmerzahl (§ 9 BetrVG)

8. Folgende Gruppen müssen anteilmäßig vertreten sein:
   - Arbeiter, Angestellte
   - Frauen, Männer
   - Betriebsabteilungen
   - unselbstständige Nebenbetriebe

9. Das Wort „muss" ist falsch. Es ist den Arbeitnehmern freigestellt, ob sie einen Betriebsrat wählen oder nicht.

10. Nein; Wahlberechtigung erst ab 18 Jahre (§ 7 BetrVG)

11. Nein; wählbar sind alle Wahlberechtigten, die mindestens sechs Monate im Betrieb sind.

12. Ja; alle Arbeitnehmer über 18 Jahre (In- und Ausländer) sind wahlberechtigt (§ 7 BetrVG).

13. Ja; der Arbeitgeber ist einzuladen und berechtigt, in der Versammlung zu sprechen (§ 43 BetrVG).

14. a) Kandidat 1: Herr Hanke kann nicht kandidieren. Er ist zwar volljährig, aber erst seit vier Monaten im Betrieb.
    Kandidat 2: Frau Persson kann kandidieren. Sie ist volljährig und länger als sechs Monate im Betrieb. Die Staatsangehörigkeit spielt hierbei keine Rolle.
    Kandidat 3: Frau Junke kann nicht kandidieren, da sie noch nicht volljährig ist (§ 8 BetrVG).

b) Z. B.
- JAV vertritt die speziellen Interessen der Jugendlichen und Auszubildenden.
- JAV unterstützt bei Fragen zur Berufsausbildung.
- JAV sorgt dafür, dass die geltenden Gesetze für Jugendliche und Auszubildende eingehalten werden.
- JAV nimmt Anregungen der Jugendlichen und Auszubildenden entgegen.
- JAV kümmert sich um die Integration ausländischer Jugendlicher und Auszubildender.

c) Die Genter GmbH beschäftigt 70 Mitarbeiter. Gemäß dem Schaubild haben bei Betrieben mit 51–100 Beschäftigten weniger als die Hälfte aller Betriebe einen Betriebsrat. Somit entspricht die Aussage von Frau Finke nicht der Realität. (Erst ab einer Betriebsgröße von 501 und mehr Beschäftigten sind Betriebsräte nahezu selbstverständlich.)

da) Z. B.
- Nachhaltigkeit bezeichnet eine Entwicklung, die den Bedürfnissen der jetzigen Generation entspricht, ohne die Möglichkeiten künftiger Generationen zu gefährden, ihre eigenen Bedürfnisse zu befriedigen und ihren Lebensstil frei zu wählen.
- Nachhaltigkeit bezeichnet eine Entwicklung, in der Ökonomie, Ökologie und soziale Ziele so in Einklang gebracht werden, dass die Bedürfnisse heutiger Generationen befriedigt werden, ohne die Bedürfnisse kommender Generationen zu gefährden.

db) Z. B.
- Auswahl umweltfreundlicher Produkte (Inhalt, Verpackung ...)
- Auswahl von Produkten, deren Herstellung nicht auf der Ausbeutung anderer Menschen basiert
- Kunden in der Beratung verdeutlichen, inwiefern ein bestimmtes Produkt zum Umweltschutz beiträgt.
- Führung des Betriebs unter Beachtung sozialer Gesichtspunkte

dc) Z. B.
- Sicherung der Arbeitsplätze
- Schaffung eines guten Betriebsklimas
- familienfreundliche Arbeitsbedingungen
- übertarifliche Bezahlung
- Gewährung von Zulagen
- Weiterbildungsmaßnahmen anbieten

WiSo (Gesamtwirtschaft): Mitwirkung und Mitbestimmung nach dem BetrVG

Test → Betriebsrat – Lösungen

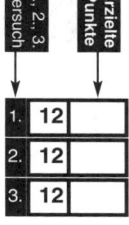

1

a) Nein, nach dem § 1 BetrVG kann in **jedem Betrieb mit mindestens fünf ständig wahlberechtigten Arbeitnehmern** ein Betriebsrat gewählt werden.

b) Sie hängt von der **Anzahl der wahlberechtigten Arbeitnehmer** ab. (§ 9 BetrVG)

c) Der Betriebsrat
- **achtet** u. a. **auf** die **Einhaltung** von Tarifverträgen, Betriebsvereinbarungen, Unfallverhütungsvorschriften usw. (§ 80 BetrVG),
- **bereitet** die **Wahl** einer **Jugend- und Auszubildendenvertretung vor.** (§ 80 BetrVG)

d) Aktives Wahlrecht: (§ 7 BetrVG)
Wahlberechtigt sind **alle Arbeitnehmer,** die zum Wahlzeitpunkt das **18. Lebensjahr vollendet** haben.

Passives Wahlrecht: (§ 7 BetrVG)
Wählbar sind **alle Wahlberechtigten,** die zum Wahlzeitpunkt mindestens **6 Monate** dem Betrieb angehören.

e) Die Ansicht von Schnell ist **falsch.** Der Betriebsrat hat hinsichtlich der Arbeitspausenregelung ein erzwingbares **Mitbestimmungsrecht,** d. h., diese Regelung wird erst mit seiner **Zustimmung wirksam** (§ 87 BetrVG).

f) 4 Jahre (§ 21 BetrVG)

g) Der Betriebsrat muss einmal im Kalendervierteljahr eine **Betriebsversammlung** abhalten und einen **Tätigkeitsbericht** abgeben. (§ 43 BetrVG)

h)
Mitbestimmungsrechte (§ 87 BetrVG)	Mitwirkungsrechte (§ 106 BetrVG)
• **Urlaubsplan**	• **Rationalisierungsvorhaben**
• **Arbeitszeit**	• Einführung **neuer Arbeitsmethoden**

Tragen Sie Ihre Punktesumme ein und ermitteln Sie auf dem Aufgabenblatt Ihre Note.

Punktesumme 1. 12   Punktesumme 2. 12   Punktesumme 3. 12

Test → JAV – Lösungen

1

a) Die Wahl einer JAV ist möglich, wenn **mehr als fünf Jugendliche unter 18 Jahren oder Azubis unter 25 Jahren** beschäftigt sind. (§ 60 BetrVG)

b) Wahlberechtigt sind **alle Arbeitnehmer** unter 18 Jahren und Azubis, die das **25. Lebensjahr noch nicht vollendet haben** (aktives Wahlrecht). (§ 61 Abs. 1 BetrVG)

c) Wählbar sind **alle Arbeitnehmer**, die das **25. Lebensjahr noch nicht vollendet haben** = passives Wahlrecht. (§ 61 Abs. 2 BetrVG)

d) 2 Jahre (§ 64 BetrVG)

e) Die Hauptaufgabe der JAV ist **die Vertretung der besonderen Belange der jugendlichen Arbeitnehmer** (§ 60 Abs. 2 BetrVG).

f) Werden **Angelegenheiten** behandelt, die die **jugendlichen Arbeitnehmer** betreffen, so hat zu diesem Tagesordnungspunkt die **gesamte JAV ein Teilnahmerecht.** (§ 67 Abs. 1 BetrVG)

g) • Jugendliche Arbeitnehmer stehen noch in ihrer **geistigen und körperlichen** Entwicklung. Sie haben andere Probleme als ihre erwachsenen Kollegen.
• Es sollen ein **Interessenausgleich und ein Miteinander** mit den **Erwachsenen angestrebt** und umgesetzt werden, was zu einem guten Betriebsklima beitragen soll. So entstehen weniger Konflikte, die der Arbeitgeber beheben muss.

h) Ja, wählbar sind **alle Jugendlichen,** die **noch nicht 25 Jahre alt sind.** (§§ 60, 61 Abs. 1 BetrVG)

i) Der Wahlleiter kann die **Stimmabgabe nicht verweigern**, da die ausländischen Arbeitnehmer die Wahlberechtigung mit **Vollendung des 15. Lebensjahres haben**. (§§ 60, 61 Abs. 1 BetrVG)

	1.	2.	3.
	12	12	12

Tragen Sie Ihre Punktesumme ein und ermitteln Sie auf dem Aufgabenblatt Ihre Note.

Punktesumme 1. 12   Punktesumme 2. 12   Punktesumme 3. 12

4 Tarifvertrag, Arbeitskampf und Betriebsvereinbarung

4.3 Aufgaben zu den Kapiteln 4.1 und 4.2

1. Tarifvertragsgesetz

2. Arbeitsvertrag: ein Arbeitgeber – ein Arbeitnehmer

   Betriebsvereinbarung: ein Arbeitgeber – Betriebsrat

   Verbandstarifvertrag: Arbeitgeberverband – Gewerkschaft

   Firmentarifvertrag: ein Arbeitgeber (z. B. VW) – Gewerkschaft

3. Es besteht eine Hierarchie (Gesetz – Tarifvertrag – Betriebsvereinbarung – Arbeitsvertrag):

   Gesetze: Minimalanforderungen für Tarifverträge, Betriebsvereinbarungen und Arbeitsverträge (keine Schlechterstellung!)

   Tarifverträge: Minimalanforderungen für Betriebsvereinbarungen + Arbeitsverträge

   Betriebsvereinbarungen: Minimalanforderungen für Arbeitsverträge

   Arbeitsverträge: Obige Minimalanforderungen sind zu beachten.

4. Arbeitgeberverbände – Arbeitnehmerverbände (Gewerkschaften)

5. a) Manteltarifvertrag: regelt allgemeine Arbeitsbedingungen (Urlaub, Arbeitszeit usw.) und gilt mehrere Jahre

   b) Lohn- und Gehaltstarifvertrag: Lohn- und Gehaltsvereinbarungen; gilt i. d. R. ein Jahr

6. a) **Tarifvertrag:** Kollektivvereinbarungen zwischen Arbeitgeberverband und Arbeitnehmerverband (Gewerkschaft) für ganze Berufsgruppen einer Branche

   b) **Tarifautonomie:** keine staatliche Einmischung in Tarifverhandlungen

   c) **Koalitionsfreiheit:** Art. 9 GG: Recht zum Zusammenschluss (z. B. zu einem Arbeitgeberverband)

   d) **Tarifbindung:** Tarifvertrag = Mindestbedingungen bei Arbeitsverträgen und Betriebsvereinbarungen

   e) **Friedenspflicht:** Kampfmaßnahmen während der Dauer des Tarifvertrags sind nicht erlaubt.

   f) **Nachwirkung:** Nach Tarifvertragsablauf gilt der alte Tarifvertrag bis zum Neuabschluss.

   g) **Allgemeinverbindlichkeit:** Der Tarifvertrag gilt für alle Arbeitgeber und Arbeitnehmer seines Geltungsbereiches, also auch für Nichtmitglieder („Außenseiter"), wenn er vom Bundesarbeitsminister auf Antrag einer Tarifvertragspartei für allgemeinverbindlich erklärt wurde.

WiSo (Gesamtwirtschaft): Tarifvertrag, Arbeitskampf und Betriebsvereinbarung

7. **Vorteile für Arbeitnehmer:**
   - Garantie von Mindestarbeitsbedingungen
   - Gleichstellung gleich qualifizierter Arbeitnehmer
   - Arbeitnehmer wäre Arbeitgeber evtl. unterlegen, wenn alles im Arbeitsvertrag zu regeln wäre.

   Vorteile für Arbeitgeber:
   - klare Kalkulationsgrundlage, da einheitliche Tarife
   - weniger Konkurrenz bei Personalanwerbung
   - Vertragsinhalte müssen nicht jedes Mal neu ausgehandelt werden (Zeit- und Kostenersparnis).

8. **Rationalisierungsschutz:** Beseitigung bzw. Verminderung der Nachteile bei Rationalisierungsmaßnahmen (Umschulungen, Abfindungen ...)

   Humanisierung der Arbeit: Verbesserung der Arbeitsbedingungen und des Betriebsklimas

9. **Kündigung des Tarifvertrags**
   - Tarifverhandlungen
   - Schlichtungsverfahren
   - Einigungsvorschlag des Schlichters
   - 1. Urabstimmung
   - Streik
   - Aussperrung
   - neue Verhandlungen
   - 2. Urabstimmung
   - neuer Tarifvertrag

10. a) **Vollstreik:** Alle Arbeitnehmer des Tarifgebietes streiken.

    b) **Schwerpunktstreik:** Arbeitnehmer nur einzelner Betriebe streiken.

    c) **Mini-Max-Streik:** Mit minimalem Streikgeldaufwand (Streik in wenigen Zulieferbetrieben) wird maximale Wirkung erzielt (Lahmlegung eines großen Wirtschaftsbereiches).

    d) **Warnstreik:** kurzfristiger Streik zur Demonstration der Streikentschlossenheit; auch während der Friedenspflicht erlaubt.

    e) **Wilder Streik:** nicht organisierter Streik ohne Urabstimmung; verboten

    f) **Schlichtung:**
       - Verfahren zur Beilegung von Streitigkeiten bei Tarifverhandlungen, um Streiks zu verhindern
       - Das Schlichtungsverfahren endet mit dem Einigungsvorschlag des neutralen Schlichters.

    g) **Aussperrung:**
       - Kampfmittel der Arbeitgeber (Gegenmittel zum Streik)
       - vorübergehende Aufhebung der Arbeitsverhältnisse aller Arbeitnehmer
       - Der Grundsatz der Verhältnismäßigkeit ist zu beachten.

WiSo (Gesamtwirtschaft): Tarifvertrag, Arbeitskampf und Betriebsvereinbarung

11. Die Aussperrung ist ein notwendiges Gegenmittel der Arbeitgeber gegen Schwerpunkt- und Mini-Max-Streiks („Waffengleichheit") = Hauptzweck. Sie verkürzt den Arbeitskampf und verhindert übertriebene Forderungen der Gewerkschaft.

12. Vor Ablauf des Tarifvertrags besteht Friedenspflicht. In dieser Zeit sind nur Warnstreiks erlaubt. Nach 30.06. sind alle Kampfmaßnahmen denkbar.

13. Da Boll in keiner Gewerkschaft ist, kann untertarifliche Bezahlung vereinbart werden, wenngleich dies nicht üblich ist.
    Ist der Tarifvertrag allerdings für allgemein verbindlich erklärt worden, muss auch ihm mindestens der Tariflohn gezahlt werden.

14. a) nein   b) ja

    c) nein   d) nein

15. a) nicht rechtsgültig; wilder Streik

    b) rechtsgültig; Warnstreik

    c) rechtsgültig; Warnstreik auch während der Friedenspflicht erlaubt

    d) nicht erlaubt; ohne vorherigen Streik keine Aussperrung rechtsgültig

    e) nicht erlaubt; Verstoß gegen die Koalitionsfreiheit

    f) rechtsgültig

    g) nicht erlaubt; alle sind wieder einzustellen

    h) nicht rechtsgültig; Verstoß gegen Verhältnismäßigkeitsgrundsatz

16. a) Tariflohn: Mindestlohn, der nicht unterschritten werden darf

    b) Ecklohn: Lohn eines 21-jährigen Facharbeiters; er ist die Basis für die Festlegung von Lohnsätzen verschiedener Lohngruppen.

17. a) Lohn- und Gehaltstarifverträge/Entgelt-Tarifverträge sind Verträge mit der kürzesten Laufzeit. In der Regel gelten sie ein Jahr. In ihnen werden fast ausschließlich die Höhe von Löhnen, Gehältern, Ausbildungsvergütungen (Entgelten) geregelt.

    b) Der Manteltarifvertrag regelt die allgemeinen Arbeitsbedingungen, wie z.B. Arbeitszeit, Urlaub, Probezeit, Nacht- und Schichtarbeit. Die Laufzeit beträgt mehrere Jahre.

    c) Das ist so nicht richtig. Die Regelungen des alten Tarifvertrages gelten weiter solange, bis der neue Tarifvertrag in Kraft tritt.

    d) Das geht nicht. Streiks müssen von der Gewerkschaft organisiert werden. Außerdem ist eine Urabstimmung nötig.

    e) Bei Tarifvertragsverhandlungen gilt Tarifautonomie, d.h., der Staat darf sich nicht einmischen.

f) Das ist zunächst richtig. Es sei denn, der Tarifvertrag wird für allgemein verbindlich erklärt.

g) Das geht nicht. Eine Aussperrung ist nur als Gegenmaßnahme auf einen Streik möglich.

18. Eine Betriebsvereinbarung ist ein Vertrag zwischen Arbeitgeber und Betriebsrat.
Geltungsbereich: Für alle Arbeitnehmer des Betriebs
Inhalt: Rechte, Pflichten, Vereinbarungen und verbindliche Normen, z. B.
- zusätzliche Maßnahmen zur Verhütung von Arbeitsunfällen
- Sozialeinrichtungen
- Förderung Vermögensbildung

Nur wenn es der Tarifvertrag erlaubt: Arbeitsentgelte, Arbeitsbedingungen

WiSo (Gesamtwirtschaft): Tarifvertrag, Arbeitskampf und Betriebsvereinbarung

Test → Tarifvertrag – Lösungen

1 Tarifverträge werden zwischen **Gewerkschaften** und **Arbeitgeberverbänden** abgeschlossen.

2 Der Tarifvertrag ist ein **Kollektivvertrag**, in dem **einheitliche Arbeitsbedingungen** für die **Arbeitnehmer ganzer Wirtschaftszweige** festgelegt werden.

3

Merkmale	Manteltarifvertrag	Lohn- und Gehaltstarifvertrag
Laufzeit	**längerfristig** (ca. 3–5 Jahre)	**kurzfr.** (i. d. R. 1 Jahr)
Inhalt	regelt **allgemeine Arbeitsbedingungen** wie z. B. Urlaub, Arbeitszeit, Urlaubsgeld	enthält die Höhe der einzelnen **Lohn- oder Gehaltsgruppen**

4 Der Ecklohn ist der **Lohnsatz eines 21-jährigen gelernten Facharbeiters** (100 %), von dem die **Abschläge** bzw. die **Zuschläge** der verschiedenen Lohn- und Gehaltsgruppen berechnet werden.

5 Tarifautonomie ist das Recht der Tarifpartner, **selbstständig und ohne staatliche Einmischung** Tarifverträge auszuhandeln und abzuschließen.

6 Mit der Allgemeinverbindlichkeitserklärung gelten die Bestimmungen des Tarifvertrags auch **für die nicht tarifgebundenen Arbeitnehmer und Arbeitgeber.** (§ 5 TVG)

7

Arbeitgeber	Arbeitnehmer
• **klare Kalkulationsgrundlage**, da einheitliche Tarife	• Garantie von **Mindestarbeitsbedingungen**
• Vertragsinhalte müssen nicht jedes Mal neu ausgehandelt werden **(Zeit- und Kostenersparnis).**	• **Gleichstellung** von Arbeitnehmern mit gleicher Qualifikation wird sichergestellt.

Tragen Sie Ihre Punktesumme ein und ermitteln Sie auf dem Aufgabenblatt Ihre Note.

Punktesumme 1. 12   Punktesumme 2. 12   Punktesumme 3. 12

WiSo (Gesamtwirtschaft): Tarifvertrag, Arbeitskampf und Betriebsvereinbarung

Test → Arbeitskampf – Lösungen

	1., 2., 3. Versuch	Erzielte Punkte

1. Streik ist das **Kampfmittel der Arbeitnehmer**, d. h. **gemeinsame Arbeitsniederlegung der Arbeitnehmer**. (0,5 + 0,5)

Aussperrung ist das **Kampfmittel der Arbeitgeber**; man versteht darunter die **vorübergehende Aufhebung der Arbeitsverhältnisse** (0,5) der Arbeitnehmer und die **Nichtzahlung von Lohn/Gehalt**. (0,5)

- 1. 3
- 2. 3
- 3. 3

2.
- Lohn- bzw. Gehaltserhöhungen (0,5)
- Arbeitszeit u. a. (0,5)

- 1. 1
- 2. 1
- 3. 1

3.
- **Schwerpunktstreik** bedeutet: Nur die **wichtigsten Betriebe eines Wirtschaftszweiges** werden bestreikt. (1)
- **Flächenstreik** bedeutet: **Alle Betriebe eines Wirtschaftszweiges** werden bestreikt. (1)

- 1. 2
- 2. 2
- 3. 2

4. Wilder Streik ist ein Streik, der **ohne Urabstimmung und ohne Genehmigung** (0,5) (0,5) **der zuständigen** Gewerkschaft durchgeführt wurde.

- 1. 1
- 2. 1
- 3. 1

5. Der Arbeitgeber ist berechtigt, die **streikenden** Arbeitnehmer **fristlos** zu entlassen. (1)

- 1. 1
- 2. 1
- 3. 1

6. Urabstimmung: (0,5) **75 %** der **abstimmungsberechtigten Gewerkschaftsmitglieder** (0,5) eines Tarifbezirkes müssen sich für den Streik entscheiden.

- 1. 1
- 2. 1
- 3. 1

7. Im Schlichtungsverfahren versucht ein neutraler Schlichter die Tarifpartner doch noch zu einigen, um einen **Arbeitskampf zu vermeiden**. (1)

- 1. 1
- 2. 1
- 3. 1

8. Streikende bzw. ausgesperrte Arbeitnehmer erhalten **weder Lohn noch Gehalt**. (0,5) **Gewerkschaftsmitglieder**, (0,5) die streiken bzw. ausgesperrt sind, erhalten von der Gewerkschaft **Streikunterstützung**, (0,5) die sich nach Beitragshöhe und Dauer richtet. **Nichtgewerkschaftsmitglieder** erhalten **keine finanzielle Unterstützung**, (0,5) auch kein Arbeitslosengeld.

- 1. 2
- 2. 2
- 3. 2

Tragen Sie Ihre Punktesumme ein und ermitteln Sie auf dem Aufgabenblatt Ihre Note.

Punktesumme → 1. 12   **Punktesumme** → 2. 12   **Punktesumme** → 3. 12

5 Das System der sozialen Absicherung

5.9 Aufgaben zu den Kapiteln 5.1–5.8

1. a) • Krankenversicherung (KV)
   • Rentenversicherung (RV)
   • Arbeitslosenversicherung (AV)
   • Unfallversicherung (UV)
   • Pflegeversicherung (PV)

   b) KV:
   • Allgemeine Ortskrankenkassen (AOK)
   • Betriebskrankenkassen
   • Innungskrankenkassen
   • Ersatzkrankenkassen (z. B. DAK-Gesundheit, KKH-Allianz)

   RV: Deutsche Rentenversicherung, Knappschaft-Bahn-See

   AV: Bundesagentur für Arbeit (Aufgliederung in Arbeitsämter)

   UV: Berufsgenossenschaften

   PV: Pflegekassen bei den Krankenkassen

2. KV, RV, AV, PV: bis Beitragsbemessungsgrenze steigende, darüber konstante Beiträge

   UV: BBGrenze hat keine Bedeutung.

3. KV:
   • alle Arbeitnehmer bis zur Versicherungspflichtgrenze der KV
   • alle Auszubildenden
   • Rentner

   RV, AV: alle Arbeitnehmer und Auszubildenden

   UV: alle Beschäftigten

   PV: alle Mitglieder der gesetzlichen bzw. privaten Krankenkassen

4. Abführung der Beiträge durch den Arbeitgeber an die
   • Krankenkassen (KV, RV, AV, PV),
   • Berufsgenossenschaft (UV)

5. KV:
   • Krankenhilfe: Arzt-, Krankenhaus-, Arzneikosten, Krankengeld
   • Vorsorgeuntersuchungen
   • Familienhilfe
   • Mutterschaftshilfe

   RV:
   • Rentenzahlungen: – Rente wegen Alters
                        – Rente wegen Berufs- oder Erwerbsunfähigkeit
                        – Witwen- und Waisenrente
   • Rehabilitationsmaßnahmen

WiSo (Gesamtwirtschaft): Das System der sozialen Absicherung

AV:
- Arbeitslosengeld I
- Arbeitslosengeld II (aus Steuern)
- Kurzarbeitergeld
- Winterausfallgeld
- Berufsberatung
- Umschulung
- KV-Beiträge Arbeitsloser

UV:
- Leistungen bei Arbeitsunfallfolgen (Krankenhilfe, Renten ...). Zu Arbeitsunfällen zählen auch Unfälle auf dem direkten Weg zwischen Wohnung und Arbeitsstätte.
- Unfallverhütungsmaßnahmen:
  – Aufklärung
  – Belehrung
  – Überwachung

PV:
- Pflegesachleistung (ambulante Pflege)
- Angehörigenpflege (Pflegegeld)
- Heimpflege (stationär)

6. Arbeitgeber

7. Der Arbeitgeber haftet für eventuelle Nachteile, die der Arbeitnehmer hierdurch erleidet. Es handelt sich um eine Verletzung der Fürsorgepflicht.

8.
   - sechs Wochen Gehaltsfortzahlung (vgl. Entgeltfortzahlungsgesetz)
   - Ab der 7. Woche Krankengeld von der Krankenkasse (max. 70 % der Beitragsbemessungsgrenze für die Kranken- und Pflegeversicherung) oder maximal auf 90 % des Nettoeinkommens begrenzt (§ 47 SGB V). Der geringere Wert ist ausschlaggebend.

9. Vgl. Stofftelegramm.

10. a) Kein Arbeitslosengeld, da Heidi Sonne zur Arbeitsvermittlung nicht zur Verfügung steht. Außerdem erhält sie zwölf Wochen Sperrfrist.

    b) Schott kündigte ohne wichtigen Grund und erhält somit zwölf Wochen kein Arbeitslosengeld.

    c) Nach fruchtlosem Widerspruch ist das Sozialgericht zuständig.

11. Aus der **Kranken- und Pflegeversicherung** kann er austreten, da mit Überschreiten der Versicherungspflichtgrenze die Versicherungspflicht entfällt.

    Renten-, Arbeitslosen- und Unfallversicherung sind absolute Pflichtversicherungen. Eine Kündigung ist daher nicht möglich.

12. a) „Meldung zur Sozialversicherung":
    - Vordruck
    - vom RV-Träger für jeden Arbeitnehmer ausgestellt
    - Beitragsnachweis
    - Dokument für Rentenansprüche

    b) **Generationenvertrag:** Die beitragszahlende Generation sichert mit den Beiträgen die Renten der Renten empfangenden Generation.

c) **Rentendynamisierung:** Rentenanpassung an allgemeine Lohnentwicklung

d) **Anrechnungsfähige Versicherungsjahre:**

    Beitragszeiten

    + Berücksichtigungszeiten   (Kindererziehungs-, Pflegezeiten)

    + Anrechnungszeiten   (Ausbildungs-, Krankheits-, Schwangerschafts-, Arbeitslosigkeits-, Schlechtwetterzeiten)

    + Ersatzzeiten   (Kriegsdienstzeiten)

    + Zurechnungszeiten   (bei früher Erwerbsunfähigkeit)

13. a) **Rentenhöhe** abhängig von:
    - Lebenseinkommen
    - anrechnungsfähigen Versicherungsjahren
    - durchschnittlichen Arbeitsverdiensten aller Arbeitnehmer
    - Steigerungssatz

    b) Es entsteht eine Rentenlücke bzw. Versorgungslücke: Prozentanteil oder Betrag, um den das letzte monatliche Netto-Einkommen vor Renteneintritt die spätere gesetzliche Altersrente übersteigt. Das Rentenniveau wird 2030 nur noch bei gut 50 % des letzten Nettogehalts liegen (Schätzung!).
    Gegen das zu starke Absinken der verfügbaren Finanzmittel muss vorgesorgt werden, z. B. durch betriebliche und private Vorsorgemaßnahmen.

    c)

3	**Kapitalanlageprodukte** = private Vorsorge	Private Kapitalanlagen und Rentenversicherungen, die nicht zwingend für die Altersvorsorge genutzt werden müssen Bsp.: klassische private Rentenversicherung, Kapitallebensversicherung
2	**Zusatzversorgung** = staatlich geförderte Altersvorsorge	• betriebliche Altersversorgung • „Riester-Rente"
1	**Basisversorgung**	• gesetzliche Rente • private Basisrente („Rürup")

14. Bei Unfällen während der Berufsausübung sowie Unfälle auf dem direkten Weg zwischen Wohnung und Arbeitsstätte; Berufskrankheiten

15. **Sozialversicherungsbeiträge:** Pflichtversicherungen (gesetzl. vorgeschrieben); Arbeitgeber behält für den versicherungspflichtigen Arbeitnehmer den Beitrag ein und führt ihn ab.

    Individualversicherungen: Meist freiwillig durch Versicherungsvertrag

16. Auf Antrag bei monatlichem Lohn bis 450,00 EUR (nicht sozialversicherungspflichtige Beschäftigungsverhältnisse). Sonst zahlt der AN ca. 3,7 % Rentenversicherungsbeitrag.

17. **Selbstverwaltung:** Verwaltung der gesetzlichen Sozialversicherung durch Arbeitnehmer- und Arbeitgebervertreter

18.

Versicherungsträger	Leistungen
a) Krankenkasse Arbeitgeber	Krankenhilfe (ärztl. Beratung) Lohnfortzahlung
b) Krankenkasse Deutsche Rentenversicherung	Sterbegeld Witwenrente
c) Berufsgenossenschaft (Unfall auf dir. Heimweg)	Krankenhilfe (ärztliche Beratung)
d) Deutsche Rentenversicherung	Berufsunfähigkeitsrente
e) Deutsche Rentenversicherung	Berufsunfähigkeitsrente
f) Deutsche Rentenversicherung	Altersruhegeld
g) Bundesagentur für Arbeit	Arbeitslosengeld (nach Sperrfrist)
h) Deutsche Rentenversicherung	Erwerbsunfähigkeitsrente

19. **Rentenversicherung:**
- steigender Altersquotient (Gesellschaft altert)
- auf die Beitragszahler kommen immer mehr Rentenbezieher durch:
  - längere Ausbildung
  - späteren Eintritt ins Erwerbsleben
  - Zunahme von Teilzeitarbeit
  - höhere Lebenserwartung → Rentenbezugsdauer steigt
  - sinkende Beitragseinnahmen in Wirtschaftsflauten
  - Verkürzung der Lebensarbeitszeit ...
- Immer weniger Beschäftigte finanzieren immer mehr Rentner/-innen.

...

→ Folgen: – Leistungseinschränkungen
– Beitragserhöhungen
– Private Altersvorsorge gewinnt an Bedeutung.

Krankenversicherung:
- hohe Ausgabensteigerungen im Gesundheitswesen
- sinkende Beitragseinnahmen in Wirtschaftsflauten

Arbeitslosenversicherung: bei steigender Arbeitslosigkeit → Arbeitslosengeldzahlungen steigen.

Pflegeversicherung:
- höhere Lebenserwartung → steigende Zahl der Pflegebedürftigen
- zunehmend Ein-Personen-Haushalte → weniger Pflege durch Familienangehörige

Unfallversicherung: momentan kein „Problemfall"

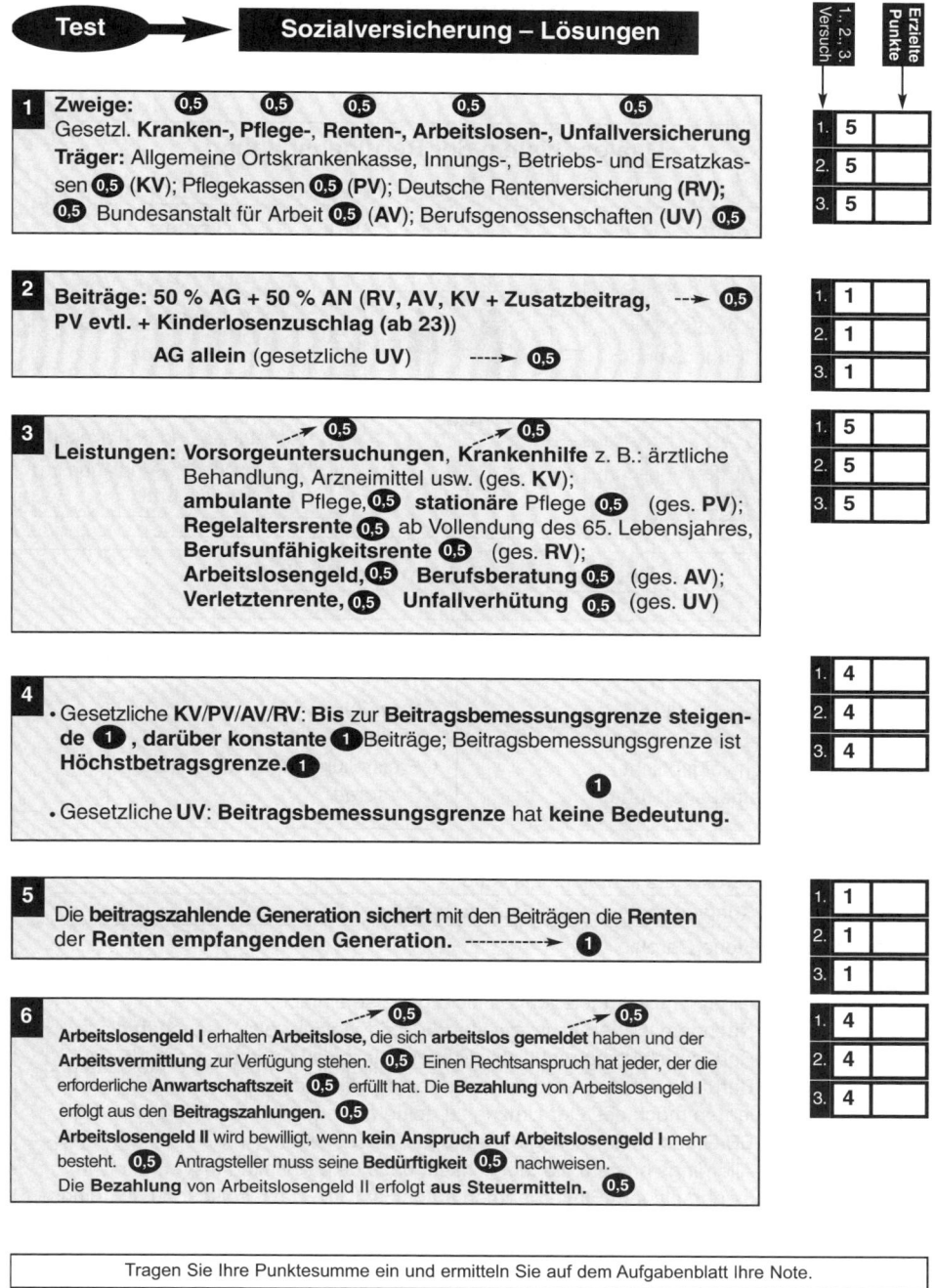

6 Prüfungsaufgaben Kompetenzbereich I

Prüfungsaufgaben Winter 2012/2013 (Aufgabe 1)

1.1 Z. B.

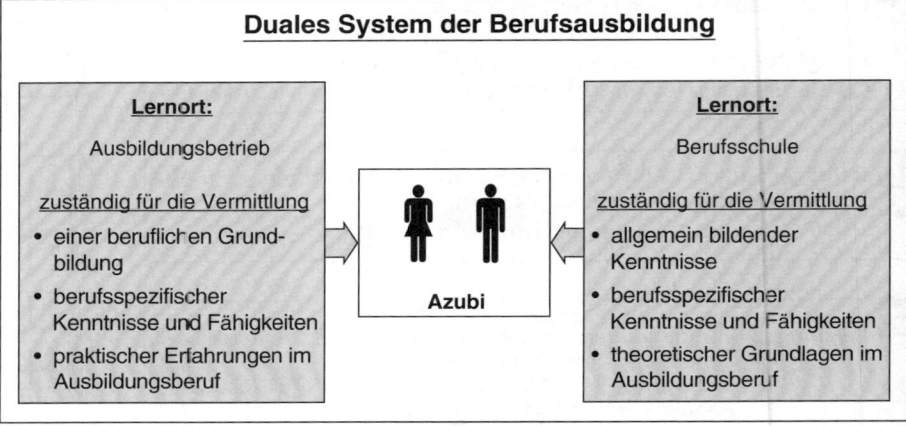

Duales System der Berufsausbildung

Lernort: Ausbildungsbetrieb

zuständig für die Vermittlung
- einer beruflichen Grundbildung
- berufsspezifischer Kenntnisse und Fähigkeiten
- praktischer Erfahrungen im Ausbildungsberuf

Azubi

Lernort: Berufsschule

zuständig für die Vermittlung
- allgemein bildender Kenntnisse
- berufsspezifischer Kenntnisse und Fähigkeiten
- theoretischer Grundlagen im Ausbildungsberuf

Rechte und Pflichten des Azubis

Pflichten	Rechte
z. B.	z. B.
• Sorgfaltspflicht	• Vergütung
• Berufsschulpflicht	• Urlaub
• Schweigepflicht	• Freistellung für Berufsschule
• Betriebsheft führen	• Fürsorge

1.2

An:	carola.ott@schmieglogistik.de
Betreff:	Kündigung des Ausbildungsverhältnisses
Nachricht:	Liebe Carola, leider ist die Angelegenheit nicht ganz so einfach. Nachdem du bereits im zweiten Ausbildungsjahr bist, kannst du die Berufsausbildung rechtlich gesehen nur dann kündigen, wenn du die Berufsausbildung aufgeben oder einen völlig anderen Ausbildungsberuf lernen möchtest. Der Umzug zu deinem Freund ist nach § 22 Abs. 2 Nr. 1 BBiG auch kein wichtiger Grund, um zu kündigen. Allerdings besteht die Möglichkeit, dass dein Ausbildungsverhältnis in beiderseitigem Einvernehmen aufgelöst wird. Dazu solltest du allerdings ein Gespräch mit unserem Personalleiter führen. Viele Grüße (Schülername)

WiSo (Gesamtwirtschaft): Prüfungsaufgaben Kompetenzbereich I

1.3.1 Z. B.

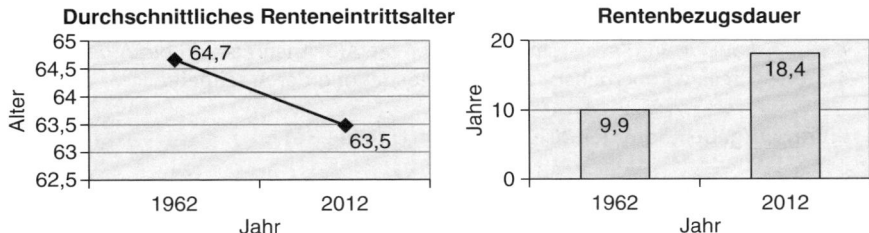

1.3.2 Vorruhestandsregelungen, steigende Lebenserwartung durch verbesserte Lebensbedingungen und medizinischen Fortschritt etc.

1.3.3 Riester-Rente, private Rentenversicherung (Altersvorsorge), Betriebsrente, Immobilien

Prüfungsaufgaben Winter 2012/2013 (Aufgabe 1)

1.1.1
- Fabian Keller als Auszubildender
- gesetzliche Vertreter, da Fabian noch minderjährig/nicht voll geschäftsfähig ist
- Ausbildender, gesetzlicher Vertreter des Unternehmens

1.1.2 A) Ende der Berufsausbildung ist nicht angegeben, Vorschlag: 30.06.2016.
E) Vergütung im 1. und 2. Ausbildungsjahr gleich, muss jährlich ansteigen
G) Urlaub 2013: 15 Tage (Fabian ist zu Beginn des Kalenderjahres noch nicht 16 Jahre alt → 30 Tage pro Jahr); Urlaub 2015: 25 Tage, da Fabian zu Beginn des Kalenderjahres noch nicht 18 Jahre alt ist
J) Unterschriften fehlen

1.1.3 Z. B.
- Schweigepflicht
- Befolgen von Weisungen
- Berufsschulpflicht
- Sorgfaltspflicht
- Pflicht, Berichtsheft zu führen
- Lernpflicht

1.2 Von seinem Gehalt muss er Sozialversicherungsbeiträge leisten, d. h. Beiträge zur Kranken-, Pflege-, Renten- und Arbeitslosenversicherung. Eventuell führt der Arbeitgeber noch vermögenswirksame Leistungen für Fabian ab.

1.3.1
- gesetzliche Altersvorsorge
- betriebliche Altersvorsorge
- private Altersvorsorge

1.3.2 Die gesetzliche Rente basiert auf dem Generationenvertrag. Die arbeitende Generation zahlt durch ihre Beiträge die Renten der empfangenden Generation. Der Generationenvertrag funktioniert nicht mehr, da es immer weniger Beitragszahler und immer mehr Empfänger gibt. Die gesetzliche Rente ist also nicht mehr sicher, und die Versorgungslücke sollte durch eine private Altersvorsorge ausgeglichen werden.

1.4.1
- Lohn- und Gehaltstarifvertrag: regelt Höhe der Löhne, Gehälter, Azubi-Vergütung
- Manteltarifvertrag: regelt Rahmenbedingungen wie Urlaub, Arbeitsbedingungen

1.4.2
- Aussperrung: Arbeitgeber schließen die Arbeitnehmer von der Arbeit aus.
- Streik: vorübergehende Arbeitsniederlegung der Arbeitnehmer

Prüfungsaufgaben Sommer 2013 (Aufgabe 1, teilweise)

1.1 Siehe **Anlage**.
(Urlaub: Da der Auszubildende in der zweiten Jahreshälfte ausscheidet, werden hier die vollen Werktage Jahresurlaub eingetragen. Der Auszubildende erhält nach Beendigung der Ausbildung Bescheinigung über tatsächlich gewährten Urlaub für neuen Arbeitgeber.)

1.2 Verstoß gegen die Verschwiegenheitspflicht nach § 13 BBiG. Deshalb kann „aus wichtigem Grund" fristlos gekündigt werden nach § 22 Abs. 2 S.1 BBiG. Das muss innerhalb von zwei Wochen geschehen → Kündigung in diesem Fall unwirksam nach § 22 Abs. 4 BBiG.
Empfehlung: Da Vertrauensverhältnis zerstört ist, Kündigung annehmen und lieber um ein gutes Zeugnis bitten.
(andere Empfehlungen möglich)

Anlage

Berufsausbildungsvertrag

(§§ 10, 11 Berufsbildungsgesetz - BBiG)

IHK – Die Industrie- und Handelskammern in Baden-Württemberg

Zwischen dem/der Ausbildenden (Ausbildungsbetrieb)

KNR	Firmenident-Nr.	Tel.-Nr.
869	248632583	07152-968316-0

Anschrift des/der Ausbildenden: öffentlicher Dienst
Fun&Sport GmbH

Straße, Hausnummer: Maurerstr. 56a
PLZ: 71229 Ort: Leonberg
E-Mail-Adresse des/der Ausbildenden: diana.wolff@funandsport.de
Verantwortliche Ausbilderin: Frau Diana Wolff

und der/dem Auszubildenden männlich ☐ weiblich ☒

Name: Korn Vorname: Anne
Straße, Hausnummer: Schillerstr. 12
PLZ: 71229 Ort: Leonberg
Geburtsdatum: 20.07.1998
Staatsangehörigkeit: deutsch Gesetzliche Vertreter: Mutter
Namen, Vornamen der gesetzlichen Vertreter: Korn, Laura
Straße, Hausnummer: Schillerstr. 12
PLZ: 71229 Ort: Leonberg

Wird nachstehender Vertrag zur Ausbildung im Ausbildungsberuf mit der Fachrichtung/dem Schwerpunkt/ dem Wahlbaustein etc. nach Maßgabe der Ausbildungsordnung geschlossen: **Kauffrau im Groß- und Außenhandel**

Zuständige Berufsschule: Berufliches Schulzentrum Leonberg

A Die Ausbildungszeit beträgt nach der Ausbildungsordnung **36** Monate.
Die vorausgegangene Berufsausbildung / Vorbildung: —
wird mit **0** Monaten angerechnet, bzw. es wird eine entsprechende Verkürzung beantragt.

Das Berufsausbildungsverhältnis
beginnt am **01.09.2014** endet am **31.08.2017**

B Die Probezeit (§ 1 Nr. 2) beträgt **4** Monate.
C Die Ausbildung findet vorbehaltlich der Regelungen nach D (§ 3 Nr. 12) in
Straße: Maurerstr. 56a
PLZ, Ort: 71229, Leonberg
und den mit dem Betriebssitz für die Ausbildung üblicherweise zusammenhängenden Bau-, Montage- und sonstigen Arbeitsstellen statt.
D Ausbildungsmaßnahmen außerhalb der Ausbildungsstätte (§ 3 Nr. 12) (mit Zeitraumangabe)

E Der/die Ausbildende zahlt dem/der Auszubildenden eine angemessene Vergütung (§ 5); diese beträgt zur Zeit monatlich brutto

EUR	550,00	605,00	665,50	
im	ersten	zweiten	dritten	vierten

Ausbildungsjahr.

F Die regelmäßige Ausbildungszeit (§ 6 Nr. 1) beträgt
täglich **8,00** Stunden / wöchentlich **40,00** Stunden.
Teilzeitausbildung wird beantragt (§ 6 Nr. 2) ja ☐ nein ☒

G Der/die Ausbildende gewährt dem/der Auszubildenden Urlaub nach den geltenden Bestimmungen. Es besteht ein Urlaubsanspruch.

Im Jahr	2014	2015	2016	2017
Werktage				
Arbeitstage	10	27	25	24

H Sonstiges, Hinweise auf anzuwendende Tarifverträge und Betriebsvereinbarungen, sonstige Vereinbarungen.
Betriebsvereinbarungen der Fun&Sport GmbH

J Die beigefügten Vereinbarungen sind Gegenstand dieses Vertrages und werden anerkannt.

_____, den _____
Der/die Ausbildende:

_____
Stempel und Unterschrift

Der/die Auszubildende: _____
Vor- und Familienname

Die gesetzlichen Vertreter des/der Auszubildenden:

_____
Vater und Mutter/Vormund

Prüfungsaufgaben Sommer 2013 (Aufgabe 2, teilweise)

2.2 Lohnfortzahlung durch den Arbeitgeber sechs Wochen, danach Krankengeld von der Krankenkasse

2.3.1 Alberto Lopez ist wählbar. Er ist volljährig und länger als sechs Monate im Betrieb. (Staatsangehörigkeit ist irrelevant.)

2.3.2 Luise Müller ist nicht wählbar. Sie ist zwar volljährig, aber weniger als sechs Monate im Betrieb beschäftigt.

2.4.1 Wahlberechtigt sind alle Azubis des Betriebes unter 25 Jahren und alle Arbeitnehmer unter 18 Jahren.

2.4.2 Alle Arbeitnehmer des Betriebes, die das 25. Lebensjahr noch nicht vollendet haben.

2.4.3 Die Amtszeit beträgt zwei Jahre.

2.4.4 Z. B.
- Wahrnehmung der Belange der Jugendlichen
- Überwachung der Einhaltung der Gesetze bzgl. Jugendlicher
- Förderung der Integration der ausländischen Jugendlichen im Betrieb

Prüfungsaufgaben Winter 2013/2014 (Aufgabe 1, teilweise, abgeändert)

1.1 Die Ausbildung erfolgt an den beiden Lernorten Betrieb und Berufsschule. Dabei werden im Betrieb überwiegend die praktischen Kenntnisse und in der Berufsschule die entsprechenden theoretischen Inhalte vermittelt.

1.2 Vorteile, z. B.:
- Gute Verknüpfung der theoretischen mit den praktischen Kenntnissen, sodass ein besseres Lernergebnis erzielt werden kann.
- Der Auszubildende erhält eine Ausbildungsvergütung.

Nachteile, z. B.:
- Eventuell mangelhafte Abstimmung zwischen den beiden Lernorten, wodurch die vermittelten Inhalte nicht immer in die Praxis transferiert werden können und umgekehrt.
- Einige Auszubildende müssen auch an Schultagen in den Betrieb. Dies führt teilweise gerade vor Klassenarbeiten zu einer starken Belastung.

1.3.1 Eine solche Abweichung ist möglich. Die verschiedenen Ausbildungsbetriebe erstellen unter Berücksichtigung des Ausbildungsrahmenplanes und der internen Gegebenheiten für ihre Auszubildenden einen Ausbildungsplan. In diesem wird festgelegt, wann der Auszubildende in den verschiedenen Unternehmensbereichen eingesetzt wird. Auch innerhalb eines Betriebes können die Auszubildenden unterschiedliche Ausbildungspläne haben.

1.3.2 Die Tatsache, dass Julia für ihre Chefin Privateinkäufe erledigen muss, verstößt gegen § 14 Abs. 2 BBiG: „Auszubildenden dürfen nur Aufgaben übertragen werden, die dem Ausbildungszweck dienen [...]". Das Erledigen der Privateinkäufe hat nichts mit der eigentlichen Ausbildung zu tun.

WiSo (Gesamtwirtschaft): Prüfungsaufgaben Kompetenzbereich I 37

Ebenso verstößt die zweite Situation gegen § 15 BBiG. Ausbildende müssen ihre Auszubildenden zur Berufsschule freistellen. Das Fernbleiben von der Berufsschule aufgrund einer Krankheitsvertretung ist somit unzulässig. Gegebenenfalls ist eine Freistellung vom Unterricht durch den Betrieb zu beantragen.

1.3.3 Z. B.
- Jugend- und Auszubildendenvertretung
- Industrie- und Handelskammer

1.4 Gesetzliche Unfallversicherung: Heilbehandlung, Rentenzahlungen, Medikamente

Prüfungsaufgaben Sommer 2014 (Aufgabe 1)

1.1.1 Die Ausbildung findet an den Lernorten Schule und Betrieb statt.

1.1.2 Vorteil: Den Auszubildenden wird insbesondere durch die Arbeit im Betrieb eine praxisorientierte Ausbildung ermöglicht. Auf der anderen Seite wird den Schülern der Erwerb theoretischer Grundkenntnisse in der Berufsschule ermöglicht.

Nachteil: Ein Nachteil ist die mögliche stärkere Belastung der Auszubildenden, da sie sich sowohl auf den Unterricht in der Schule als auch auf die Arbeit im Betrieb vorbereiten und konzentrieren müssen.

1.1.3 Z. B.
Pflichten Auszubildender: Lernpflicht, Berichtsheftpflicht
Pflichten Arbeitgeber: Freistellung für die Berufsschule, Fürsorgepflicht

1.2.1 Die Probezeit ermöglicht dem Ausbildungsbetrieb, die Eignung des Auszubildenden zu prüfen. Aber auch der Auszubildende hat die Möglichkeit herauszufinden, ob der Beruf für ihn geeignet ist.

1.2.2 Zu Beginn des Kalenderjahrs ist Anna noch nicht 17. Das heißt, ihr stehen laut § 19 Art. 2 Nr. 2 JArbSchG 27 Tage Urlaub für das ganze Jahr zu.

1.2.3 Laut JArbSchG beträgt die tägliche Arbeitszeit acht Stunden und die wöchentliche Arbeitszeit 40 Stunden. In Ausnahmefällen sind 8,5 Stunden täglich erlaubt. Eine tägliche Arbeitszeit von neun Stunden ist für Jugendliche aber nicht erlaubt. Hier liegt ein Verstoß gegen das Jugendarbeitsschutzgesetz vor.

1.2.4 Nach der Probezeit ist eine Kündigung der Ausbildung durch die Auszubildende/den Auszubildenden mit einer Kündigungsfrist von vier Wochen möglich, wenn er/sie die Ausbildung ganz aufgeben will. Dies ist hier der Fall, denn Anton möchte wieder Vollzeit an eine Schule gehen.

1.2.5 Auszubildende sind laut BBiG für Prüfungstage freizustellen. Christoph muss also keinen Urlaubstag für den Prüfungstag nehmen.

1.2.6 Laut JArbSchG müssen sich Auszubildende unter 18 Jahren vor Beginn der Ausbildung einer ärztliche Untersuchung unterziehen.

Prüfungsaufgaben Sommer 2014 (Aufgabe 1)

1. Ablaufplan zur Betriebsratswahl

    Voraussetzungen:
    a) Prüfung der Voraussetzungen für die Gründung und Wahl des Betriebsrates: Betriebsrat kann gegründet werden.

    105 Mitarbeiter
    $\underline{-\ 15\ \text{unter 18 Jahre}}$
    = 90 wahlberechtigte Mitarbeiter
    $\underline{-\ 20\ \text{weniger als 6 Monate im Betrieb}}$
    = 70 wählbare Mitarbeiter
    (§§ 1, 7, 8 BetrVG)
    b) Anzahl der zu wählenden Betriebsratsmitglieder: 5 (§ 9 BetrVG)
    c) Prüfung der Kandidaten: (§§ 7, 8 BetrVG)
    Vorbereitung:
    d) Bestellung des Wahlvorstandes:
    Es existiert kein Betriebsrat, d. h., drei wahlberechtigte Arbeitnehmer oder im Betrieb vertretene Gewerkschaften können zur Betriebsversammlung einladen.
    Dort müssen Vorschläge für die Zusammensetzung des Wahlvorstandes gemacht und dieser gewählt werden (§17 BetrVG).
    e) Wahlvorschläge für den Betriebsrat können eingereicht werden (müssen von mind. drei Wahlberechtigten unterzeichnet werden) (§ 14 BetrVG).
    f) Vorbereitung der Betriebsratswahl (geheim und unmittelbar, § 14 BetrVG):
       - Stimmzettel vorbereiten
       - Wahlkabinen besorgen
       - Wahlurne besorgen

    Durchführung:
    g) Wahl unverzüglich danach (§ 18 BetrVG)

    Wahlvorschlag: Prüfling, Müller, Moreno, Cosglu, Sommer, Wagner (sind wählbar, da volljährig und seit mehr als sechs Monaten im Betrieb beschäftigt. Kemptner ist noch unter 18 Jahre alt und deshalb nicht wählbar.)

2. - Die Situation in den Bürocontainern ist aus Sicht des Gesundheitsschutzes für die Mitarbeiter nicht tragbar: Die morgendliche Raumtemperatur ist zu niedrig (Richtwert: min. 20° C, s. ASR).
    - Bei Anna Anschütz ist von Mittwoch auf Donnerstag und bei Frank Frei von Donnerstag auf Freitag nicht die erforderliche Ruhezeit von elf Stunden eingehalten (§ 5 ArbZG).

3.1 Probleme der gesetzlichen Rentenversicherung, z. B.:
    - Generationenvertrag/Umlagefinanzierung ist wegen der demografischen Entwicklung nicht mehr erfüllbar (mehr Rentner, weniger Erwerbstätige).
    - Absenkung des Rentenniveaus bei gleichzeitig späterem Renteneintritt
    - steigende Lebenserwartung führt zu längerer Rentenbezugsdauer

3.2 Die private Altersvorsorge ist notwendig, um den Lebensstandard zu sichern, da die Rentenlücke größer wird.

WiSo (Gesamtwirtschaft): Prüfungsaufgaben Kompetenzbereich I

Prüfungsaufgaben Winter 2014/2015 (Aufgabe 1)

1.1 Siehe **Anlage**.

1.2 Rechte: Ausbildung gemäß Ausbildungsordnung, Fürsorge, Vergütung, Urlaub, Zeugnisausstellung, Freistellung zum Berufsschulunterricht und Prüfungen, u. Ä.
Pflichten: Lernpflicht, Berufsschulpflicht, Weisungsbefolgung, Verschwiegenheit u. Ä.

1.2.2 Da Frau Fleißig zum Zeitpunkt der Vertragsunterschrift noch nicht 18 Jahre alt ist, ist die Unterschrift ihrer gesetzlichen Vertreter notwendig. Der Vertrag ist somit noch nicht rechtswirksam.

1.3 Zu Frage 1:
Die gesetzliche Unfallversicherung kommt für die Kosten auf. Die Beiträge für diese Versicherung zahlt nicht der Arbeitnehmer sondern allein der Arbeitgeber.

Zu Frage 2:
- Krankenversicherung: z. B. Leistungen zur Verhütung von Krankheiten, zur Früherkennung von Krankheiten, zur Behandlung einer Krankheit, ...
- Arbeitslosenversicherung: z. B. Arbeitsvermittlung, Arbeitslosengeld, Kurzarbeitergeld, ...
- Rentenversicherung: z. B. Altersrente, Hinterbliebenenrente, Rente wegen verminderter Erwerbsfähigkeit, ...
- Pflegeversicherung: z. B. Pflegegeld, ambulante Pflegedienste, Übernahme pflegebedingter Aufwendungen

Anlage

Berufsausbildungsvertrag
(§§ 10, 11 Berufsbildungsgesetz - BBiG)

Die Industrie- und Handelskammern in Baden-Württemberg

Zwischen dem/der Ausbildenden (Ausbildungsbetrieb)

KNR	Firmenident-Nr.	Tel.-Nr.
	47110815	07261/555

Anschrift des/der Ausbildenden: Stegmüller GmbH
Straße, Hausnummer: Holzstraße 1
PLZ Ort: 74889 Sinsheim
E-Mail-Adresse: ausbildung@stegmueller-gmbh.de

und der/dem Auszubildenden männlich ☐ weiblich ☒

Name: Fleißig Vorname: Felicitas
Straße, Hausnummer: Geraniengasse 23
PLZ Ort: 74889 Sinsheim
Geburtsdatum: 15.03.1998
Staatsangehörigkeit: deutsch Gesetzliche Vertreter: Eltern
Namen, Vornamen der gesetzlichen Vertreter: Fleißig, Christiane und Bernd
Straße, Hausnummer: dto.
PLZ Ort: dto.

Wird nachstehender Vertrag zur Ausbildung im Ausbildungsberuf mit der Fachrichtung/dem Schwerpunkt/dem Wahlbaustein etc. nach Maßgabe der Ausbildungsordnung geschlossen: **Kauffrau im Einzelhandel**

Zuständige Berufsschule: Max-Weber-Schule Sinsheim

A Die Ausbildungszeit beträgt nach der Ausbildungsordnung: 36 Monate.
Die vorausgegangene Berufsausbildung / Vorbildung:
wird mit 0 Monaten angerechnet, bzw. es wird eine entsprechende Verkürzung beantragt.
Das Berufsausbildungsverhältnis beginnt am **01.09.2015** endet am **31.08.2018**

B Die Probezeit (§ 1 Nr. 2) beträgt **4** Monate.

C Die Ausbildung findet vorbehaltlich der Regelungen nach D (§ 3 Nr. 12) in:
Straße: Holzstraße 1
PLZ Ort: 74889 Sinsheim
und den mit dem Betriebssitz für die Ausbildung üblicherweise zusammenhängenden Bau-, Montage- und sonstigen Arbeitsstellen statt.

D Ausbildungsmaßnahmen außerhalb der Ausbildungsstätte (§ 3 Nr. 12) (mit Zeitraumangabe):
Keine Angaben

E Der/die Ausbildende zahlt dem/der Auszubildenden eine angemessene Vergütung (§ 5); diese beträgt zur Zeit monatlich brutto:

EUR	650,00	780,00	936,00	
im	ersten	zweiten	dritten	vierten

Ausbildungsjahr

F Die regelmäßige tägliche Ausbildungszeit (§ 6 Nr. 1) beträgt **8** Stunden.

G Der/die Ausbildende gewährt dem/der Auszubildenden Urlaub nach den geltenden Bestimmungen. Es besteht ein Urlaubsanspruch:

Im Jahr	2015	2016	2017	2018
Werktage	9	25	24	24
Arbeitstage				

H Sonstiges, Hinweise auf anzuwendende Tarifverträge und Betriebsvereinbarungen:
Keine Angaben

J Die beigefügten Vereinbarungen sind Gegenstand dieses Vertrages und werden anerkannt.
Sinsheim, den 01.06.2015

Die beigefügten Angaben zur sachlichen und zeitlichen Gliederung des Ausbildungsablaufs (Ausbildungsplan) sind Bestandteil dieses Vertrages.

Änderungen des wesentlichen Vertragsinhaltes sind vom Ausbildenden unverzüglich zur Eintragung in das Verzeichnis der Berufsausbildungsverhältnisse bei der Industrie- und Handelskammer anzuzeigen.

Anmerkungen:
Punkt B: Die maximal zulässige Dauer der Probezeit beträgt vier Monate (§ 20 BBiG).
Punkt G: 2015: neun Werktage Urlaubsanspruch → 4/12 von 27 Tagen (§ 19 Abs. 2 Nr. 2 JArbSchG)
2018: Da die Ausbildung laut Vertrag erst in der zweiten Jahreshälfte endet, wird in den Ausbildungsvertrag der volle Jahresurlaub eingetragen, alternativ ist für das Jahr 2018 auch der anteilige Urlaubsanspruch von 16 Tagen richtig.

Prüfungsaufgaben Winter 2014/2015 (Aufgabe 1)

1.1 Z. B.
- Zusätzliche Entgeltsteigerung:
  - Sicherung des aktuellen und zukünftigen Lebensstandards durch Ausgleich der Inflation der letzten Jahre
  - Ausgleich für den Verzicht der letzten Jahre
  - gewisser Anspruch auf Beteiligung am Unternehmenserfolg, den sie mit erwirtschaftet haben
- Für die Einführung einer Betriebsrente:
  - Rentenniveau sinkt, damit vergrößert sich die Versorgungslücke im Alter.
  - zu wenige Einzahler für viele Rentner (demografischer Wandel)
  - Staat fordert von den Arbeitnehmern, zusätzlich vorzusorgen.

1.2 Während der Laufzeit eines Tarifvertrages darf nicht gestreikt werden (Vertrag läuft noch bis 31.12.2014); es herrscht Friedenspflicht.
Außerdem kann ein Streik nur durch die Gewerkschaft und nicht durch den Betriebsrat organisiert werden.

1.3.1 Siehe **Anlage**.

1.3.2
- Mitarbeiter, die nicht gewerkschaftlich organisiert sind, haben keinen Anspruch auf das vereinbarte Tarifentgelt.
- Außertariflich Beschäftigte: Sie haben einen individuellen Arbeitsvertrag mit einer Bezahlung, die i. d. R. über der des Tarifvertrages liegt.

1.3.3
- Die Zahlung des gleichen Entgeltes dient der Wahrung des Betriebsfriedens.
- Man wird dem Grundsatz der Gleichbehandlung gerecht.
- Mitarbeiter haben keinen zusätzlichen Anreiz in die Gewerkschaft einzutreten.
- Motivation der jetzigen Mitarbeiter
- leichtere Anwerbung von Fachkräften durch Zahlung eines angemessenen Entgelts

1.4
- Grundsätzlich muss sich der Arbeitgeber als Mitglied des Arbeitgeberverbandes an die geschlossenen Tarifverträge halten. Wenn er aus dem Arbeitgeberverband austritt, muss er den neuen Tarifvertrag nicht anwenden, d. h. Bezahlung unter aktuellem Tarif möglich.
- Wenn ein Arbeitgeber nicht an den Tarifvertrag gebunden ist, kann er flexibler auf Konjunkturveränderungen (z. B. Nachfragerückgang wg. Wirtschaftskrise oder vorübergehend schlechter Auftragslage) reagieren.
- Mitarbeiter könnten das Unternehmen verlassen und sich ein tarifgebundenes Unternehmen suchen, um mehr Planungssicherheit zu haben.
- Das Anwerben neuer Mitarbeiter könnte erschwert werden.
- Gewerkschaft könnte das Unternehmen bestreiken, um einen Haustarifvertrag auszuhandeln/abzuschließen.

Anlage

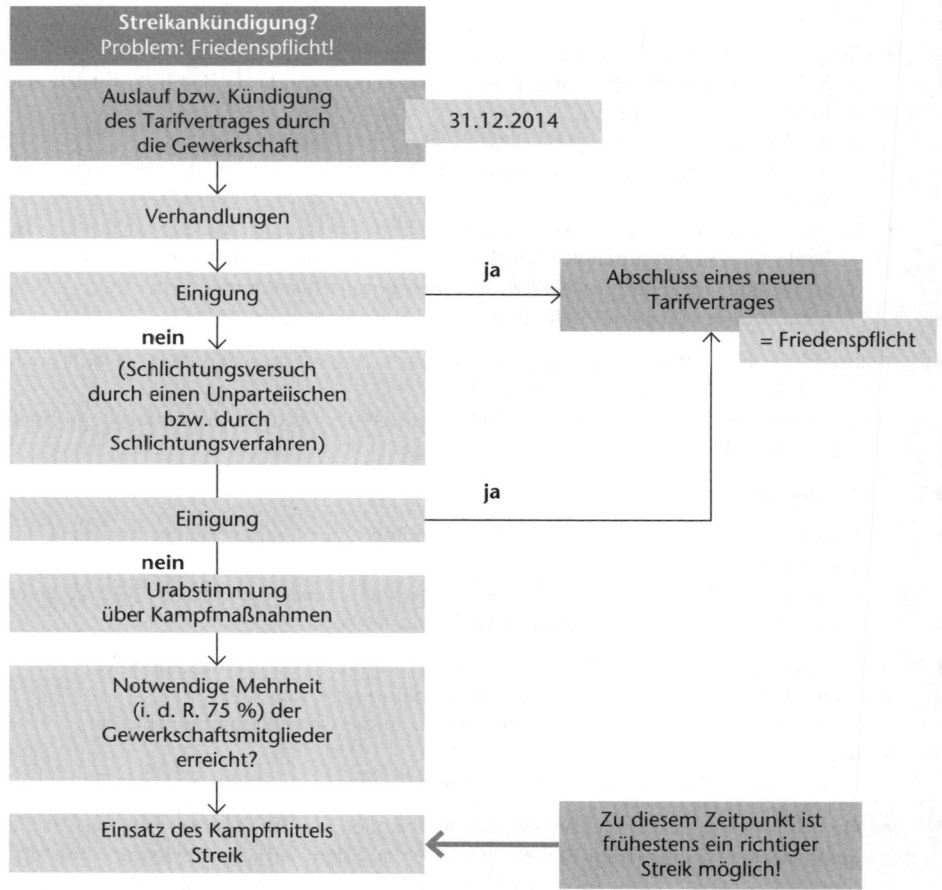

Hinweis: Die Schlichtung ist für die Beantwortung der Frage nicht zwingend erforderlich.

Prüfungsaufgaben Sommer 2015 (Aufgabe 1)

1.1

Von:	personal@barca-bau.de
Betreff:	AW: Beschwerde Gehaltsabrechnung

Hallo Herr Kraft,

Herr Hummel bat mich, Ihre E-Mail zu beantworten.
Ihre Abrechnung ist korrekt. Wir sind gesetzlich verpflichtet, Ihre Beiträge zur Sozialversicherung direkt von Ihrem Gehalt abzuführen.

Die gesetzliche Sozialversicherung finanziert sich durch die Beiträge der Arbeitnehmer und Arbeitgeber. Abhängig vom Bruttoeinkommen werden die Beiträge zur Rentenversicherung, Arbeitslosenversicherung, Krankenversicherung und Pflegeversicherung direkt vom Lohn abgezogen. Der Arbeitgeber zahlt zusätzlich Beiträge in etwa gleicher Höhe in diese Versicherungen ein.

Zudem profitieren auch Sie von den Leistungen der jeweiligen Versicherungen. Nachfolgend finden Sie einige Beispiele.

Sozialversicherung	Rentenversicherung	Arbeitslosenversicherung	Krankenversicherung	Pflegeversicherung
Leistungen (Beispiele)	Altersrente: Wenn Sie in hohem Alter nicht mehr arbeiten können, erhalten Sie Geld.	Arbeitslosengeld: Bei Arbeitslosigkeit erhalten Sie finanzielle Unterstützung.	Arztkosten: Im Krankheitsfall müssen Sie den Arzt nicht selbst zahlen.	Pflegeleistungen: Wenn Sie sich nicht mehr selbst versorgen können, werden Pflegemaßnahmen bezahlt.
	Erwerbsminderungsrente: Wenn Sie aufgrund von Krankheit nicht mehr voll erwerbstätig sein können, erhalten Sie Geldleistungen.	Berufsberatung: Sie erhalten Informationen zu anderen Berufsmöglichkeiten.	Medikamente: Notwendige Medikamente werden bezahlt (evtl. kleine Selbstbeteiligung).	Pflegegeld: Betreuen Sie selbst pflegebedürftige Angehörige, wird auch für diese Leistung gezahlt.

Ich hoffe, dass Sie den Nutzen der Sozialversicherung nachvollziehen können, auch wenn die Abzüge sicherlich schmerzhaft sind.

Mit freundlichen Grüßen

Name Prüfling

Personalabteilung

1.2

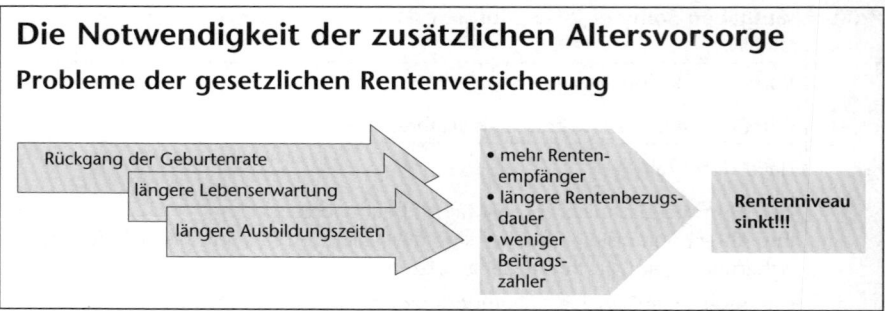

Alternative Darstellungsformen sind zulässig, entscheidend ist die fachliche Richtigkeit und die Anschaulichkeit der Darstellung.

1.3 Schülerabhängig:
Inflation ist prinzipiell eine Gefahr für das Vermögen. Jedoch hängt es davon ab, welche Erträge das Vermögen abwirft bzw. welche Wertsteigerungen zu erwarten sind. In der jetzigen Zeit dürfte die Aussage für festverzinsliche Geldvermögen richtig sein. Für Aktien- und Immobilienbesitz jedoch nicht. Mittel- und langfristig kann jedoch keine genaue Prognose gegeben werden.

Prüfungsaufgaben Sommer 2015 (Aufgabe 1)

1.1 Er muss kündigen. Die Kündigung erfolgt nach der Probezeit und muss daher schriftlich und unter Angabe der Kündigungsgründe erfolgen.
Da er sich für eine andere Berufstätigkeit ausbilden lassen will, muss eine Kündigungsfrist von vier Wochen eingehalten werden (§ 22 BBiG).

1.2 27 Tage sind richtig, da Axel zu Beginn des Kalenderjahres noch nicht 17 Jahre alt ist (§ 19 JArbSchG).
Hinweis: Tariflich gebundene Unternehmen gewähren altersunabhängig 36 Werktage (= 30 Arbeitstage).

WiSo (Gesamtwirtschaft): Prüfungsaufgaben Kompetenzbereich I

1.3 Martina ist noch keine 18 Jahre alt. Laut JArbSchG darf sie maximal acht Stunden bzw. 8,5 Stunden (maximal 40 Stunden in der Woche) beschäftigt werden.
Bei einer Arbeitszeit von mehr als sechs Stunden muss eine Ruhepause von mindestens 60 Minuten gewährt werden.
Der Jugendliche darf an Tagen, an denen der Unterricht vor 09:00 Uhr beginnt, nicht beschäftigt werden (§§ 8, 9, 11 JArbSchG).

1.4 Die Dauer der Beschäftigung fehlt.
Das Zeugnis enthält keine Angaben über erworbene Fertigkeiten, Kenntnisse und Fähigkeiten.

Angaben über Verhalten und Leistung fehlen (falls vom Auszubildenden verlangt). (§ 16 BBiG).

1.5 Eine fristlose Kündigung aus wichtigem Grund ist jederzeit möglich, auch nach der Probezeit (§ 22 BBiG).

1.6 Der Ausbildende hat den Auszubildenden zum Führen eines Ausbildungsnachweises anzuhalten und diesen durchzusehen (§ 14 BBiG).

Prüfungsaufgaben Sommer 2015 (Aufgabe 2)

2.1

Säule der Sozialversicherung	Träger	Leistungen z. B.
Krankenversicherung	Krankenkassen	teilweise Kostenübernahme für • Arztbesuche • Arzneimittel • Therapiemaßnahmen
Rentenversicherung	Deutsche Rentenversicherung	Rentenzahlung
Arbeitslosenversicherung	Bundesagentur für Arbeit	• Zahlung von Arbeitslosengeld • Beratung und Stellenvermittlung
Pflegeversicherung	Pflegekasse bei den Krankenkassen	Grundsicherung im Pflegefall
Unfallversicherung	Berufsgenossenschaft	Übernahme der Kosten für die medizinische Behandlung und die Wiedereingliederung ins Arbeitsleben nach einem Arbeitsunfall oder bei Berufskrankheiten

2.2 Krankenversicherung: 7,3 % von 2.600,00 = 189,80 EUR

Rentenversicherung: 9,35 % von 2.600,00 = 243,10 EUR

Arbeitslosenversicherung: 1,5 % von 2.600,00 = 39,00 EUR

Pflegeversicherung: 1,175 % von 2.600,00 = 30,55 EUR

2.3 Im Jahr 2010 wurde ein Rentner von drei Beitragszahlern finanziert. Laut Grafik wird im Jahr 2030 ein Rentner von zwei Beitragszahlern, im Jahr 2060 nur noch von 1,16 Beitragszahlern finanziert.
Die Finanzierung des Generationenvertrages gerät dadurch in Gefahr.

Prüfungsaufgaben Winter 2015/2016 (Aufgabe 1)

1.1 Duale Berufsausbildung – Gemeinsam sind wir stark!

 &

- Berufsausbildung durch zwei Partner – Schule und Betrieb → gemeinsamer Bildungsauftrag von Berufsschule und Betrieb
- Die Kombination von Lernen und Arbeiten ist Grundlage für die Vermittlung beruflicher Kompetenzen im dualen System. Theorie und Praxis, strukturiertes Wissen und Handlungskompetenz sollen im Zusammenhang vermittelt werden.

BETRIEB	BERUFSSCHULE
• drei bis vier Tage pro Woche im Betrieb	• zwei Tage in der Woche Berufsschule • (Alternative: Blockunterricht)
• praktische Ausbildung im Betrieb	• Vermittlung fachtheoretischer und allgemeinbildender Inhalte

- Durch den Wechsel der Lernorte wird die Ausbildung abwechslungsreicher und umfassender.

☺ **Vorteile:**
- Verzahnung von Theorie und Praxis; praktische Anwendung der Kenntnisse, die man in der Schule erworben hat
- Man ist bereits im Unternehmen bekannt (Übernahmechance).
- verbesserte Chancen auf dem Arbeitsmarkt im Vergleich zur Vollzeitausbildung
- Man hat bereits praktische Erfahrungen gesammelt (Berufserfahrung).
- Die Allgemeinbildung wird in der Schule vertieft.

Aus folgenden Gründen bildet die Larcher Baustoffe GmbH weiterhin aus:
- Wir können unsere eigenen Nachwuchskräfte ausbilden.
- Wir übernehmen soziale Verantwortung in der Gesellschaft.
- In Deutschland herrscht mittlerweile in einigen Branchen Fachkräftemangel und somit sind Mitarbeiter teilweise schwer rekrutierbar.
- Spezialwissen kann nur im Unternehmen vermittelt und erworben werden.
- Wir suchen uns nach der Ausbildung die geeignetsten Azubis aus.
- Wir sparen Kosten sowohl bei der Personalrekrutierung als auch bei der Einarbeitung.
- Wir kennen den Mitarbeiter bereits bei der Übernahme.

1.2 Benni ist 16 J. alt, für ihn gilt das JArbSchG und er ist Mitglied in der Gewerkschaft.

Arbeitszeit	Montag	Dienstag	Mittwoch	Donnerstag	Freitag
Arbeitsbeginn	08:00	10:00	Berufsschule von 07:30 bis 15:30 Uhr	10:00	kurzer Schultag, Schulbeginn um 07:30 Uhr
Frühstückspause	10:30–10:45	keine		keine	
Mittagspause	12:45–13:30	13:30–14:30		13:30–14:30	
Arbeitsende	17:30	18:30		20:30	
tägliche Arbeitszeit	8,5 Stunden in Ordnung, kein Verstoß, da die Mehrarbeit am nächsten Tag ausgeglichen wird (§ 8 Abs. 2a)	7,5 Stunden	mit 8 Stunden anzurechnen statt mit 7 Stunden (§ 9 Abs. 2)	9,5 Stunden nicht erlaubt (§ 8 Abs.1), 12 Stunden Freizeit bis zum nächsten Arbeitsbeginn wurden nicht eingehalten (§ 13), keine Ruhepause mehr ab 14:30, 6 Stunden ohne Pause (§ 11 Abs. 2), keine Beschäftigung nach 20:00 Uhr (§ 14)	6 Stunden Anrechnung in Ordnung
Wochenarbeitszeit	39,5 Stunden (wenn die Berufsschule mit 8 Stunden berechnet wird), kein Verstoß gegen das JArbSchG, aber gegen die vereinbarte tarifliche Arbeitszeit von 37,5 Stunden. Die tariflich vereinbarte Arbeitszeit ist einzuhalten.				

Hinweis: Die Angabe von Paragrafen wird nicht erwartet.

Prüfungsaufgaben Sommer 2016 (Aufgabe 1)

1.1 a) Nach § 3 Abs. 3 TVG müssten wir den Kollegen mitteilen, dass die Tarifpartner an den Manteltarifvertrag gebunden sind, bis der Tarifvertrag endet. Eine mögliche Lösung wäre, dass wir als Betriebsrat mit der Geschäftsleitung eine interne Neuregelung finden, die die Arbeitnehmer besser stellt (§ 4 Abs. 3 TVG).

b) Laut Art. 9 Abs. 3 GG dürfen sich die Kolleginnen in Gewerkschaften im Rahmen der Koalitionsfreiheit organisieren. Eine Vorgesetzte hat kein Recht, dies zu untersagen.

c) Nach § 4 Abs. 3 TVG legt der Tarifvertrag Mindestentgelte fest. Daher würde das im Arbeitsvertrag vereinbarte Bruttoentgelt in Höhe von 2.150,00 EUR für die kaufmännischen Auszubildenden gelten.

d) • Der Unternehmensgewinn sinkt durch steigende Personalaufwendungen, da die gestiegenen Kosten aufgrund der Konkurrenzsituation nicht auf die Preise aufgeschlagen werden können.

- Kosteneinsparungen, z. B. durch Personalabbau, Verringerung der Einkaufspreise
- sinkende Umsatzrentabilität, evtl. wird die Geschäftsleitung andere Anlageformen bevorzugen als Investitionen in das Unternehmen zu tätigen

e) Vor dem Auslaufen des Tarifvertrags: Die Arbeitnehmer könnten ihre Forderungen mit einem Warnstreik untermauern. Der Warnstreik ist eine kurzzeitige Arbeitsniederlegung mit dem Ziel, die Einigkeit der Arbeitnehmer aufzuzeigen und den Arbeitgeber vor den Folgen eines tatsächlichen Streiks zu warnen.

Nach dem Auslaufen des Tarifvertrags: Möglichkeit eines gewerkschaftlich organisierten Streiks, der durch die Urabstimmung legitimiert werden muss.

1.2.1 Tarifautonomie bedeutet, dass die Tarifpartner ihre Verträge ohne Einmischung des Staates aushandeln können. Ein Mindestlohn per Gesetz ist somit ein Eingriff in die Tarifautonomie. Er setzt den Tarifpartnern eine verbindliche Untergrenze. Herr Steinhaus vertritt die Meinung, dass wenn der Staat die Grenzen setzt, brauchen sich die Arbeitnehmer nicht mehr zu engagieren und für ihre Position zu streiten.

Herr Steinhaus hat mit seiner Aussage bedingt recht. Es ist richtig, dass der Staat durch den Mindestlohn in die Tarifautonomie eingreift, aber er setzt lediglich verbindliche Untergrenzen. Darüber hinaus können die Tarifpartner aber weiterhin frei verhandeln. Das heißt, die Gewerkschaften könnten versuchen noch höhere Löhne auszuhandeln oder z. B. bessere Arbeitsbedingungen.

Es ist weiterhin notwendig, den Arbeitgebern einen starken Verhandlungspartner (Gewerkschaft) gegenüberzustellen, um die Arbeitnehmer angemessen zu vertreten. Dafür ist es weiterhin notwendig, dass sich Arbeitnehmer in Gewerkschaften organisieren.

Gehälter sind nur ein Aspekt in Tarifverhandlungen. Gewerkschaften verhandeln z. B. auch über Arbeitszeiten, Urlaub, ...

1.2.2
- Bekämpfung von Niedriglohn sowie Lohndumping und somit auch Stabilisierung der Nachfrage am unteren Einkommensende
- Verringerung der staatlichen Ausgaben für soziale Unterstützung (z. B. aufstockendes ALG II). Dies führt zu einer Entlastung des Staatshaushalts.
- Entwicklung in Richtung gleichmäßigere Einkommensverteilung
- Erhöhung der Steuereinnahmen aufgrund steigender Lohnsteuern

Prüfungsaufgaben Winter 2016/2017 (Aufgabe 1)

1.1.1 Sandra ist mit 18 Jahren volljährig. Somit müssen nur sie und der Ausbildende den Vertrag unterschreiben. Eine Unterschrift der Eltern ist nicht erforderlich.

1.1.2
- „Durch die Tätigkeit im Betrieb wird dir (Sandra) eine praxisorientierte Ausbildung ermöglicht." „Dadurch bekommst du gleich einen guten Einblick in die Arbeitswelt und hast, wenn du dir Mühe gibst, gute Chancen auf einen späteren Arbeitsplatz in deinem Ausbildungsunternehmen."
- „Zudem werden dir in der Berufsschule theoretische Kenntnisse vermittelt und deine Allgemeinbildung wird gefördert."
- „Auch erhältst du während der dualen Ausbildung bereits Geld und bist damit unabhängiger von deinen Eltern."

Weitere schülerindividuelle Antworten möglich.

WiSo (Gesamtwirtschaft): Prüfungsaufgaben Kompetenzbereich I 49

1.1.3 Peter ist erst 17 Jahre alt. Für ihn gelten die Regeln des Jugendarbeitsschutzgesetzes. Laut § 9 Abs. 1 Nr. 2 JArbSchG darf der Betrieb Jugendliche nicht beschäftigen, wenn sie länger als 5 Stunden Berufsschulunterricht haben.
Für Sandra gilt diese Regel nicht, da sie volljährig ist.

1.1.4 Sandra wurde im Rahmen der Probezeit gekündigt. Diese dauert laut § 20 BBiG 1–4 Monate. Während der Probezeit kann das Ausbildungsverhältnis laut § 22 BBiG jederzeit gekündigt werden ohne Einhalten einer Kündigungsfrist und ohne Angabe von Gründen. Die Kündigung ist damit wirksam.

1.2.1 Arbeitgeberverbände: Durch Aussperrungen hindern die Arbeitgeber die Arbeitnehmer daran zu arbeiten.
Gewerkschaften: Arbeitnehmer stellen ihre Arbeit in Form von Streiks ein.

1.2.2 Der Staat darf nicht in Tarifverhandlungen eingreifen. Es gilt Tarifautonomie zwischen den Sozialpartnern.

1.2.3 Zunächst haben nur die gewerkschaftlich organisierten Arbeitnehmer Anspruch auf vereinbarte Lohnerhöhungen. Wird der Tarifvertrag für allgemein verbindlich erklärt, gelten die Bestimmungen aber für alle.
Gegebenenfalls passen Unternehmen die Verträge für alle Mitarbeiter an, da sie sie nicht in die Gewerkschaft treiben wollen.

1.2.4 Nein, ein Tarifvertrag muss nicht für ganz Deutschland gelten. Flächentarifverträge können z. B. nur für einzelne Regionen oder Bundesländer abgeschlossen werden.
Außerdem besteht die Möglichkeit für übertarifliche Vergütungen.

1.3.
- Vertretung der Interessen von Jugendlichen und Auszubildenden
- Weitergabe von Anregungen und Beschwerden an den Betriebsrat
- Teilnahme an Betriebsratssitzungen

Weitere Antworten möglich.

Prüfungsaufgaben Winter 2016/2017 (Aufgabe 2)

2.1.1 „Es fehlt die gesetzliche Unfallversicherung."

2.1.2 „Der Arbeitgeber zahlt die Unfallversicherung alleine. Aus diesem Grund erscheint sie nicht als Abzug in deiner Abrechnung der Ausbildungsvergütung."

2.2. „Die Krankenhauskosten nach einem Arbeitsunfall zahlt die Unfallversicherung, nicht die Krankenversicherung. Aus diesem Grund verlangt die Krankenkasse einen Unfallbericht, um zu wissen, wo der Unfall passiert ist."

2.3. „Der Beitragssatz der Krankenkasse beträgt 14,6 %, davon zahlst du die Hälfte. Den Zusatzbeitrag von 0,9 % musst du alleine zahlen. Grundlage ist deine Ausbildungsvergütung."

680,00 EUR · 7,3 % = 49,64 EUR
680,00 EUR · 0,9 % = 6,12 EUR
gesamt   55,76 EUR

2.4.1 „Die Jüngeren zahlen ihre Beiträge in die Rentenversicherung ein, wovon die Renten der heute Älteren ausbezahlt werden. Du bekommst später deine Rente von den Beiträgen der jüngeren Generation."

2.4.2 „Problematik: Immer mehr Rentner müssen von immer weniger Beitragszahlern finanziert werden."

2.5. Z. B.
- betriebliche Altersversorgung
- private Zusatzvorsorge (Riesterrente)
- private Rentenversicherung
- Kapitallebensversicherung

2.6.1 „Du musst den Zusatzbeitrag nicht bezahlen, da du noch unter 23 Jahre alt bist."

2.6.2 „Familien müssen den Zusatzbeitrag nicht bezahlen, um sie finanziell zu entlasten."

Prüfungsaufgaben Winter 2016/2017 (Aufgabe 1)

1.1 Einladung zum Workshop „Unfall- und Jugendarbeitsschutz"

Schülerabhängig, z. B.:

> Liebe Auszubildende,
> hiermit laden wir euch herzlich zu unserem Workshop „Unfall- und Jugendarbeitsschutz" für Auszubildende ein. Der Workshop findet am 21.11.2016 um 09:30 Uhr in Raum 007 statt.
>
> Warum bieten wir euch diese Schulung an? Uns ist es wichtig, Unfällen vorzubeugen und euch über Sicherheitsmaßnahmen zu informieren, damit ihr euch im Unternehmen sicher fühlt und Unfälle und Verletzungen vermieden werden. Einige von euch werden in der Fertigung und im Lager ausgebildet, wo es besonders wichtig ist, über Unfallverhütung informiert zu sein, da die Unfallgefahr dort höher ist als in der Verwaltung, z. B. könntet ihr im Lager von einem Stapler angefahren werden. Unfälle führen dazu, dass ihr eure Ausbildung eventuell unterbrechen müsst, und dies möchten wir vermeiden. Aber nicht nur wir als JAV, sondern auch unsere Geschäftsleitung hat ein starkes Interesse daran, Unfälle zu vermeiden, denn diese führen zu Personalausfällen, zu erhöhten Kosten und eventuell zu einem geringeren Absatz.
>
> Wichtig ist uns auch der Jugendarbeitsschutz. Wir als Jugendliche sind besonders zu schützen, d. h., wir erhalten längere Pausen, dürfen zu bestimmten Zeiten nicht arbeiten und haben i. d. R. kürzere Arbeitszeiten. Ziel ist es dabei, uns nicht zu überfordern und unsere Gesundheit zu erhalten.
>
> Es wird für euch sicher ein interessanter Workshop.
>
> Wir freuen uns auf eure Teilnahme.
>
> Mit freundlichen Grüßen
>
> Euer JAV-Team

1.2.1 Schülerabhängige Lösung, z. B.
Unfall auf dem Arbeitsweg/Schulweg oder während der Arbeit/Schule jeweils mit Beispielen belegt.

1.2.2
- Behandlungskosten
- Arzneimittel
- Reha-Kosten
- ggf. Rente aus der Unfallversicherung
- ...

1.3.1 Befindet sich Frank noch in der Probezeit (1–4 Monate; heute 09.11.2016), kann er fristlos ohne Angabe von Gründen gekündigt werden (§ 22 Abs. 1 BBiG).
Ist Frank nicht mehr in der Probezeit, ist eine Kündigung aus diesem Grund nicht möglich, da hier kein wichtiger Grund nach § 22 Abs. 2 BBiG vorliegt.
(Der Arbeitgeber kann ihn allerdings abmahnen, indem er auf das Fehlverhalten hinweist und arbeitsrechtliche Konsequenzen für die Zukunft androht.)

1.3.2 Anastasia kann die Ausbildung beenden, da sie die Berufsausbildung aufgeben möchte (§ 22 Abs. 2 Satz 2 BBiG). Allerdings kann sie nicht am 01.12.2016 in Lyon anfangen, denn sie hat eine Kündigungsfrist von vier Wochen (§ 22 Abs. 2 BBiG). Sie muss zudem den Grund ihrer Kündigung angeben (§ 22 Abs. 3 BBiG).
Alternativ könnte sie den Arbeitgeber um einen Aufhebungsvertrag bitten.

Kompetenzbereich II:
Wirtschaftliches Handeln in der Sozialen Marktwirtschaft analysieren

1 Wechselseitige Beziehungen der Wirtschaftssubjekte

1.3 Aufgaben zu den Kapiteln 1.1 und 1.2

1. Bruttoinvestition: = Nettoinvestition + Reinvestition
   = Summe aller Investitionen

   Nettoinvestition: führt zur Vergrößerung bzw. Verbesserung der volkswirtschaftlichen Kapazität (Wachstum)

   Reinvestition: = Ersatzinvestition; führt zur Erhaltung der volkswirtschaftlichen Kapazität (Ersatz von ausscheidenden Maschinen)

2. Nettoinvestition

3. Anlageinvestition: Anschaffung von Anlagegütern

   Vorratsinvestition: Anschaffung von Gütern des Umlaufvermögens (Vorräte)

4. stationäre Wirtschaft (Sektoren: priv. Haushalte und Unternehmen); keine Ersparnis der priv. Haushalte, keine Nettoinvestit., kein Wachstum (nur Reinvestition)

5. a) **Volkseinkommen:** Summe aller in einer Volkswirtschaft in einem Jahr geschaffenen Einkommen

   b) **Inlandsprodukt:** Wert aller in einem Jahr produzierten entgeltlichen Güter und Dienstleistungen einer Volkswirtschaft bzw. erzielte Einkommen der In- und Ausländer in Deutschland

   c) **Nationaleinkommen:** Wert aller in einem Jahr produzierten entgeltlichen Güter/ Dienstleistungen einer Volkswirtschaft bzw. erzielte Einkommen der Inländer weltweit

6. Summe aller Gewinn-und-Verlust-Konten aller Unternehmen einer Volkswirtschaft

7. Haushalte, Unternehmen, Staat, Ausland, Vermögensänderung (Banken)

8. Banken sammeln die Ersparnisse der Haushalte und leiten sie als Kredite an die Unternehmen für Investitionszwecke weiter.

9. **Stationäre Wirtschaft:** Wirtschaft ohne Wachstum

   Evolutorische Wirtschaft: wachsende Wirtschaft (Nettoinvestitionen!)

10. **Offene Wirtschaft:** Wirtschaft unter Einbeziehung des Auslands

    Geschlossene Wirtschaft: Wirtschaft ohne Einbeziehung des Auslands

11. a) Einkommen

    b) Konsumausgaben oder private Ersparnis

    c) Konsumausgaben (= Umsatzerlöse der Konsumgüterindustrie), Bruttoinvestitionen (= Umsatzerlöse der Investitionsgüterindustrie), Exporterlöse, Subventionen, Staatskonsum

d) indirekte Steuern

e) Ersparnis, Konsum oder Subventionen

12. Vgl. Stofftelegramm.

13. a) **Nominales Inlandsprodukt:** Inlandsprodukt – zu tatsächlichen Preisen bewertet
    Reales Inlandsprodukt: Inlandsprodukt – nach Herausrechnung der Preissteigerungen

    b) Eine rein nominale Erhöhung des Inlandsprodukts ist nicht unbedingt mit einer Mehrleistung (Mehrproduktion) der Volkswirtschaft verbunden, sondern mehr oder weniger inflationsbedingt. Preissteigerungen sind daher bei der realen Betrachtung herauszurechnen.

14. Fragestellungen bei der

    Entstehung des Inlandsprodukts: Wo ist das Inlandsprodukt entstanden?

    Antwort: in den einzelnen Wirtschaftsbereichen (Investitions-, Konsumgüterindustrie, Landwirtschaft, Dienstleistungsbereich ...)

    Verteilung des Inlandsprodukts: An wen wird das Inlandsprodukt verteilt?

    Antwort: an Nichtunternehmer (E_{nu}) und Unternehmer (E_u)

    Verwendung des Inlandsprodukts: Wie wird das Inlandsprodukt verwendet?

    Antwort: u. a. für Investitionszwecke (I) und Konsumzwecke (C)

15. a)

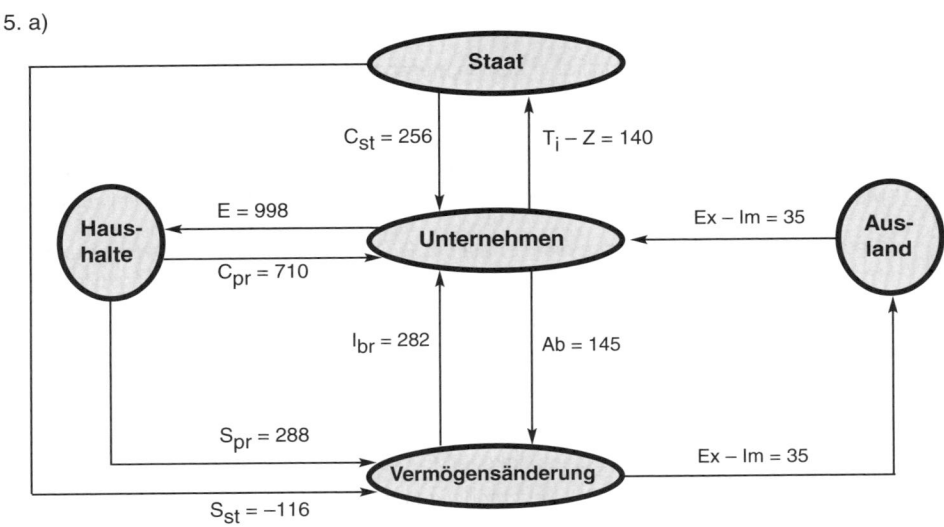

b) Die Staatsausgaben übersteigen die Staatseinnahmen. Der Saldo stellt negatives Sparen (= Kreditaufnahme) dar.

c) **Verteilungsrechnung:**

$NIP_h = E_u + E_{nu} = 500 + 498$ $\qquad = 998$ Mio. GE

$NIP_m = E_u + E_{nu} + (T_i - Z) = 500 + 498 + 140$ $\qquad = 1.138$ Mio. GE

$BIP_m = NIP_m + Ab = 1.138 + 145$ $\qquad = 1.283$ Mio. GE

Verwendungsrechnung:

$NIP_h = I_n + C + (Ex - Im) - (T_i - Z)$

$\qquad = 137 + 966 + 35 - 140$ $\qquad = 998$ Mio. GE

$NIP_m = I_n + C + (Ex - Im)$ $\qquad = 1.138$ Mio. GE

$BIP_m = NIP_m + Ab$ $\qquad = 1.283$ Mio. GE

16. Vgl. Stofftelegramm.

17. A meint die nominelle, B die reale Entwicklung des Volkseinkommens (vgl. 13.).

18. a) rückschreitende Wirtschaft, da negative Nettoinvestition (–5 GE)

    b) evolutorische Wirtschaft, da Nettoinvestitionen (60 GE)

    c) Stationäre Wirtschaft: kein Wachstum, da keine Nettoinvestitionen; die volkswirtschaftliche Kapazität bleibt erhalten.

19. Die Aussage ist im Wesentlichen richtig: Der materielle Lebensstandard steigt mit steigendem Volkseinkommen. Allerdings schmälern folgende Aspekte den Aussagewert:

    - Es ist fraglich, ob Lebensqualität in Zahlen messbar ist.

    - Steigendes Volkseinkommen bedeutet evtl. steigende Umweltbelastung (soziale Kosten).

    - Verschiedene Kosten erhöhen das Bruttoinlandsprodukt, die eigentlich wieder abgezogen werden müssten: Behandlungskosten von Unfallopfern, Reparaturen an Unfallautos ...

    - Bestimmte Leistungen werden nicht erfasst, z. B. Ausbildungsleistungen von Unternehmen, Nutzung der Infrastruktur (= soziale Leistungen) sowie Hausfrauentätigkeiten, private Kleingärtnerarbeiten ...

    Korrektur des BIP: **Bruttoinlandsprodukt**

    – soziale Kosten

    + soziale Leistungen

    + Hausfrauentätigkeiten (bewertet)

    + private Kleingärtnerleistungen

    - alternative Wohlstandsindikatoren verwenden, wie z. B. HDI oder ISEW (vgl. Stofftelegramm)

WiSo (Gesamtwirtschaft): Wechselseitige Beziehungen der Wirtschaftssubjekte

Volkswirtschaftliche Gesamtrechnung – Lösungen

1 Volkseinkommen: Summe aller in einer Volkswirtschaft in einem Jahr geschaffenen Einkommen → ①

Inlandsprodukt: Wert aller in einem Jahr produzierten entgeltlichen Güter und Dienstleistungen in einer Volkswirtschaft → ①

	1., 2., 3. Versuch	Erzielte Punkte
1.	2	
2.	2	
3.	2	

2 Stationäre Wirtschaft: Wirtschaft ohne Wachstum → ⓪,⑤

Evolutorische Wirtschaft: wachsende Wirtschaft → ⓪,⑤

1.	1	
2.	1	
3.	1	

3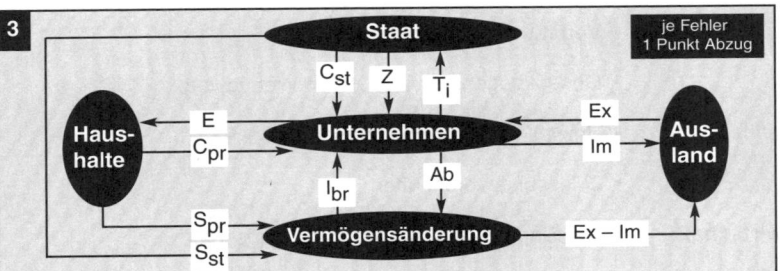

je Fehler 1 Punkt Abzug

1.	5	
2.	5	
3.	5	

4 Nominales Inlandsprodukt: Inlandsprod., zu tatsächlichen Preisen bewertet → ①
Reales Inlandsprodukt: Inlandsprod., nach Herausrechnung der Preissteigerungen → ①

1.	2	
2.	2	
3.	2	

5 **Verteilungsrechnung:**

Volkseinkommen $= NIP_h = E_u + E_{nu} = 500 + 498 = 998$ Mio. GE → ①

$NSP_m = E_u + E_{nu} + (T_i - Z) = 500 + 498 + 140 = 1.138$ Mio. GE → ①

$BIP_m = NIP_m + Ab = 1.138 + 145 = 1.283$ Mio. GE → ①

Verwendungsrechnung:

Volkseinkommen $= I_n + C + (Ex - Im) - (T_i - Z)$
$= 137 + 966 + 35 - 140 = 998$ Mio. GE → ①

$NIP_m = I_n + C + (Ex - Im) = 1.138$ Mio. GE → ①

$BIP_m = NIP_m + Ab = 1.283$ Mio. GE → ①

1.	6	
2.	6	
3.	6	

6 Die Aussage ist im Wesentlichen richtig: Der materielle Lebensstandard steigt mit steigendem Volkseinkommen. → ①

Allerdings schmälern folgende Aspekte den Aussagewert:
- Es ist fraglich, ob Lebensqualität in Zahlen messbar ist. → ⓪,⑤
- Steigendes Volkseinkommen bedeutet steigende Umweltbelastung (soziale Kosten). → ⓪,⑤
- Verschiedene Kosten erhöhen das Bruttoinlandsprodukt, die eigentlich wieder abgezogen werden müssten: Behandlungskosten von Unfallopfern, Reparatur Unfallautos ... → ⓪,⑤
- Bestimmte Leistungen werden nicht erfasst, z. B. Ausbildungsleistungen von Unternehmen, Nutzung der Infrastruktur (= soziale Leistungen), Hausfrauentätigkeit ... → ⓪,⑤

Korrektur des BIP: **Bruttoinlandsprodukt – soziale Kosten + soziale Leistungen** → ①
+ u. a. Hausfrauentätigkeiten (bewertet)

1.	4	
2.	4	
3.	4	

Tragen Sie Ihre Punktesumme ein und ermitteln Sie auf dem Aufgabenblatt Ihre Note.

Punktesumme 1. 20   Punktesumme 2. 20   Punktesumme 3. 20

2 Ordnungsmerkmale der Sozialen Marktwirtschaft

1. Alle Ordnungsmerkmale der freien Marktwirtschaft werden bei der Sozialen Marktwirtschaft mehr oder weniger eingeschränkt, um soziale Härten oder Benachteiligungen zu vermeiden.

2. a) Privateigentum:
   - Mitbestimmungsregelungen in Gesetzen
   - teilweise öffentliches Eigentum
   - Art. 14 Grundgesetz: Eigentum verpflichtet.

   b) Vertragsfreiheit:
   - Gesetzesregelungen über nichtige und anfechtbare Rechtsgeschäfte
   - Verbraucherschutzregelungen
   - Gesetz gegen den unlauteren Wettbewerb

   c) Gewerbefreiheit:
   - Umwelt- und Verbraucherschutz
   - Zulassungsvorschriften

3. **Freie Marktwirtschaft:** keine Eingriffe des Staates in die Wirtschaft

   Soziale Marktwirtschaft: Eingriffsmöglichkeiten des Staates in die Wirtschaft, wenn soziale Härten oder Benachteiligungen verhindert oder wirtschaftspolitische Ziele gefördert werden sollen. Die staatlichen Eingriffsmöglichkeiten sind gesetzlich geregelt. Vgl. auch Aufgabe 2.

4. a) Privateigentum, Vertragsfreiheit, Gewerbefreiheit, Konsumfreiheit, freie Berufs- und Arbeitsplatzwahl ... (drei Merkmale genügen)

   b) keine Eingriffe in die Wirtschaft, nur Schutz- und Ordnungsmaßnahmen (Nachtwächterstaat)

5. Freie Marktwirtschaft kann unsoziale Auswirkungen haben – deshalb Schutz des sozial Schwächeren notwendig.

6.
   - Ja, weil dem sozial Schwächeren das Grundbedürfnis „Wohnen" dadurch ermöglicht wird.
   - Ja, weil dadurch Arbeitslosigkeit vermieden oder verringert wird.

7. Z. B.:
   - sozial, da Sicherung der Arbeitsplätze
   - Unsozial, da Arbeitnehmern ihr einziges Instrument zur Durchsetzung ihrer Interessen entzogen wird.

WiSo (Gesamtwirtschaft): Ordnungsmerkmale der Sozialen Marktwirtschaft

8. a)
   - Gesetzliche Sozialversicherung
   - gerechtere Einkommens- und Vermögensverteilung
   - marktkonträre Maßnahmen des Staates
   - UWG
   - Verbraucherschutzgesetze

   b) Arbeitnehmer:
   - Gewährleistung von Mindestbedingungen
   - Gleichstellung gleich qualifizierter Arbeitnehmer

   Gesamtwirtschaft:
   - Hohe Lohnabschlüsse verstärken die Inflation.
   - Zu hohe Lohnabschlüsse bewirken Rationalisierung.

   ca) Gemeinwohl überwiegt, jedoch Entschädigungspflicht

   cb) Marktmechanismen ausgeschaltet (Schutz des Produzenten)

   cc) Zweck: gerechtere Einkommensverteilung

   cd) Schutz des Verbrauchers vor Übervorteilung

3 Kooperation und Konzentration
3.4 Aufgaben zu den Kapiteln 3.1–3.3

1. **Kooperation:** Vertragliche Verpflichtung zur Zusammenarbeit zwischen Unternehmen; die wirtschaftliche Selbstständigkeit der einzelnen Unternehmen bleibt weitgehend erhalten.

    Beispiel: Kartelle oder sonstige Zusammenarbeit

    Konzentration: Vertragliche Zusammenarbeit von Unternehmen, die unter einheitlicher Leitung stehen, wobei die wirtschaftliche Selbstständigkeit der einzelnen Unternehmen aufgegeben wird.

    Beispiel: Konzern

2. - Wettbewerbsausschaltung
   - Sicherung von Beschaffung und Absatz
   - gemeinsame Werbung
   - Verbesserung der Konkurrenzfähigkeit gegenüber ausländischen Großunternehmen
   - Finanzierungserleichterung für Großprojekte, Forschungs- und Entwicklungsarbeiten
   - Kostensenkung (Massenproduktion, Rationalisierung)

3. - Wettbewerbsbeschränkung bzw. Wettbewerbsausschaltung
   - überhöhte Preise (Ausschaltung der Preisfunktionen)
   - evtl. Angebotsverknappung (verschlechterte Marktversorgung)
   - Gefahr des Missbrauchs wirtschaftlicher Macht

4. **Horizontaler Zusammenschluss:** Zusammenschluss von Unternehmen der gleichen Produktionsstufe

    Beispiele: Kaufhaus/Kaufhaus; Möbelfabrik/Möbelfabrik

    Vertikaler Zusammenschluss: Zusammenschluss von Unternehmen verschiedener Produktionsstufen derselben Branche

    Beispiele: Möbelfabrik/Möbelhandel; Textilfabrik/Kaufhaus

    Anorganischer Zusammenschluss: Zusammenschluss von Unternehmen verschiedener Branchen

    Beispiele: Sägewerk/Kaufhaus; Autofabrik/Möbelfabrik

5. Vertraglicher Zusammenschluss von Unternehmen, die rechtlich selbstständig bleiben, wirtschaftlich teilweise unselbstständig werden; bzw.: Ein Kartell liegt vor, wenn die Zusammenarbeit rechtlich selbstständig bleibender Unternehmen zur Einschränkung des Wettbewerbs führt.

WiSo (Gesamtwirtschaft): Kooperation und Konzentration

6. **Preiskartell:** Festsetzung einheitlicher Preise

   Submissionskartell: Sonderform des Preiskartells; die Kartellmitglieder vereinbaren bei öffentlichen Ausschreibungen Preisuntergrenzen oder Festlegung des zum Zuge kommenden Kartellmitglieds.

7. a) Kartelle sind grundsätzlich verboten.

   b) Legalausnahme: Gemäß § 2 GWB können Kartelle unter bestimmten Voraussetzungen freigestellt werden:

   - Verbraucherbeteiligung am Gewinn
   - wirtschaftlicher Nutzen (Effizienzgewinn)
   - keine Wettbewerbsausschaltung
   - nur kartellbezogene Auflagen (Unerlässlichkeit)

8. **Aufgaben des Bundeskartellamtes:**

   - Marktbeobachtung hinsichtlich Wettbewerbsbeschränkungen
   - Anträge auf Negativtest entgegennehmen und prüfen
   - Missbrauchsaufsicht: Verhinderung des Missbrauchs einer marktbeherrschenden Stellung
   - Fusionskontrolle: Zusammenschlusskontrolle gemäß § 35 ff. GWB

9. a) **Konzern:** Zusammenschluss von Unternehmen, die rechtlich selbstständig bleiben, wirtschaftlich jedoch unselbstständig sind durch einheitliche Leitung.

   b) einheitliche Leitung

10. **Trust** = Verschmelzung = Fusion = Zusammenschluss von Unternehmen, die rechtlich und wirtschaftlich unselbstständig werden; es entsteht ein einziges Unternehmen.

11. Möglichkeiten des Kartellamts:

    Fusionskontrolle: Anzeigepflicht von Unternehmenszusammenschlüssen;
    Das Kartellamt untersagt die Fusion, wenn eine marktbeherrschende Stellung entsteht oder verstärkt wird.

    Missbrauchsaufsicht: Verhinderung des Missbrauchs einer marktbeherrschenden Stellung. Geldbußen bei Missbrauch

12. Z. B. Sicherung der internationalen Wettbewerbsfähigkeit; gemeinsame Erschließung neuer Märkte (auch für kleinere Unternehmen); gemeinsame Investitionen in Forschung und Entwicklung; langfristige Sicherung der Arbeitsplätze

4 Markt und Preis

4.1 Markt und Marktformen

1. Markt = jedes Zusammentreffen von Angebot und Nachfrage

2. Durch das Zusammentreffen von Angebot und Nachfrage wird ein Güteraustausch möglich.

3. a) Polypol: viele Anbieter – viele Nachfrager

   b) (Angebots-)Oligopol: wenige Anbieter – viele Nachfrager

   c) (Angebots-)Monopol: ein Anbieter – viele Nachfrager

4. a) Polypol
   b) Angebotsmonopol
   c) Angebotsoligopol
   d) Polypol
   e) Angebotsoligopol

5. Je weniger Marktteilnehmer auf einer Seite, umso marktstärker ist der einzelne Marktteilnehmer dieser Seite.

   Angebotsseite: weniger Anbieter → weniger Konkurrenz

   Folge: Die Marktstärke des einzelnen Anbieters steigt.

   Nachfrageseite: weniger Nachfrager, weniger „Mitkäufer"

   Folge: Die Marktstärke des einzelnen Nachfragers steigt.

6. Angebotsmonopol – Angebotsoligopol – Polypol

7. Zunahme von Großunternehmen bei gleichzeitigem Rückgang der kleineren Unternehmen. Anbieterzahl sinkt, ihre Marktmacht steigt.

8. a) patentiertes Haushaltsgerät – einzigartiges Spezialmedikament

   b) Autoindustrie – Mineralölindustrie – Zigarettenindustrie

   c) Lebensmittelindustrie – Textilindustrie – Bauindustrie – Möbelmärkte

WiSo (Gesamtwirtschaft): Markt und Preis

 **Preisbildung: Marktformen – Lösungen**

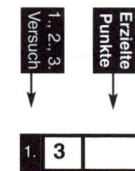

1

a) **Polypol**: viele Anbieter, viele Nachfrager ----> ❶

b) **Oligopol**: wenige Anbieter bzw. wenige Nachfrager ----> ❶

c) **Monopol**: ein Anbieter bzw. ein Nachfrager ----> ❶

1.	3	
2.	3	
3.	3	

2

a) Angebotsmonopol:
- Patent
- z. T. Briefbeförderung   2 · ----> ❶
- einzigartiges Medikament

b) Angebotsoligopol:
- Autoindustrie
- Mineralölindustrie   2 · ----> ❶
- Reiseindustrie

c) Polypol:
- Lebensmittelindustrie
- Bauindustrie   2 · ----> ❶
- Textilindustrie

1.	6	
2.	6	
3.	6	

3

Je weniger Marktteilnehmer auf einer Seite, umso marktstärker ist der einzelne Marktteilnehmer auf dieser Seite. ----> ❶

Angebotsseite: weniger Anbieter – weniger Konkurrenz

Folge: Die Marktstärke des einzelnen Anbieters steigt. ----> ❶

Nachfrageseite: weniger Nachfrager – weniger „Mitkäufer".

Folge: Die Marktstärke des einzelnen Nachfragers steigt. ----> ❶

1.	3	
2.	3	
3.	3	

Tragen Sie Ihre Punktesumme ein und ermitteln Sie auf dem Aufgabenblatt Ihre Note.

Punktesumme 1. 12   **Punktesumme** 2. 12   **Punktesumme** 3. 12

4.2 Bestimmungsgründe: Nachfrage und Angebot

1. **Individuelle Nachfrage:** Nachfrage eines einzelnen Haushaltes nach einem bestimmten Gut bei verschiedenen Preisen

   Marktnachfrage: Summe aller individuellen Nachfragen nach einem Gut

   (Addition = Aggregation aller individuellen Nachfragekurven zur Gesamtnachfragekurve = Marktnachfragekurve)

2. - Preis
   - Bedürfnisstruktur
   - Einkommen
   - Vermögen
   - Preise anderer Güter (Substitutions-, Komplementärgüter)
   - Zukunftserwartungen
   - Nachfragerzahl

3. Die Nachfragemenge ist lediglich vom Preis abhängig. Die anderen Bestimmungsfaktoren (Einkommen usw.) werden konstant gesetzt, verändern sich also nicht.

4. Wie ändert sich die Nachfragemenge, wenn sich der Preis ändert?

   Ursache also: Preisänderung; Wirkung: Nachfragemengenänderung

5. a) **Gesetz der Nachfrage:** Steigender Preis bewirkt sinkende Nachfrage und umgekehrt. Es handelt sich um Bewegungen auf der Kurve.

   b)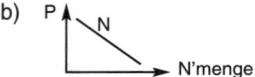

6. a) durch Marktforschung

   b) Nein; es sind Schätzungen, die auf mehr oder weniger exakten Marktanalysen bzw. Marktbeobachtungen basieren.

7. Wenn sich mindestens einer der konstant gesetzten Bestimmungsfaktoren der Nachfrage ändert (z. B. Einkommen).

8. - Nachfragerzahl steigt.
   - steigende Einkommen
   - steigende Bedürfnisse
   - Nachfrager erwarten Preissteigerungen.
   - sinkende Preise bei Komplementärgütern
   - steigende Preise bei Substitutionsgütern

9. - Nachfragerzahl sinkt.
   - sinkende Einkommen
   - sinkende Bedürfnisse
   - Nachfrager erwarten Preissenkungen.
   - steigende Preise bei Komplementärgütern
   - sinkende Preise bei Substitutionsgütern

WiSo (Gesamtwirtschaft): Markt und Preis

10. a) Komplementärgüter: sich ergänzende Güter; Güter, die nur gemeinsam genutzt werden können.

    Beispiele:
    - Lampe/Birne
    - Auto/Reifen

    b) Substitutionsgüter: austauschbare Güter

    Beispiel:
    - Holz/Kunststoff
    - Margarine/Butter

11. a) Nachfrage steigt.

    b) Nachfrage steigt.

12. Die Nachfrage nach Autos wird sinken, somit sinkt auch die Nachfrage nach dem Komplementärgut Autoreifen.

13. Die Nachfrage nach Gut A a) sinkt,

    b) steigt.

14. Die Nachfrage nach Gut A a) steigt,

    b) sinkt.

15. a) Die Nachfrage sinkt, weil Haushalte aus Risikovorsorge größere Teile ihres Einkommens sparen.

    b)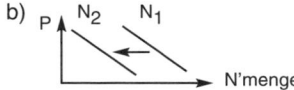

16. a) steigende Nachfrage, um den Preissteigerungen zuvorzukommen

    b)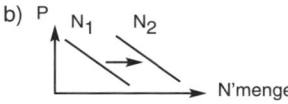

17. Keine Nachfrageänderung, da Insulin für den Käufer lebensnotwendig ist. Vollkommen unelastische Nachfrage.

18. Es handelt sich um die sog. **anomale Nachfrage.** Ein hoher Preis erweckt beim Nachfrager den Eindruck hoher Qualität. Das Produkt wird also bevorzugt gekauft, weil es teurer ist **(Preis als Qualitätsmaßstab).**

    Alternativerklärung: Man kauft bevorzugt teurere Güter, um sich aus der Gemeinschaft herauszuheben und Güter zu besitzen, die sich andere nicht leisten können **(Snob-Effekt).**

19. • Private Haushalte: privater Konsum (Verbrauch)
    • Ausland: Export
    • Unternehmen: Investitionsgüternachfrage
    • Staat: Staatskonsum

20. Die Höhe der Gesamtnachfrage bestimmt den Konjunkturverlauf. Steigende Nachfrage nach Konsumgütern bzw. steigende Auslandsnachfrage (Exporte) bewirken steigende Beschäftigung, steigende Investitionen und somit steigendes Inlandsprodukt (Konjunkturaufschwung, Wachstum).

21. Aufgrund der zusätzlichen Nachfrage aus den neuen EU-Staaten wurde mit einem weiteren Konjunkturaufschwung sowie steigendem Wirtschaftswachstum bei entsprechender Investitionsbereitschaft der Unternehmen gerechnet.

22. Individuelles Angebot: Angebot eines bestimmten Gutes durch einen einzelnen Anbieter bei verschiedenen Preisen

    Marktangebot: Summe aller individuellen Angebote eines bestimmten Gutes

    (Addition = Aggregation aller individuellen Angebotskurven zur Gesamtangebotskurve = Marktangebotskurve)

23. • Preis
    • Kosten
    • Kapazitäten
    • Zukunftserwartungen
    • Konjunkturlage
    • Konkurrenzlage (Marktstellung des Anbieters, Zahl der Anbieter)

24. Die Angebotsmenge ist lediglich vom Preis abhängig. Die anderen Bestimmungsfaktoren (Kosten, Konjunktur ...) werden konstant gesetzt, verändern sich also nicht.

25. Wie ändert sich die Angebotsmenge, wenn sich der Preis ändert?

    Ursache also: Preisänderung. Wirkung: Angebotsmengenänderung.

26. a) **Gesetz des Angebots:** Steigender Preis bewirkt steigendes Angebot und umgekehrt. Es handelt sich um Bewegungen auf der Kurve.

    b)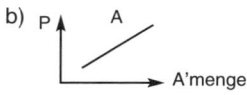

27. Wenn sich mindestens einer der konstant gesetzten Bestimmungsfaktoren des Angebots ändert (z. B. Kostensituation, Konjunkturlage).

28. • Anbieterzahl steigt.
    • steigende Kapazitäten
    • Kosten der Anbieter sinken.
    • optimistische Zukunftserwartungen

WiSo (Gesamtwirtschaft): Markt und Preis

29. • Anbieterzahl sinkt.
    • sinkende Kapazitäten
    • Kosten der Anbieter steigen.
    • pessimistische Zukunftserwartungen

30. a) Verschiebung der Angebotskurve nach links, weil jede Menge zu einem höheren Preis angeboten werden muss.

    b)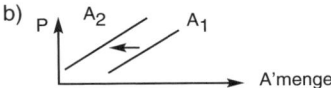

31. Rationalisierung bedeutet Kapazitätsausweitung und Kostensenkung. Somit steigt das Angebot. Verschiebung der Angebotsfunktion nach rechts.

32. Güter, die einen hohen Preis erzielen und relativ geringe Kosten verursachen, die also hohe Gewinnchancen versprechen.

33. In marktwirtschaftlich orientierten Wirtschaftssystemen entscheidet letztlich der Konsument (Nachfrager) darüber, welche Güter produziert werden. Wenn Bedarf nach einem Gut vorhanden ist, wird es Unternehmer geben, die diese Marktlücke schließen wollen, da sich entsprechende neue Verdienstquellen öffnen. Das Angebot richtet sich also letztlich nach der Nachfrage – der Konsument (Nachfrager) ist „souverän".

34. a)

    b) • Ein Anbieter muss innerhalb kürzester Zeit sein Lager mit verderblichen Waren räumen.

    • Ein Wertpapierinhaber befürchtet einen starken Kursverfall. Er bietet daher seine Wertpapiere unlimitiert (egal zu welchem Kurs = Preis) an.

Test → Preisbildung: Nachfrage – Lösungen

1
- Preis
- Bedürfnisstruktur
- Preise anderer Güter
- Zukunftserwartungen
- Einkommen
- Vermögen
- Zahl der Nachfrager

4 • - → 0,5

	1., 2., 3. Versuch	Erzielte Punkte
1.	2	
2.	2	
3.	2	

2 Es wird unterstellt, dass die Nachfragemenge lediglich vom Preis abhängig ist. -------→ 1
Die anderen Bestimmungsfaktoren (Einkommen ...) werden konstant gesetzt, verändern sich also nicht. -------→ 1

1.	2
2.	2
3.	2

3 a) • Steigender Preis bewirkt sinkende Nachfrage.
• Sinkender Preis bewirkt steigende Nachfrage. -------→ 1

b) 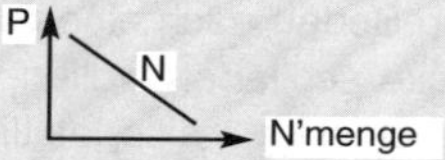 P↑
      N
   └──→ N'menge -------→ 1

1.	2
2.	2
3.	2

4 Wenn sich mindestens einer der konstant gesetzten Bestimmungsfaktoren der Nachfrage (z. B. Einkommen) ändert. -------→ 2

1.	2
2.	2
3.	2

5
- Nachfragerzahl steigt.
- steigende Einkommen
- steigende Bedürfnisse
- Nachfrager erwarten Preissteigerungen.
- sinkende Preise bei Komplementärgütern
- steigende Preise bei Substitutionsgütern

3 • - → 1

1.	3
2.	3
3.	3

6 P↑ N_2 N_1
   └──→ N'menge -------→ 1

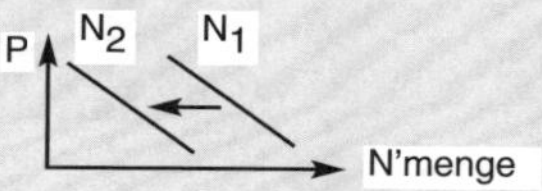

1.	1
2.	1
3.	1

Tragen Sie Ihre Punktesumme ein und ermitteln Sie auf dem Aufgabenblatt Ihre Note.

Punktesumme → 1. 12   **Punktesumme** → 2. 12   **Punktesumme** → 3. 12

WiSo (Gesamtwirtschaft): Markt und Preis

Test → Preisbildung: Angebot – Lösungen

1
- Preis
- Kostensituation
- Kapazitäten der Anbieter
- Zukunftserwartungen
- Konkurrenzlage
- Konjunkturlage

4 · - ▸ 0,5

2 Es wird unterstellt, dass die Angebotsmenge lediglich vom Preis abhängig ist.
Die anderen Bestimmungsfaktoren (Kosten ...) werden konstant gesetzt, verändern sich also nicht.

3 a)
- Steigender Preis bewirkt steigendes Angebot.
- Sinkender Preis bewirkt sinkendes Angebot.

b) Diagramm: P über A'menge, Kurve A ansteigend

4 Wenn sich mindestens einer der konstant gesetzten Bestimmungsfaktoren des Angebots (z. B. Kosten) ändert.

5
- Anbieterzahl steigt.
- sinkende Kosten
- steigende Kapazitäten
- optimistische Zukunftserwartungen

2 · - ▸ 1

6 a) Verschiebung der Angebotskurve nach links, weil jede Menge zu einem höheren Preis angeboten werden muss.

b) Diagramm: P über A'menge, Kurven A_2 und A_1

Punkte pro Versuch: 1. 2, 2. 2, 3. 2 (jeweils)

Tragen Sie Ihre Punktesumme ein und ermitteln Sie auf dem Aufgabenblatt Ihre Note.

Punktesumme 1. 12   **Punktesumme** 2. 12   **Punktesumme** 3. 12

4.3 Die Marktpreisbildung
4.3.1 Vollkommener und unvollkommener Markt

1.
   - keine räumlichen Unterschiede (Punktmarkt)
   - keine sachlichen Unterschiede (homogene = gleichartige Güter)
   - keine persönlichen Präferenzen
   - keine zeitlichen Unterschiede (gleiche Lieferfristen)
   - vollkommene Marktübersicht (= vollkommene Markttransparenz)

2.
   - Wenn mindestens eine der Bedingungen des vollkommenen Marktes nicht erfüllt ist.
   - verschiedene Preise für ein Gut

3. Ein bestimmtes Gut wird zu einem einheitlichen Preis angeboten.

   Begründung:

   - Verlangt ein Anbieter einen höheren Preis als die anderen, wird keiner mehr bei ihm kaufen.
   - Bei einer Preissenkung unter den Preis der anderen könnte er die auf ihn sich konzentrierende Gesamtnachfrage aufgrund seiner zu geringen Kapazität nicht befriedigen.

4. a) **Homogenität:** Gleichartigkeit der Güter

   b) **Transparenter Markt:**
   - übersichtlicher Markt
   - Jeder Marktteilnehmer kennt Preise, Konditionen, Lieferfristen usw. aller Beteiligten.

   c) **Punktmarkt:** Theoretischer Grenzfall:
   - keine räumlichen Unterschiede
   - Alle Marktteilnehmer treffen sich an einem bestimmten Ort zu einer bestimmten Zeit und haben somit den gesamten Überblick über das Marktgeschehen.

   d) **Präferenzen:** Vorliebe, Bevorzugung

5.
   - Der Markt ist lediglich zeitweise (temporär) unvollkommen.
   - Durch allmähliche „Entschleierung" (allmählich eintretende vollkommene Information durch „Herumsprechen") wird der Markt überschaubar (transparent) und somit vollkommen.

6. Der unvollkommene Markt ist zu vielschichtig, sodass man hier nur schwer zu eindeutigen Aussagen über Marktvorgänge kommen kann. Somit wird als Modell (= vereinfachtes Abbild der Realität) der vollkommene Markt untersucht, wobei man versucht, die gewonnenen Erkenntnisse auf komplexere Sachverhalte anzuwenden bzw. auszudehnen.

WiSo (Gesamtwirtschaft): Markt und Preis

7. Börse

8. a) Vollkommener Markt, da alle Bedingungen erfüllt sind (vgl. 1.).

   b) unvollk. Markt, da insbesondere räumliche Unterschiede, fehlende Markttransparenz ...

   c) Unvollkommener Markt, da keine Bedingung des vollkommenen Marktes erfüllt ist.

   d) unvollkommener Markt, da insbesondere fehlende Homogenität bei Äpfeln

   e) Vollkommener Markt, da alle Bedingungen annähernd erfüllt sind.

9. Nicht erfüllte Bedingung: a) „keine sachlichen Unterschiede"

   b) „keine zeitlichen Unterschiede"

   c) „keine räumlichen Unterschiede"

   d) „keine persönlichen Präferenzen"

10. • Es liegt ein Punktmarkt vor (keine räumlichen und zeitlichen Unterschiede).

    • Wertpapiere (z. B. Aktien von BMW) sind homogen (keine sachlichen Unterschiede).

    • keine persönlichen Präferenzen

    • Es herrscht (fast) vollkommene Marktübersicht (Markttransparenz).

11. Richtig sind: b, c, f, g

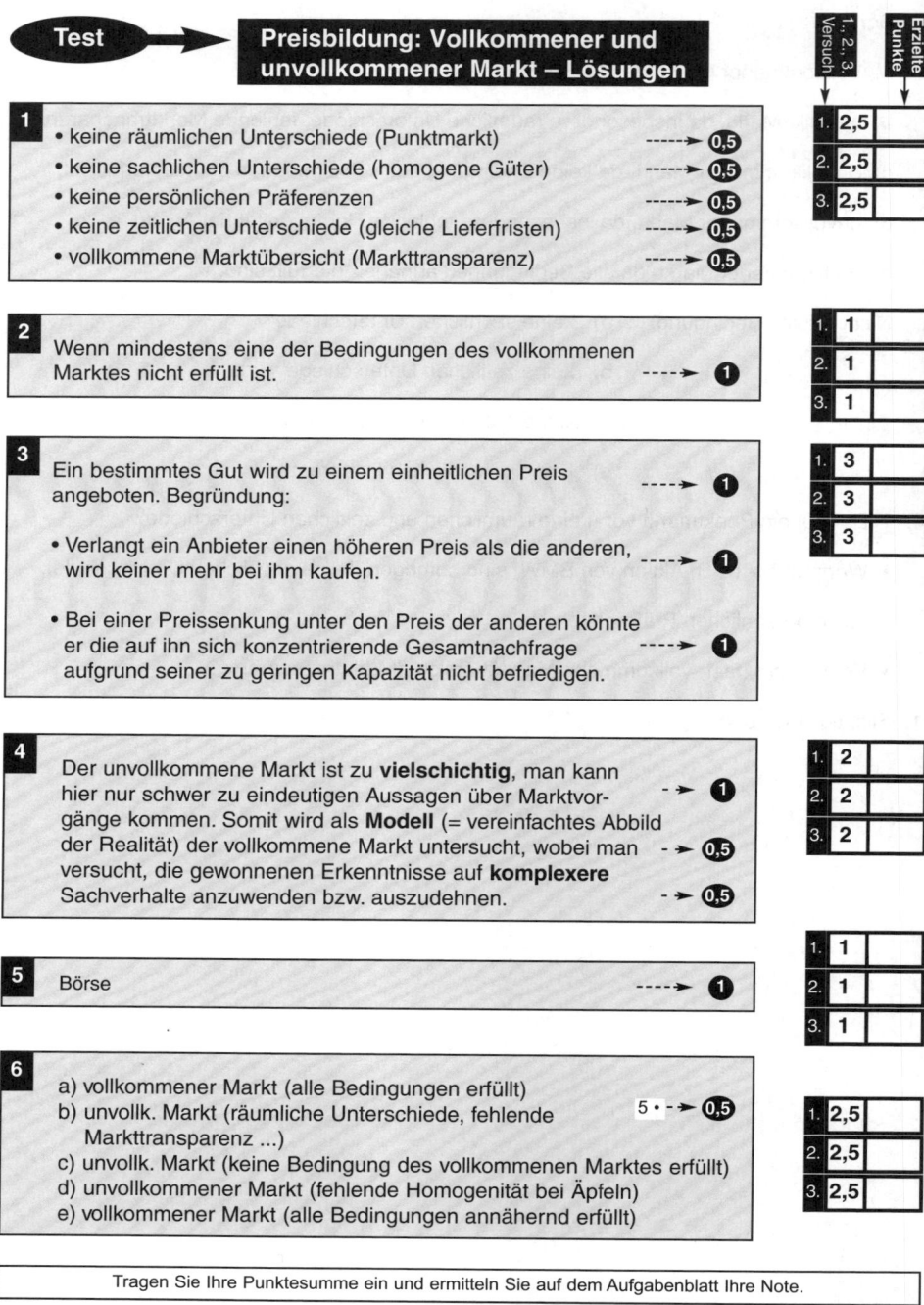

WiSo (Gesamtwirtschaft): Markt und Preis

4.3.2 Polypol – vollkommener Markt

1. Vgl. Stofftelegramm.

2. a) **Angebotsüberhang:** Angebot übersteigt Nachfrage. Lagerbildungen. Starker Wettbewerb unter Anbietern. Tendenz zur Preissenkung, weil die Anbieter ihre Waren loswerden wollen.

   b) **Nachfrageüberhang:** Nachfrage übersteigt Angebot. Starker Wettbewerb unter den Nachfragern. Tendenz zur Preiserhöhung.

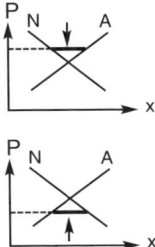

3. a) **Käufermarkt:** Angebotsüberhang. Die Käufer (Nachfrager) sind preisverhandlungsmäßig im Vorteil. Tendenz: Preissenkung

   b) **Verkäufermarkt:** Nachfrageüberhang. Die Verkäufer (Anbieter) sind preisverhandlungsmäßig im Vorteil. Tendenz: Preiserhöhung

4.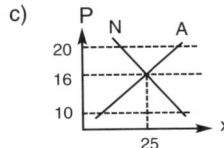

   Absatz bei P_1 : x_1

   Absatz bei P_2 : x_2

   Absatz bei P_g : x_g (= Absatzmaximum)

5. a) 16,00 EUR – Begründung: Angebot = Nachfrage

   b) P = 10,00 EUR: Nachfrageüberhang, Nachfrageüberschuss, Angebotslücke, Verkäufermarkt, Anbietermarkt, Ungleichgewicht

   P = 16,00 EUR: Gleichgewichtspreis, Marktgleichgewicht, Absatzmaximum

   P = 20,00 EUR: Angebotsüberhang, Angebotsüberschuss, Nachfragelücke, Käufermarkt, Nachfragermarkt, Ungleichgewicht

   c)

   ```
   P
   ↑   N     A
   20 ┼----·
   16 ┼----X
   10 ┼--·---·
      └────────→ x
           25
   ```

   d) $U = p \cdot x =$ $16{,}00 \cdot 25 =$ **400,00 EUR**

   e) P = 10,00 EUR: U = $10{,}00 \cdot 16$ = **160,00 EUR**
      P = 12,00 EUR: U = $12{,}00 \cdot 19$ = **228,00 EUR**
      P = 20,00 EUR: U = $20{,}00 \cdot 15$ = **300,00 EUR**
      P = 22,00 EUR: U = $22{,}00 \cdot 10$ = **220,00 EUR**

6. a) Bei Preis 19,00 EUR: 0 St.
      Bei Preis 18,00 EUR: 10 St. (H.)
      Bei Preis 17,00 EUR: 18 St. (H., F.)
      Bei Preis 16,00 EUR: 27 St. (H., F., D.)

b)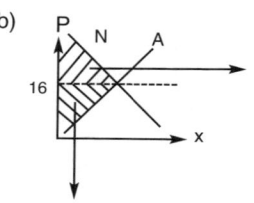

Konsumentenrente: Die Differenz zwischen dem Preis, den ein Käufer (Konsument) zu zahlen bereit ist, und dem tatsächlich gezahlten Marktpreis (Gleichgewichtspreis). Die Konsumentenrente ist also ein nicht ausgegebener Betrag bzw. eine Art (psychologischer) Gewinn für den Käufer.

Produzentenrente: Die Differenz zwischen dem vom Verkäufer (Produzenten) erzielten Gleichgewichtspreis und dem niedrigeren Preis, zu dem er gerade noch angeboten hätte. Die Produzentenrente ist also eine Art zusätzlicher Gewinn für den Anbieter.

7. Bei Preisen, die über bzw. unter dem Gleichgewichtspreis liegen, sind Ungleichgewichte zwischen Angebot und Nachfrage gegeben.

   Preise über dem Gleichgew.preis: Angebotsüberhang mit sinkender Preistendenz (s. o.)

   Preise unter dem Gleichgew.preis: Nachfrageüberhang mit steigender Preistendenz (s. o.)

   Gleichgewichtssituation: Angebot = Nachfrage; keine Preisänderungstendenzen sowie größtmöglicher Absatz

8. Nein; zum Zuge kommen:

   1. alle Anbieter, die maximal den Gleichgewichtspreis verlangen,
   2. alle Nachfrager, die mindestens den Gleichgewichtspreis zahlen wollen.

   Nicht zum Zuge kommen:

   1. alle Anbieter, die über dem Gleichgewichtspreis anbieten,
   2. alle Nachfrager, die weniger als den Gleichgewichtspreis zahlen wollen.

9. • Jeder Polypolist bietet zum Gleichgewichtspreis (Marktpreis) an („Preisnehmer").
   • Der Marktpreis ist für ihn ein „Datum" (vorgegeben).
   • Preispolitik ist nicht möglich.
   • Höhere Preise als den Gleichgewichtspreis kann er nicht durchsetzen, weil er aufgrund der Bedingungen des vollkommenen Marktes seinen gesamten Absatz verlieren würde.
   • Niedrigere Preise als den Gleichgewichtspreis würden ihn bezüglich seiner Kapazität überfordern.
   • Bei vorgegebenem Preis wird er die Menge anbieten, bei der er sein Gewinnmaximum erzielt (Mengenanpasser). Dies wird üblicherweise an seiner Kapazitätsgrenze der Fall sein.

10. • Der Gleichgewichtspreis garantiert den größtmöglichen Absatz.
    • Somit wird die größtmögliche Gütermenge (Angebotsmenge) umgesetzt.
    • Angebot und Nachfrage werden zum Ausgleich gebracht, es gibt keine Lagerbildung.
    • Der Bedarf ist optimal gedeckt.

11. a) Angebotsüberhang

    b) Nachfrageüberhang

    c) Gleichgewichtspreis

WiSo (Gesamtwirtschaft): Markt und Preis 73

12. a) Preis steigt.   b) Preis steigt.   c) Preis sinkt.   d) Preis sinkt.

13. a) b) c) d) e)
f) g) h) i)

14. Nachfrage- und Angebotskurve verschieben sich nach rechts.

   Alternative 1: Nachfrage- und Angebotsänderung in gleichem Umfang: keine Änderung des Gleichgewichtspreises

   Alternative 2: Die Nachfrage steigt stärker als das Angebot: Der Gleichgewichtspreis steigt.

   Alternative 3: Das Angebot steigt stärker als die Nachfrage: Der Gleichgewichtspreis sinkt.

   Alternative 1   **Alternative 2**   **Alternative 3**

15. Steigendes Angebot allein bedeutet sinkenden Preis. Ist der Preis dennoch gestiegen, so ist dies auf relativ stark gestiegene Nachfrage zurückzuführen.

16. Nachfragekurve verschiebt sich nach links, da die verfügbaren Einkommen und damit die Nachfrage sinken. Der Gleichgewichtspreis und die Menge sinken.

17. **Ausgleichsfunktion:** Der Marktpreis bringt Nachfrage und Angebot zum Ausgleich. Er „räumt" den Markt. Größtmöglicher Absatz.

   Signalfunktion: Der Marktpreis zeigt den Knappheitsgrad eines Gutes an. Preissteigerungen signalisieren, dass das Gut relativ knapper geworden ist: Entweder ist das Angebot bei gleichbleibender Nachfrage gesunken oder die Nachfrage bei gleichbleibendem Angebot gestiegen.
   Preissenkungen: analog

Lenkungsfunktion: Der Marktpreis lenkt das Angebot auf diejenigen Märkte, auf denen eine große Nachfrage herrscht und somit hohe Marktpreise und Gewinne erzielbar sind. Einsatz der Produktionsfaktoren in den Bereichen mit hohen Gewinnchancen.

Vgl. „Konsumentensouveränität".

Erziehungsfunktion: Der Preis auf dem vollk. polypolist. Markt ist bei allen Anbietern gleich. Der Preis zwingt (erzieht) die Anbieter zur Kostensenkung, wenn sie ihren Gewinn maximieren wollen.

Die Nachfrager werden dahingehend erzogen, preisgünstigste Einkaufsmöglichkeiten zu suchen, wenn sie ihren Nutzen maximieren wollen.

18. a) Substitutionsgüter

b) Sinkende Nachfrage bei Holzfenstern bewirkt hier einen sinkenden Marktpreis. Steigende Nachfrage bei Kunststofffenstern bewirkt hier einen steigenden Marktpreis. Je mehr sich die Preise angleichen, umso weniger Nachfrager werden auf Kunststofffenster umsteigen. Möglicherweise wird die Preissteigerungstendenz bei Kunststofffenstern gebremst durch neue Anbieter, die aufgrund der hohen Preise angezogen werden.

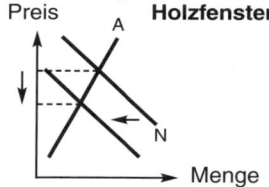
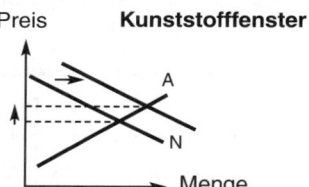

c) **Ausgleichsfunktion:** Es spielt sich stets ein Marktpreis ein, der Angebot und Nachfrage zum Ausgleich bringt.

Signalfunktion: Die Preissteigerung bei Kunststofffenstern signalisiert, dass sie relativ knapper geworden sind. Die Preissenkung bei Holzfenstern signalisiert, dass sie relativ weniger knapp geworden sind.

Lenkungsfunktion: Aufgrund der Preissteigerungen bei Kunststofffenstern – ausgelöst durch vermehrte Nachfrage – sowie sinkender Preise bei Holzfenstern werden bisherige Anbieter von Holzfenstern vermehrt auf Kunststofffensterproduktion umsteigen. Der gestiegene Preis zieht also neue Anbieter an – die Produktion wird in den Bereich „gelenkt", der nachfragemäßig begünstigt ist.
Vgl. „Konsumentensouveränität": Der Konsument bestimmt letztlich, was angeboten wird.

Erziehungsfunktion: Die Nachfrager richten sich nach preisgünstigsten Einkaufsmöglichkeiten, steigen also bei entsprechendem Preisabstand auf Kunststofffenster um (Nutzenmaximierung). Anbieter handeln nach dem Gewinnmaximierungsprinzip und lassen sich durch steigende Nachfrage und Preise zur Kunststofffensterproduktion bewegen.

19. Der Polypolist auf dem vollkommenen Markt kann keine Preispolitik betreiben, weil der Marktpreis für alle Marktteilnehmer vorgegeben ist. Somit wird er bei gegebenen Preisen die Menge anbieten, bei der er sein Gewinnmaximum erzielt.

WiSo (Gesamtwirtschaft): Markt und Preis 75

Test → Preisbildung: Polypol I – Lösungen

1

a) **Angebotsüberhang:**

- Angebot übersteigt Nachfrage (Lagerbildungen). (0,5)
- starker Wettbewerb unter Anbietern (1)
- Tendenz zur Preissenkung (0,5)

b) **Nachfrageüberhang:**

- Nachfrage übersteigt Angebot. (0,5)
- starker Wettbewerb unter Nachfragern (1)
- Tendenz zur Preiserhöhung (0,5)

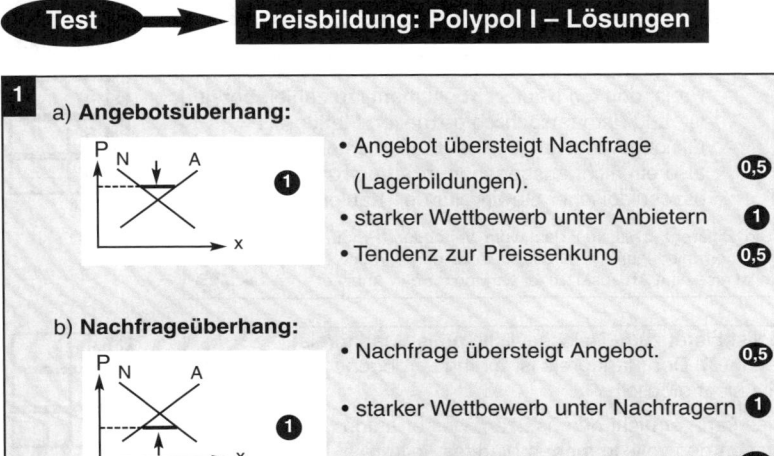

2

Käufermarkt: Angebotsüberhang ----> (0,5)
Verkäufermarkt: Nachfrageüberhang ----> (0,5)

3

16,00 EUR ----> (1)

Begründung: Angebot = Nachfrage ----> (1)

4

Bei Preisen, die über bzw. unter dem Gleichgewichtspreis liegen, sind Ungleichgewichte zwischen Angebot und Nachfrage gegeben.

Preise über dem Gleichgewichtspreis: Angebotsüberhang mit sinkender Preistendenz --> (1)

Preise unter dem Gleichgewichtspreis: Nachfrageüberhang mit steigender Preistendenz --> (1)

Gleichgewichtssituation:
- Angebot = Nachfrage ----> (0,5)
- keine Preisänderungstendenzen sowie größtmöglicher Absatz ----> (0,5)

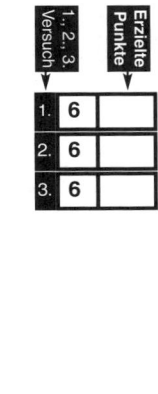

Tragen Sie Ihre Punktesumme ein und ermitteln Sie auf dem Aufgabenblatt Ihre Note.

Punktesumme → 1. 12   **Punktesumme** → 2. 12   **Punktesumme** → 3. 12

WiSo (Gesamtwirtschaft): Markt und Preis

Test → Preisbildung: Polypol II – Lösungen

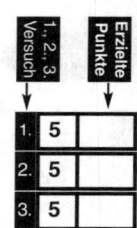

1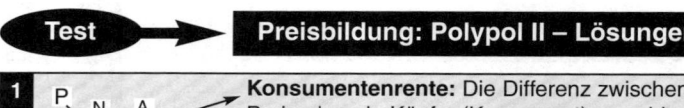

Konsumentenrente: Die Differenz zwischen dem Preis, den ein Käufer (Konsument) zu zahlen bereit ist, und dem tatsächlich gezahlten Marktpreis = Gleichgewichtspreis. (Die Konsumentenrente ist also ein nicht ausgegebener Betrag bzw. eine Art psychologischer Gewinn für den Käufer.) ----► **1,5**

Produzentenrente: Die Differenz zwischen dem vom Verkäufer (Produzenten) erzielten Gleichgewichtspreis und dem niedrigeren Preis, zu dem er gerade noch angeboten hätte. (Die Produzentenrente ist also eine Art zusätzlicher Gewinn für den Anbieter.) ----► **1,5**

1.	5	
2.	5	
3.	5	

2
- Jeder Polypolist bietet zum Gleichgewichtspreis (Marktpreis) an („Preisnehmer"). Der Marktpreis ist für ihn vorgegeben. Preispolitik ist nicht möglich. --► **1**
- Höhere Preise kann er nicht durchsetzen, weil er aufgrund der Bedingungen des vollkommenen Marktes seinen gesamten Absatz verlieren würde. --► **1**
- Niedrigere Preise als der Gleichgewichtspreis würden ihn bezüglich seiner Kapazität überfordern. --► **1**
- Bei vorgegebenem Preis wird er die Menge anbieten, bei der er sein Gewinnmaximum erzielt (Mengenanpasser). Dies wird an seiner Kapazitätsgrenze der Fall sein. --► **1**

1.	5	
2.	5	
3.	5	

3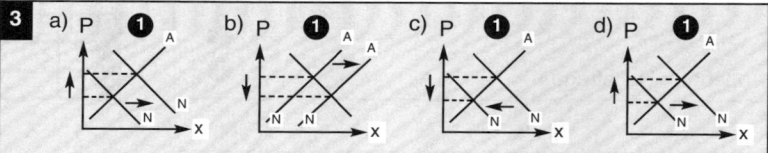

1.	4	
2.	4	
3.	4	

4
Ausgleichsfunktion: Der Marktpreis bringt Nachfrage und Angebot zum Ausgleich. ↪**0,5** Er „räumt" den Markt. Größtmöglicher Absatz. --► **1**

Signalfunktion: Der Marktpreis zeigt den Knappheitsgrad eines Gutes an. ↪**0,5** Preissteigerungen signalisieren, dass das Gut relativ knapper geworden ist (entweder ist das Angebot bei gleichbleibender Nachfrage gesunken oder die Nachfrage bei gleichbleibendem Angebot gestiegen). Preissenkungen: Analog. --► **1**

Lenkungsfunktion: Der Marktpreis lenkt das Angebot auf diejenigen Märkte, auf de-↪**0,5** nen eine große Nachfrage herrscht und somit hohe Marktpreise und Gewinne erzielbar sind. (Einsatz der Produktionsfaktoren in den Bereichen mit hohen Gewinnchancen.) --► **1**

Erziehungsfunktion: Der Preis beim vollkommenen Polypol ist bei allen Anbietern ↪**0,5** gleich. Er zwingt (erzieht) die Anbieter zur Kostensenkung, wenn sie ihren Gewinn maximieren wollen. Die Nachfrager werden erzogen, preisgünstigste Einkaufsmöglichkeiten zu suchen, wenn sie ihren Nutzen maximieren wollen. --► **1**

1.	6	
2.	6	
3.	6	

Tragen Sie Ihre Punktesumme ein und ermitteln Sie auf dem Aufgabenblatt Ihre Note.

Punktesumme ► 1. **20**   **Punktesumme** ► 2. **20**   **Punktesumme** ► 3. **20**

4.3.3 Markteingriffe des Staates

1. Vgl. Stofftelegramm.

2. a)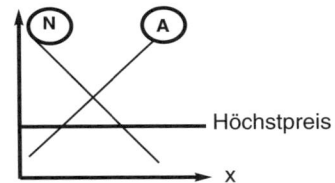

   b) Schutz des Verbrauchers; der Gleichgewichtspreis, der sich ohne Höchstpreis bilden würde, wird als zu hoch betrachtet.

   c) Es entsteht ein Nachfrageüberhang: Viele Nachfrager kommen nicht zum Zuge.

   Eventuelle Probleme:

   - Schwarzmarkt: Produkte werden „unter dem Tisch" über dem Höchstpreis angeboten.
   - Rationierung: planmäßige Verteilung des zu geringen Angebots auf die Nachfrager
   - Schließung der Angebotslücke möglich durch:
     - zwangsweise Vergrößerung des Angebots (Produktionsauflagen)
     - Staat tritt zusätzlich als Anbieter auf.
     - Zuschüsse an Anbieter, damit diese vermehrt produzieren.

3. a)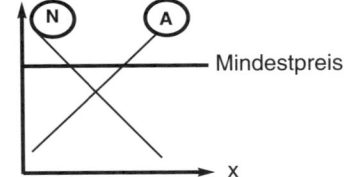

   b) Schutz des Produzenten; der Gleichgewichtspreis, der sich ohne Mindestpreis bildet, wird als zu niedrig betrachtet, evtl. nicht einmal kostendeckend.

   c) Es entsteht ein Angebotsüberhang: Die Anbieter bleiben z. T. „auf ihren Produkten sitzen". Mögliche Staatsmaßnahmen:

   - Produktionsbeschränkung erzwingen
   - Aufkauf Überschüsse und lagern, vernichten, zweckentfremden oder Verkauf ins Ausland; eventuelle Probleme: Lager- bzw. Vernichtungskosten

4. a) Mindestpreis festlegen

   b) Höchstpreis festlegen

5. Nachfrageverringerung:
   - Staatsaufträge kürzen
   - Steuererhöhungen für Nachfrager
   - Streichung von Subventionen für Nachfrager

   Angebotserhöhung:
   - Zollsenkungen (Importe steigen)
   - Investitionszulagen
   - Abschreibungsvergünstigungen
   - Steuererleichterungen für Anbieter

6. a) m'konform   b) m'konform   c) m'konträr   d) m'konform   e) m'konträr

   f) m'konform   g) m'konform   h) m'konträr   i) m'konträr

7. Marktkonforme Maßnahmen: Wohngeldgewährung

   Marktkonträre Maßnahmen: Höchstmiete, die unter der Marktmiete liegt.

WiSo (Gesamtwirtschaft): Markt und Preis

Test → Marktkonforme und marktkonträre Eingriffe des Staates – Lösungen

1

Marktkonforme Eingriffe: • Staat beeinflusst Nachfrage oder Angebot
= indirekte (mittelbare) Preisbeeinflussung.

• Marktmechanismen (Preisfunktionen) gelten

Marktkonträre Eingriffe: • Preisfixierung durch Staat (Höchst-, Mindestpreise)
= direkte (unmittelbare) Preisbeeinflussung

• Marktmechanismen (Preisfunktionen) ausgeschaltet

2

a) [Diagramm: P, N, A, Höchstpreis, x]

b) • Schutz des Verbrauchers

• Der Gleichgewichtspreis wird als zu hoch betrachtet.

c) Es entsteht ein **Nachfrageüberhang**; eventuelle Probleme:

• Schwarzmarkt: Produkte werden schwarz (über Höchstpreis) angeboten.

• Rationierung: planmäßige Verteilung des zu geringen Angebots auf die Nachfrager

• Schließung der Angebotslücke möglich durch:
 – zwangsweise Vergrößerung des Angebots (Produktionsauflagen)
 – Staat tritt zusätzlich als Anbieter auf.
 – Zuschüsse an Anbieter, damit diese vermehrt produzieren.

3

a) [Diagramm: P, N, A, Mindestpreis, x]

b) • Schutz des Produzenten

• Der Gleichgewichtspreis wird als zu niedrig betrachtet.

c) Es entsteht ein **Angebotsüberhang**: Die Anbieter bleiben z. T. auf ihren Produkten sitzen.

Mögliche Staatsmaßnahmen:

• Produktionsbeschränkung erzwingen

• Aufkauf der Überschüsse und

 lagern, vernichten, zweckentfremden oder Verkauf ins Ausland

 Problem evtl.: Lager- bzw. Vernichtungskosten

4

a) Mindestpreis festlegen   b) Höchstpreis festlegen

5

Marktkonforme Maßnahme: Wohngeldgewährung
Marktkonträre Maßnahme: Höchstmiete festlegen

Tragen Sie Ihre Punktesumme ein und ermitteln Sie auf dem Aufgabenblatt Ihre Note.

Punktesumme 1. 20   **Punktesumme** 2. 20   **Punktesumme** 3. 20

4.3.4 Angebotsmonopol

1. Angebotsmonopol: ein Anbieter, viele Nachfrager

2. • Erfindung (Patent)
   • Unternehmenszusammenschlüsse

3. **Individualmonopole:** Einzelne Unternehmen, die nicht durch Unternehmenszusammenschlüsse entstanden sind.

   Kollektivmonopole: Monopole, die durch Unternehmenszusammenschlüsse (Kartelle, Konzerne) entstanden sind.

4. • Wettbewerbsbeschränkung(-ausschaltung), Gewinnerhöhung
   • Sicherung von Beschaffung und Absatz
   • Verbesserung der Konkurrenzfähigkeit gegenüber Auslandskonzernen
   • leichtere Finanzierbarkeit von Großprojekten sowie Forschungs- und Entwicklungsarbeiten
   • Kostensenkung durch Massenproduktion

5. **Bedarfsdeckungsmonopole:** • Öffentliche Monopole, die nach dem gemeinwirtschaftlichen Prinzip arbeiten.

   • Ziel: optimale Versorgung der Bevölkerung mit Gütern, möglichst kostendeckend

   Gewinnmaximierungsmonopole: • Monopole, die nach dem erwerbswirtschaftlichen Prinzip arbeiten.

   • Ziel: Gewinnmaximierung

6. Nachfrage und Kosten

7. • Der Monopolist kann Preis- und Mengenpolitik betreiben.
   • Er verwirklicht die Preis-Mengen-Kombination, bei der er sein Gewinnmaximum erzielt (größte Differenz zwischen Umsatz und Kosten).

8.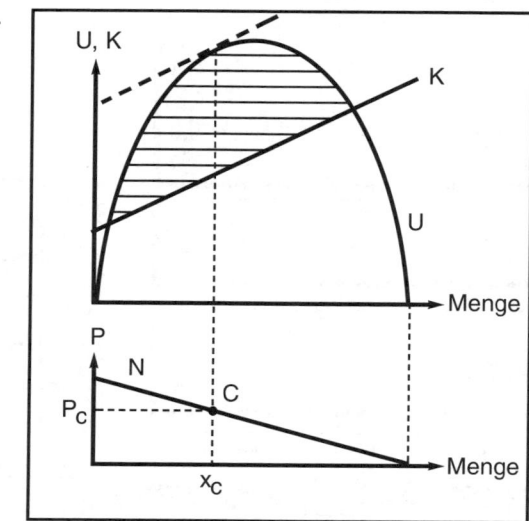

WiSo (Gesamtwirtschaft): Markt und Preis

9. • Verringerung seiner Kosten (z. B. durch Rationalisierung) und/oder

   • Nachfragebeeinflussung durch Marketingmaßnahmen (Werbung); Nachfragekurve verschiebt sich nach rechts, Preis und Umsatz steigen bei konstanten Kosten, Gewinn steigt

   • Unvollkommenes Monopol: Preisdifferenzierung

10. a)

Preis (EUR)	Nachfr. (Stück)	Umsatz (Erlöse)	Fixkosten	Variable Kosten	Gesamtkosten	Gewinn Verlust	
3.500,00	0	0,00	20.000,00	0,00	20.000,00	−20.000,00	
3.250,00	5	16.250,00	20.000,00	5.000,00	25.000,00	−8.750,00	
3.000,00	10	30.000,00	20.000,00	10.000,00	30.000,00	0,00	
2.750,00	15	41.250,00	20.000,00	15.000,00	35.000,00	6.250,00	
2.500,00	20	50.000,00	20.000,00	20.000,00	40.000,00	10.000,00	
2.250,00	**25**	**56.250,00**	**20.000,00**	**25.000,00**	**45.000,00**	**11.250,00**	➤ Gewinnmaximum
2.000,00	30	60.000,00	20.000,00	30.000,00	50.000,00	10.000,00	
1.750,00	35	61.250,00	20.000,00	35.000,00	55.000,00	6.250,00	
1.500,00	40	60.000,00	20.000,00	40.000,00	60.000,00	0,00	
1.250,00	45	56.250,00	20.000,00	45.000,00	65.000,00	−8.750,00	
1.000,00	50	50.000,00	20.000,00	50.000,00	70.000,00	−20.000,00	

b) Preis: 1.750,00 EUR/Menge: 35 Stück

c), d) Skizzen vgl. Stofftelegramm.
Vergleichen und kontrollieren Sie Ihre Grafik mit Ihren ermittelten Tabellenwerten.

11. • öffentliche Monopole, die nach dem gemeinwirtschaftlichen Prinzip handeln (Ziel: optimale Bedarfsdeckung bei Kostendeckung)

    • öffentliche Kritik an überhöhten Monopolpreisen

    • evtl. „Angst" vor dem Einschreiten des Kartellamts mit rufschädigender Wirkung

    • Verhinderung des Auftretens neuer Konkurrenz, die von den hohen Preisen und damit hohen Gewinnen angezogen werden könnten

    • Verhinderung neuer Konkurrenz, die Substitutionsgüter anbietet

12. Vgl. 11.! • öffentliche Kritik, Verärgerung der Nachfrager

    • Risiko des Auftretens neuer Konkurrenz

    • evtl. „Angst" vor dem Einschreiten des Kartellamts (Angst vor Rufschädigung)

13. **Argumente gegen Monopole:**

    1. Ausschaltung des Wettbewerbs

    2. Angebotsverknappung

    3. überhöhte Preise

    4. evtl. Machtmissbrauch (Beeinflussung von Politikern ...)

Argumente für Monopole:

1. Größere Fertigungsanlagen in Verbindung mit der Massenproduktion bedeuten Kostenvorteile (sinkende Stückkosten), die über die Preise weitergegeben werden.

2. leichtere Finanzierung von Forschungs- und Entwicklungsarbeiten, somit Förderung des technischen Fortschritts

3. Verbesserung der Konkurrenzsituation gegenüber ausländischen Großunternehmen

4. Öffentliche Monopole gewährleisten auch in Verlustbereichen eine Marktversorgung zu angemessenen Preisen.

14. **Ausgleichsfunktion:** Die Funktion kommt nicht zum Tragen, weil der durch den Monopolisten fixierte Preis kein Gleichgewichtspreis ist. (Angebots- und Nachfragelücken bleiben bestehen.)

    Signalfunktion: Aufgrund der autonomen Preisfixierung durch den Monopolisten signalisiert eine Preisänderung nicht unbedingt eine Änderung der Güterknappheit.
    Die Funktion gilt daher nur eingeschränkt.

    Lenkungsfunktion: Gilt nur eingeschränkt; sehr hohe Monopolpreise locken jedoch evtl. neue Konkurrenz an.

    Erziehungsfunktion: Gilt nur eingeschränkt; der Monopolist ist – mangels Konkurrenz – nicht gezwungen, möglichst kostengünstig zu produzieren. Dennoch wird er – nicht zuletzt aufgrund des Risikos neu auftretender Konkurrenz – bestimmte Preise nicht überschreiten, sodass eine optimale Kostensituation auch für ihn wichtig ist.

15. a) Wenn eine oder mehrere Bedingungen des vollkommenen Marktes nicht erfüllt sind.

    b) Der Monopolist kann für sein Produkt verschiedene Preise (z. B. in verschiedenen Regionen) verlangen (= sog. **Preisdifferenzierung**), um sein absolutes Gewinnmaximum zu erreichen. Er wird daher die Konsumentenrente möglichst weitgehend ausschöpfen, um sein absolutes Gewinnmaximum zu erreichen.

WiSo (Gesamtwirtschaft): Markt und Preis

Test → Preisbildung: Monopol I – Lösungen

1
- ein Anbieter – viele Nachfrager

2
- Erfindung (Patent)
- Unternehmenszusammenschlüsse

3
- Wettbewerbsbeschränkung(-ausschaltung), Gewinnerhöhung
- Sicherung von Beschaffung und Absatz
- Verbesserung der Konkurrenzfähigkeit gegenüber Auslandskonzernen
- leichtere Finanzierbarkeit von Großprojekten bzw. Forschungs- und Entwicklungsarbeiten
- Kostensenkung durch Massenproduktion

4
- Nachfrage
- Kosten

5
- Der Monopolist kann Preis- und Mengenpolitik betreiben.
- Er verwirklicht die Preis-Mengen-Kombination, bei der er sein Gewinnmaximum erzielt.
  Dies ist der Fall bei der größten positiven Differenz zwischen Umsatz und Kosten.

Tragen Sie Ihre Punktesumme ein und ermitteln Sie auf dem Aufgabenblatt Ihre Note.

Punktesumme 1. 12   Punktesumme 2. 12   Punktesumme 3. 12

Test → **Preisbildung: Monopol II – Lösungen**

1

Preis (EUR)	Nachfr. (Stück)	Umsatz (Erlöse)	Fix-kosten	Variable Kosten	Gesamt-kosten	Gewinn Verlust
3.500	0	0	20.000	0	20.000	−20.000
3.250	5	16.250	20.000	5.000	25.000	−8.750
3.000	10	30.000	20.000	10.000	30.000	0
2.750	15	41.250	20.000	15.000	35.000	6.250
2.500	20	50.000	20.000	20.000	40.000	10.000
2.250	**25**	**56.250**	**20.000**	**25.000**	**45.000**	**11.250**
2.000	30	60.000	20.000	30.000	50.000	10.000
1.750	35	61.250	20.000	35.000	55.000	6.250
1.500	40	60.000	20.000	40.000	60.000	0
1.250	45	56.250	20.000	45.000	65.000	−8.750
1.000	50	50.000	20.000	50.000	70.000	−20.000

in Tsd.

Gewinnmaximum

Preis = 2.250 EUR

Menge = 25 St.

2

- Öffentliche Monopole, die nach dem gemeinwirtschaftlichen Prinzip handeln (Ziel: optimale Bedarfsdeckung bei Kostendeckung).
- öffentliche Kritik an überhöhten Monopolpreisen
- Verhinderung des Auftretens neuer Konkurrenz, die von den hohen Preisen und damit hohen Gewinnen angezogen werden könnten
- „Angst" vor Einschreiten des Kartellamts

2 • → ❶

3

Argumente gegen Monopole:
1. Ausschaltung des Wettbewerbs
2. Angebotsverknappung
3. überhöhte Preise
4. evtl. Machtmissbrauch

2 • → ❶

Argumente für Monopole:
1. Größere Fertigungsanlagen und Massenproduktion bedeuten Kostenvorteile (sinkende Stückkosten), die über die Preise weitergegeben werden.
2. leichtere Finanzierung von Forschungs- und Entwicklungsarbeiten, somit Förderung des technischen Fortschritts
3. Verbesserung der Konkurrenzsituation gegenüber ausländ. Großunternehmen

2 • → ❶

4

Ausgleichsfunktion: Funktion kommt nicht zum Tragen, weil der durch den Monopolisten fixierte Preis kein Gleichgewichtspreis ist. --→ ❶

Signalfunktion: Aufgrund der autonomen Preisfixierung durch den Monopolisten signalisiert eine Preisänderung nicht unbedingt eine Änderung der Güterknappheit. Die Funktion gilt nur eingeschränkt. --→ ❶

Lenkungsfunktion: Gilt nur eingeschränkt. Sehr hohe Monopolpreise locken jedoch evtl. neue Konkurrenz an. --→ ❶

Erziehungsfunktion: Gilt nur eingeschränkt. Der Monopolist ist – mangels Konkurrenz – nicht gezwungen, möglichst kostengünstig zu produzieren. --→ ❶

Tragen Sie Ihre Punktesumme ein und ermitteln Sie auf dem Aufgabenblatt Ihre Note.

Punktesumme 1. 20   Punktesumme 2. 20   Punktesumme 3. 20

4.3.5 Angebotsoligopol

1. wenige Anbieter – viele Nachfrager

2. - Autoindustrie
   - Mineralölindustrie
   - Zigarettenindustrie

3. - Nachfrage
   - Kosten
   - Verhalten der Konkurrenz

4. **Preiskampf (= ruinöse Konkurrenz = Oligopolkrieg):**

   Durch evtl. radikale Preissenkungen versucht ein Oligopolist, die Nachfrage auf sich zu vereinigen. Die anderen Anbieter senken entweder ebenfalls ihre Preise oder verlieren Marktanteile.

   Ziel der Maßnahme: Die anderen Anbieter sollen vom Markt verdrängt werden.

   Probleme: erhebliche Gewinneinbußen; Sieger ungewiss (hohes Risiko!)

   Abgestimmtes Verhalten (Gleichschrittverhalten):

   Gemeinsame Preisänderungen. Dies wird erreicht durch

   - stillschweigende Vereinbarung (Quasikartell),
   - Preisführerschaft eines Anbieters, dessen Preisänderungen die anderen übernehmen,
   - Kartellbildung (Preisabsprachen).

5. abgestimmtes Verhalten (Preisführerschaft oder stillschweigende Vereinbarung)

6. Führt ein Oligopolist eine „störende" Marktmaßnahme (z. B. Preissenkung) durch, muss er damit rechnen, dass seine Konkurrenten scharf reagieren. Der Bumerang kommt zurück.

7. Ein oligopolistischer Preiskrieg birgt hohe Risiken:

   evtl. hohe Gewinneinbußen, Ungewissheit über „Sieg" oder „Niederlage"

8. vom Durchhaltevermögen (Finanzstärke) der einzelnen Oligopolisten

9. Um keine Marktanteile zu verlieren, müssen sie reagieren mit

   - Preissenkungen,
   - absatzpolitischen Maßnahmen (Werbung, Qualitätsverbesserung, verbesserte Zahlungsbedingungen usw.) oder
   - Androhung eines Preiskrieges.

10. Wenn sie Marktneulinge verdrängen wollen.

11. • Aufgrund – räumlicher,
    – zeitlicher,
    – sachlicher,
    – persönlicher Unterschiede oder
    – fehlender Markttransparenz

    kann der einzelne Anbieter innerhalb kleiner Grenzen Preispolitik betreiben, ohne dass die (wenigen) Konkurrenten reagieren.

    • Durch absatzpolitische Maßnahmen wie   – Werbung,
    – Qualitätsverbesserungen,
    – Verpackungsverbesserungen

    versucht er, den Wettbewerb auf „Nicht-Preis-Wettbewerbsformen" zu verlagern.

    • Je vollkommener der Markt, umso eher muss er allerdings mit Konkurrenzreaktionen rechnen.

12. **Ausgleichsfunktion:** Die Funktion kommt nicht zum Tragen, weil der durch die Oligopolisten fixierte Preis kein Gleichgewichtspreis ist (Angebots- und Nachfragelücken bleiben bestehen).

    Signalfunktion: Aufgrund der Preisfixierung durch die Oligopolisten signalisiert eine Preisänderung nicht unbedingt eine Änderung der Güterknappheit. Die Funktion gilt daher nur eingeschränkt.

    Lenkungsfunktion: Gilt nur eingeschränkt; sehr hohe Oligopolpreise locken jedoch evtl. neue Konkurrenz an.

    Erziehungsfunktion: Gilt nur eingeschränkt; der Oligopolist ist – je nach Situation – nicht gezwungen, möglichst kostengünstig zu produzieren. Dennoch wird er – nicht zuletzt aufgrund des Risikos neu auftretender Konkurrenz – bestimmte Preise nicht überschreiten, sodass eine optimale Kostensituation auch für ihn wichtig ist.

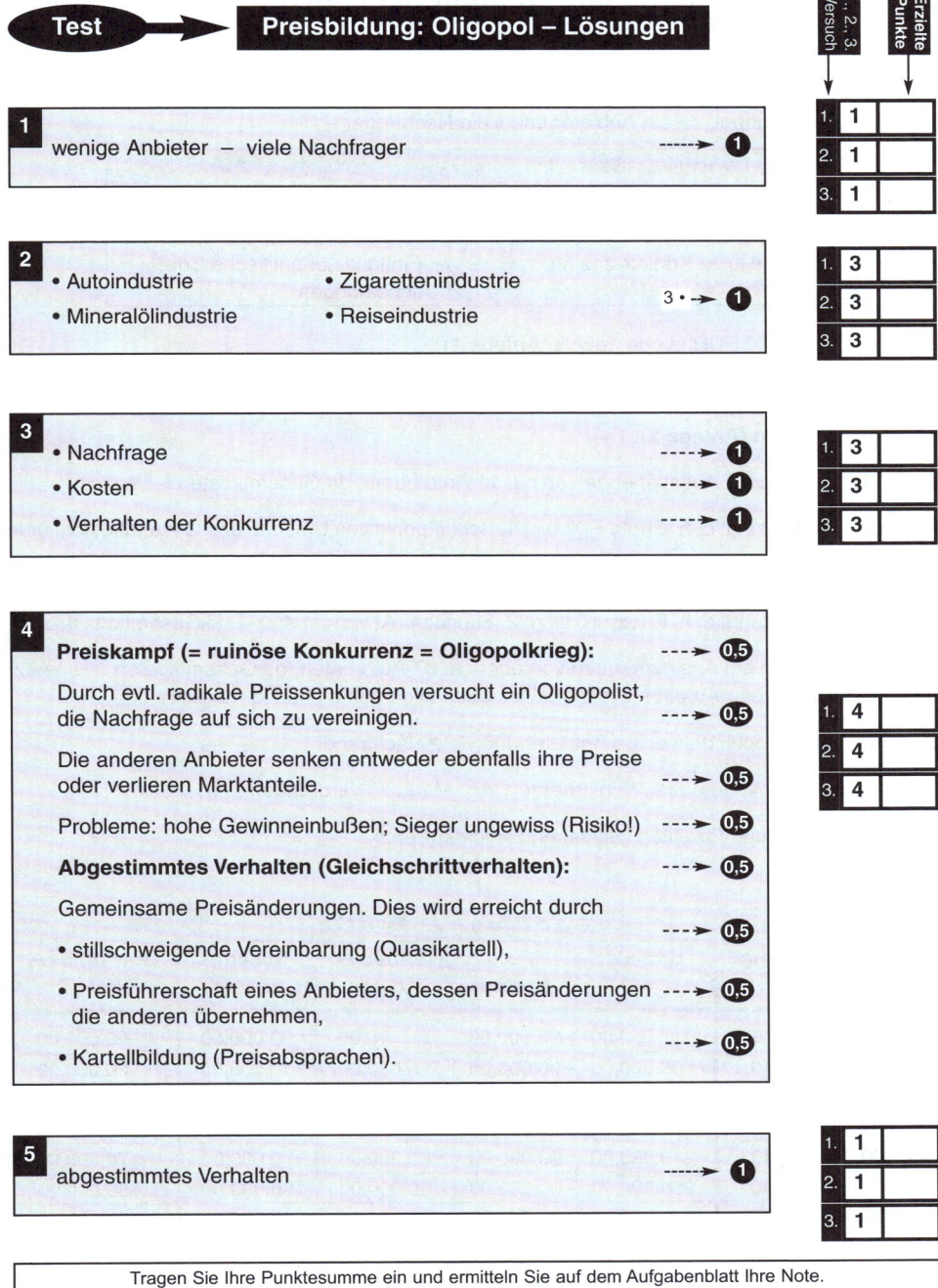

5 Prüfungsaufgaben Kompetenzbereich II

Prüfungsaufgabe A

1. Angebotsmonopol, da ein Anbieter und viele Nachfrager

Vorteile z. B.	Nachteile z. B.
• Förderung des technischen Fortschritts • kostspielige Investitionen finanzierbar • Hoher Preis lockt Konkurrenz an.	• überhöhte Preise • Angebotsverknappung • Einfluss auf politische Entscheidungen

2.1 Preis: 5.000,00 EUR (siehe Tabelle **Anlage 1**)

2.2 Preis: 6.000,00 EUR (siehe Tabelle **Anlage 1**)

3. Vgl. Schaubild (**Anlage 2**).

4. • Verlustzone bis Absatzmenge von ca. 11 Automaten, da Gesamtkosten > Umsatz

   • Kostendeckung, d. h. Erfolg = 0 beim 1. Schnittpunkt von Umsatz- und Gesamtkostenkurve

   • Gewinnzone ab ca. 11 Automaten bis ca. 67 Automaten, da Umsatz > Gesamtkosten

   • Kostendeckung, d. h. Erfolg = 0 beim 2. Schnittpunkt von Umsatz- und Gesamtkostenkurve

   • Verlustzone bei Absatzmengen von über ca. 67 Automaten, da Gesamtkosten > Umsatz
   (Hinweis: wenn Aufgabe 3 nicht gelöst, auch allgemeine Lösung möglich)

5. Angebotsoligopol, da wenige Anbieter und viele Nachfrager

   • Preiskrieg mit dem Ziel, Konkurrenten vom Markt zu verdrängen bzw.

   • abgestimmtes Verhalten (Schlafmützenkonkurrenz)

Anlage 1

\multicolumn{7}{c}{Auswertungstabelle}						
Preis	Menge	Umsatz	Fixkosten	Variable Kosten	Gesamtkosten	Gewinn bzw. Verlust
10.000,00	0	0,00	90.000,00	0,00	90.000,00	−90.000,00
9.000,00	10	90.000,00	90.000,00	20.000,00	110.000,00	−20.000,00
8.000,00	20	160.000,00	90.000,00	40.000,00	130.000,00	+30.000,00
7.000,00	30	210.000,00	90.000,00	60.000,00	150.000,00	+60.000,00
6.000,00	40	240.000,00	90.000,00	80.000,00	170.000,00	+70.000,00
5.000,00	50	250.000,00	90.000,00	100.000,00	190.000,00	+60.000,00
4.000,00	60	240.000,00	90.000,00	120.000,00	210.000,00	+30.000,00
3.000,00	70	210.000,00	90.000,00	140.000,00	230.000,00	−20.000,00
2.000,00	80	160.000,00	90.000,00	160.000,00	250.000,00	−90.000,00
1.000,00	90	90.000,00	90.000,00	180.000,00	270.000,00	−180.000,00

Anlage 2

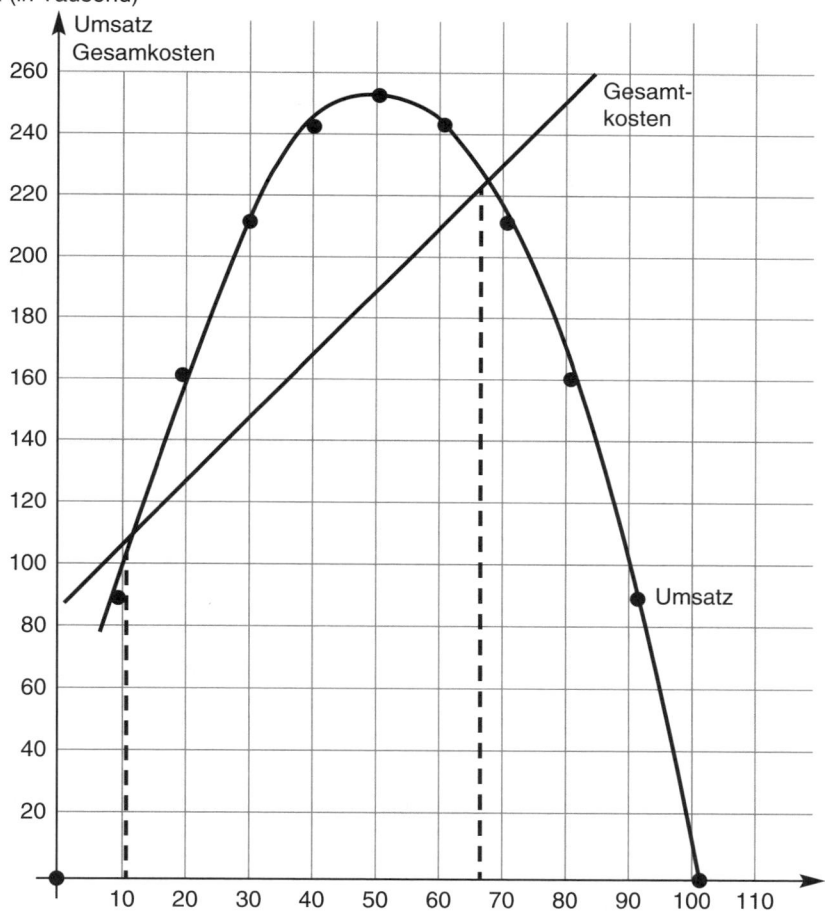

Prüfungsaufgabe B

1.1 gewinnmaximierender Preis 4,50 EUR

Preis je 100 g	Menge je 100 g	Erlös (EUR)	Fixe Kosten (EUR)	Variable Kosten (EUR)	Gesamtkosten (EUR)	Ergebnis (EUR)
6,00	0	0,00	1.000,00	0,00	1.000,00	−1.000,00
5,50	1.000	5.500,00	1.000,00	3.000,00	4.000,00	1.500,00
5,00	2.000	10.000,00	1.000,00	6.000,00	7.000,00	3.000,00
4,50	3.000	13.500,00	1.000,00	9.000,00	10.000,00	3.500,00
4,40	4.000	16.000,00	1.000,00	12.000,00	13.000,00	3.000,00
3,50	5.000	17.500,00	1.000,00	15.000,00	16.000,00	1.500,00
3,00	6.000	18.000,00	1.000,00	18.000,00	19.000,00	−1.000,00

1.2 Vorteil: Monopolist hat innovative Süßigkeiten auf den Markt gebracht.
Nachteil: Hoher Preis, schlechte Versorgung, da Menge künstlich knapp gehalten werden kann.

2. Da an Konsumenten verkauft wird, wird mit jedem Verkauf das Bruttoinlandsprodukt erhöht.

3.1 Oligopol, da wenige Anbieter und viele Nachfrager

3.2 Schülerabhängige Antwort, z. B.

Einschätzung könnte richtig sein, da ein Preiskrieg allen Anbietern erheblich schaden würde; relative Preisstarrheit hätte zur Folge, dass der Preis nicht Aktionsparameter wird, sondern die Anbieter versuchen würden, mit Werbung, Verpackung und anderen Instrumenten Kundenpräferenzen zu schaffen.

4. (1) Maßnahme ist zulässig, da der Wettbewerb nicht ausgeschaltet wird.
Es handelt sich um eine Interessengemeinschaft.

(2) Maßnahme ist nicht zulässig, da Preisabsprachen auch auf kleineren Märkten nicht erlaubt sind. Es handelt sich um ein Preiskartell.

Prüfungsaufgabe C

1.1.1 + 1.1.2

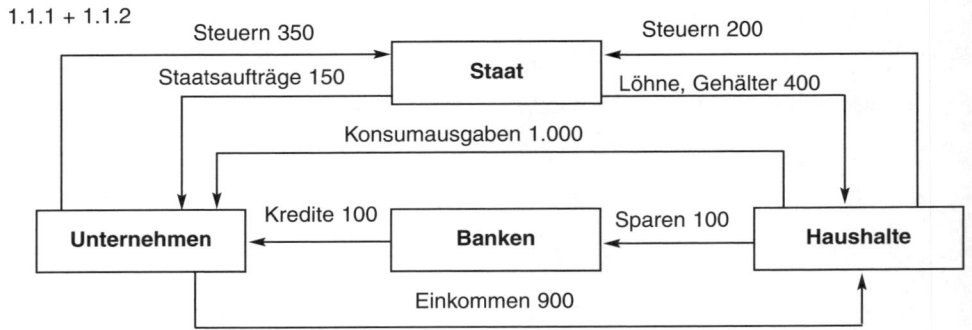

Prüfungsaufgaben Winter 2012/2013 (Aufgabe 2)

2.1 Tabellarische Lösung:

Angebot in Mio. t	Nachfrage in Mio. t	Preis je Pfund
0,5	16,0	0,25 EUR
1,0	14,5	0,50 EUR
6,5	13,0	0,75 EUR
11,5	11,5	1,00 EUR
14,0	9,5	1,25 EUR
15,5	6,0	1,50 EUR

oder grafische Lösung:

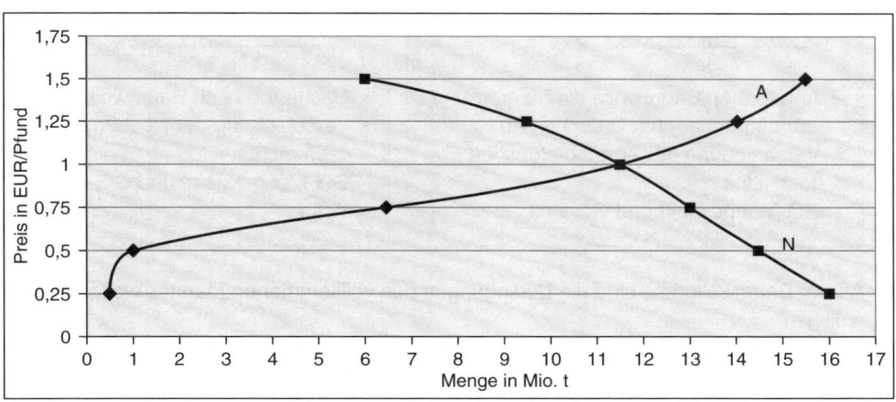

Das Gleichgewicht liegt bei einem Preis von 1,00 EUR pro 500 g und einer Menge von 11,5 Mio. Tonnen.

Zu keinem anderen Preis kann eine höhere Menge abgesetzt werden → Angebot = Nachfrage. Bei einem höheren Preis können die Anbieter nicht das komplette Angebot absetzen, deshalb gehen sie mit dem Preis nach unten. Bei einem niedrigeren Preis können die Nachfrager nicht ihre komplette Nachfrage befriedigen, deshalb sind sie bereit, einen höheren Preis zu bezahlen.

Beispiel: Preis = 0,75 EUR → Nachfrage = 13 Mio. t; Angebot = 6,5 Mio. t → Ungleichgewicht

2.2

Ursachen: Verschiebung Angebot	Ursachen: Verschiebung Nachfrage
• unberechenbares Wetter in China • Wechsel auf Sojabohnen aufgrund schlechter Nachfrage • sinkende Ernteerträge • Exportstopp Indiens	• steigende Nachfrage nach der Rezession • Baumwollbedarf steigt um 3 %.
Skizze mit Erläuterung 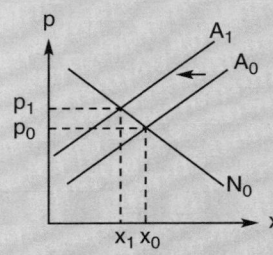	**Skizze mit Erläuterung** 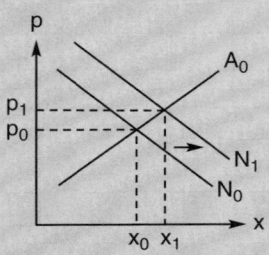
• Angebot an Baumwolle nimmt aufgrund von den genannten Ursachen ab. • Verschiebung der Angebotsfunktion nach links • GG-Menge sinkt und GG-Preis steigt.	• Nachfrage nach Baumwolle nimmt zu. • Verschiebung der Nachfragefunktion nach rechts • GG-Menge steigt und GG-Preis steigt.

2.3 An der Baumwollbörse sind die Bedingungen des vollkommenen Marktes weitgehend erfüllt, weil hier
 • homogene Güter (Baumwolle einer bestimmten Qualität) gehandelt werden,
 • die Marktteilnehmer weitgehend informiert sind und sich auch schnell über geänderte Marktbedingungen informieren können.
Darüber hinaus gibt es keine Präferenzen, z. B. persönlicher Art.

WiSo (Gesamtwirtschaft): Prüfungsaufgaben Kompetenzbereich II 93

Prüfungsaufgaben Sommer 2013 (Aufgabe 2)

2.1 Polypol: Vielen Anbietern stehen viele Nachfrager gegenüber.
(Nahezu) vollkommener Markt:
- nahezu vollkommene Markttransparenz
- homogene Güter
- keine Präferenzen

2.2 Tabelle:

Verkaufsangebote							Kaufgebote					
Gockel	Hahn	Küken	Henne	Gesamtes Angebot	Preis in EUR/10 Eier	Gesamte Nachfrage	Maier	Kühn	Schäfer	Bäckwerk	Abgesetzte Menge	Marktumsatz in EUR
1.700				1.700	1,00	5.600	1.600	800	1.600	1.600	1.700	170,00
1.700	1.000			2.700	2,00	4.000		800	1.600	1.600	2.700	540,00
1.700	1.000	500		3.200	2,50	3.200			1.600	1.600	3.200	800,00
1.700	1.000	500	1.000	4.200	3,50	1.600			1.600	1.600	560,00

zu 2.2 Erläuterung: Der Verkaufspreis auf der Bio-Eierbörse liegt bei 2,50 EUR je 10 Eier, zu diesem Preis werden 3.200 Eier abgesetzt. Bei diesem Preis ist die Nachfrage gleich hoch wie das Angebot, der Gleichgewichtspreis räumt den Markt.

2.3 Schaubild:

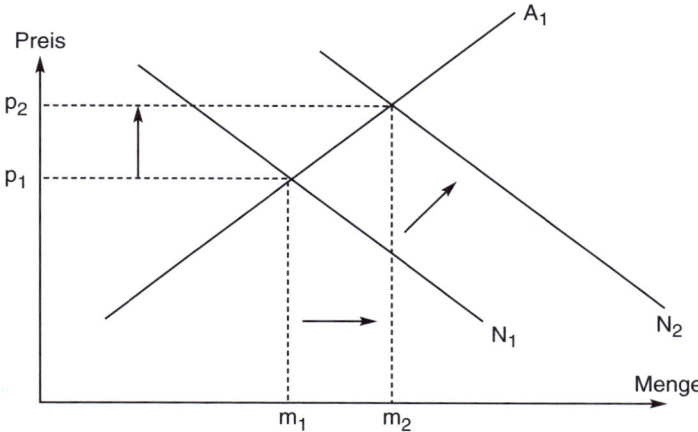

zu 2.3 Notizen: Nachfrage nach Bio-Eiern steigt → Verschiebung der Nachfragekurve nach rechts
- Gleichgewichtspreis für Bio-Eier steigt.
- Gleichgewichtsmenge von Bio-Eiern steigt.

Prüfungsaufgaben Sommer 2013 (Aufgabe 2, teilweise)

2.5.1 Branche: z. B. Wegfall von Konkurrenz
Baumarkt: Preiskampf
Eigener Kunde: günstigere Preise, geringere Wahlmöglichkeit bei verschiedenen Mitbewerbern

2.5.2 Z. B.
Überwachung von Unternehmenszusammenschlüssen und daraus möglichen Monopolstellungen, Preisabsprachen

Prüfungsaufgaben Sommer 2014 (Aufgabe 2)

2.1 Die Mieter treten als Nachfrager auf; ihr Ziel ist es, einen möglichst geringen Mietpreis zu bezahlen. Je niedriger der Preis, desto mehr Nachfrager sind bereit bzw. in der Lage, zu diesem Preis eine 3-Zimmer-Wohnung nachzufragen.
Die Vermieter treten als Anbieter auf; ihr Ziel ist es, einen möglichst hohen Mietpreis zu erhalten. Je höher der Preis, desto mehr Anbieter sind bereit, zu diesem Preis eine 3-Zimmer-Wohnung anzubieten.

2.2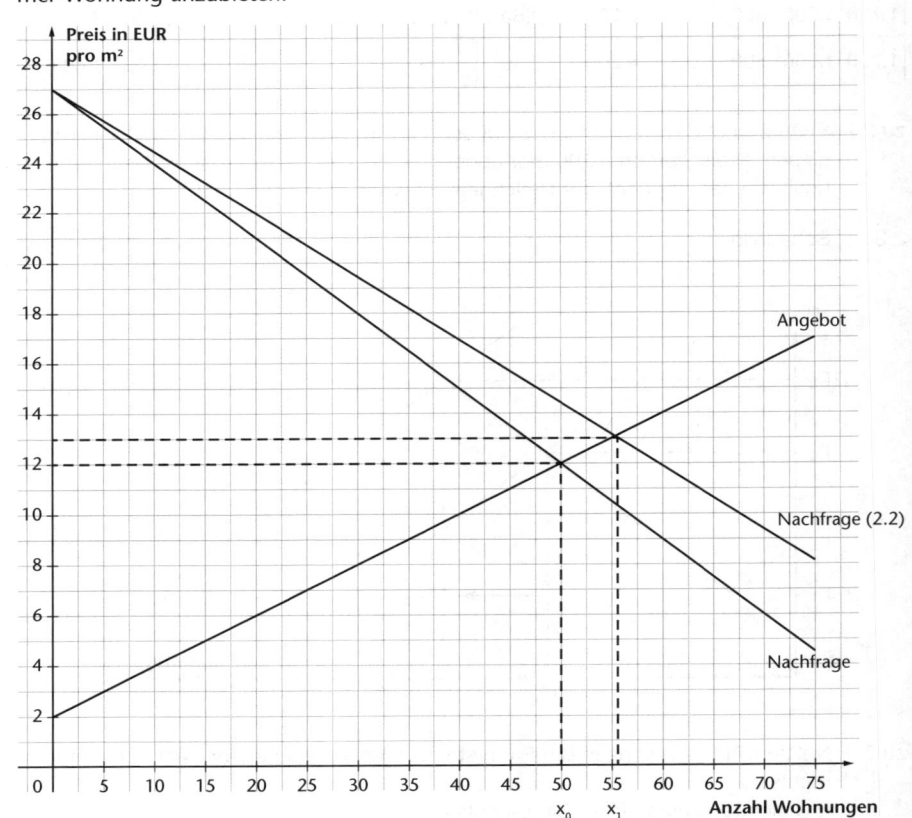

Die Zunahme der Wohnungsnachfrage führt zu einem Nachfrageüberschuss auf dem Markt für 3-Zimmer-Wohnungen → Nachfrageüberschuss zum Preis von 12,00 EUR pro m² = 10.000 Wohnungen. Die Anbieter nutzen den daraus resultierenden Preiserhöhungsspielraum. Höhere Preise bewirken auch ein steigendes Angebot an Mietwohnungen, sodass der Gleichgewichtspreis und die Gleichgewichtsmenge im Vergleich zur Ausgangssituation steigen → neuer Gleichgewichtspreis p_1: ca. 13,00 EUR pro m², die neue Gleichgewichtsmenge: x_1: knapp 56.000 Wohnungen.

2.3 Z. B.
- Homogene Güter: 3-Zimmmer-Wohnungen sind keine homogenen Güter, sie unterscheiden sich z. B. im Hinblick auf Lage, Ausstattung, Wohnfläche etc.
- Keine Präferenzen bei Anbietern und Nachfragern: Auf dem Wohnungsmarkt bestehen durchaus Präferenzen, wie etwa eine örtliche Präferenz bei den Mietern (z. B. Nähe zur Arbeitsstätte) oder eine persönliche Präferenz bei den Vermietern (z. B. Nichtraucher).
- Vollständige Markttransparenz: Diese ist hier nicht gegeben, weil die Marktteilnehmer nicht über alle entscheidungsrelevanten Informationen verfügen, wie zum Beispiel die Zahlungsbereitschaft der Nachfrager, die Mindestpreisvorstellungen der Anbieter, gesamtes zur Verfügung stehendes Wohnungsangebot u. Ä.

Prüfungsaufgaben Sommer 2015 (Aufgabe 2)

2.1 Z. B.

Die mehrstufige Lohnerhöhung führt zu einer spürbaren Erhöhung der Lohnkosten für die M.E.A.T. GmbH.

Die stärkere Kostenbelastung kann sich negativ auf die Gewinnsituation des Unternehmens auswirken, sofern die Preise und/oder die Absatzmenge nicht entsprechend erhöht werden können. Die Mitarbeiterzufriedenheit kann aufgrund der Lohnerhöhung steigen.

2.2 Z. B.

Ordnungsmerkmal	Einschränkung der Freiheiten	Rechtfertigung
Verträge	Eine Allgemeinverbindlichkeitserklärung schränkt die Vertragsfreiheit (Arbeitsverträge) der ursprünglich nicht tarifgebundenen Unternehmen ein.	Eine solche Regelung vermeidet Lohndumping und hilft, die wirtschaftliche Existenz der Arbeitnehmer zu sichern. Sie trägt zur sozialen Gerechtigkeit bzw. Lohngerechtigkeit bei.
Produktion/Handel	Unternehmen müssen bei der Produktion bzw. beim Verkauf Hygienevorschriften, Deklarierungsvorschriften u. Ä. einhalten.	Hierdurch soll der Gesundheitsschutz für die Verbraucher gewährleistet werden. Anderenfalls droht eine Gefährdung der Konsumenten, die beim Kauf den Zustand der Ware nicht bzw. nur begrenzt kontrollieren können.

2.3 Markt für Rindfleisch aus Massentierhaltung

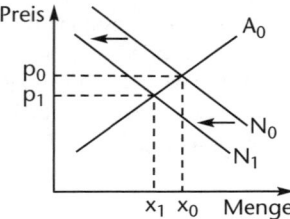

Begründung:
Sowohl die Gammelfleisch-Skandale als auch die veränderten Konsumgewohnheiten führen zu einer Abnahme der Nachfrage nach Rindfleisch aus Massentierhaltung. Die Nachfragekurve verschiebt sich nach links. Der Gleichgewichtspreis und die Gleichgewichtsmenge sind geringer.

Markt für Bio-Rindfleisch

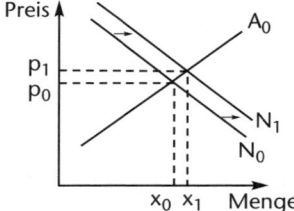

Begründung:
Z. B.
Der Gammelfleisch-Skandal führt für sich genommen zu einer Zunahme der Nachfrage nach Bio-Rindfleisch. Die veränderten Konsumgewohnheiten dagegen zu einer Abnahme. Ist der erste Effekt stärker, so ergibt sich eine Rechtsverschiebung der Nachfragekurve. Der Gleichgewichtspreis und die Gleichgewichtsmenge steigen.

Hinweis:
Je nach Begründung wäre auch eine Verschiebung der Angebotskurven denkbar. Z. B. Umstellung der Produktion von konventionell hergestelltem Rindfleisch auf Bio-Rindfleisch als Reaktion auf das langfristig veränderte Verbraucherverhalten.

2.4 Stellungnahme:
Z. B.

Sehr geehrte Damen und Herren der Geschäftsleitung,

wir, die Belegschaft der M.E.A.T. GmbH, sprechen uns gegen eine Standortverlagerung ins osteuropäische Ausland aus.

Sicherlich könnten dadurch Lohnkosten eingespart werden. Dafür sind aber höhere Transportkosten bzw. ein steigendes Transportrisiko zu berücksichtigen, z. B. wegen Fehlern in der Kühlkette.

Ferner droht eine Abwanderung von Kunden, weil sie Qualitätseinbußen vermuten, wenn unsere Produkte nicht mehr in Deutschland produziert werden.

Sie sollten auch berücksichtigen, dass Sie am derzeitigen Standort auf motivierte und qualifizierte Mitarbeiter zählen können. Das ist woanders nicht garantiert.

Eine Standortverlagerung kann daher nicht im Sinne der M.E.A.T. GmbH und damit auch nicht in Ihrem Sinne sein.

Mit freundlichen Grüßen

Die Belegschaft der M.E.A.T. GmbH

Prüfungsaufgaben Sommer 2016 (Aufgabe 2)

2.1.1

Preis (EUR je Tonne)	Gesamtangebot (in Tonnen)	Gesamtnachfrage (in Tonnen)	Handelbare Menge (in Tonnen)
50,00	20.000	95.000	20.000
100,00	35.000	70.000	35.000
150,00	**55.000**	**55.000**	**55.000**
200,00	65.000	35.000	35.000
250,00	80.000	10.000	10.000

Begründung:
Es wird sich ein Marktpreis von 150,00 EUR einstellen, weil hier die höchstmögliche Menge gehandelt werden kann (55.000 Tonnen). Die angebotene Menge entspricht in diesem Fall der nachgefragten Menge, der Markt ist geräumt.

2.1.2

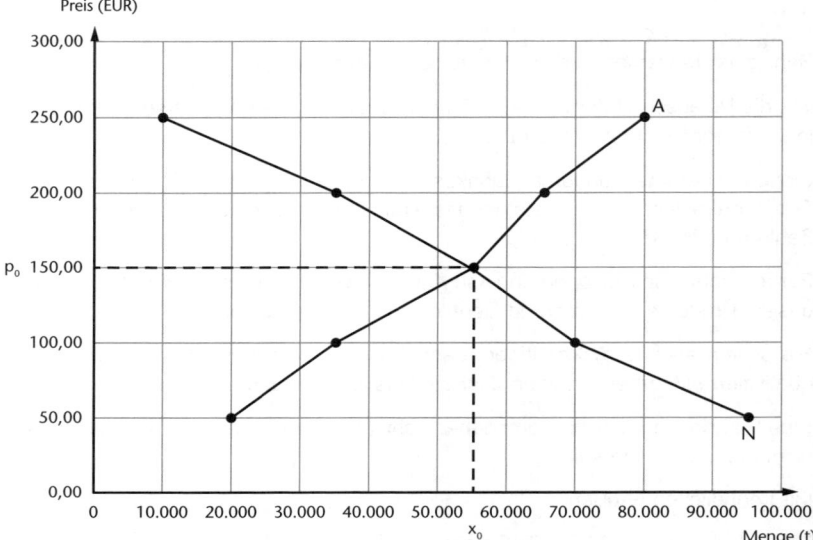

2.1.3 Die Ausdehnung der Anbaufläche führt zu einem zunehmenden Angebot. Die Angebotskurve verschiebt sich nach rechts. Die teilweise Substitution von Futtermais durch Weizen führt zu einer abnehmenden Nachfrage. Die Nachfragekurve verschiebt sich nach links. Beide Entwicklungen führen tendenziell zu Preissenkungen, um einen Angebotsüberhang abzubauen. Die Veränderung der gehandelten Menge hängt vom Ausmaß der jeweiligen Kurvenverschiebung ab.

2.2.1 Z. B.

Preissenkungen sind beispielsweise nur dann sinnvoll, wenn damit ein entsprechender Kunden- bzw. Nachfragezuwachs erzielt wird. Wird aber ein Preiswettbewerb ausgelöst, könnte sich die wirtschaftliche Situation sogar verschlechtern.

Bei Preiserhöhungen besteht die Gefahr, Kunden zu verlieren, sofern die Konkurrenten ihre Preise nicht oder nicht im selben Ausmaß erhöhen, was den wirtschaftlichen Erfolg ebenfalls beeinträchtigt.

Kommt es jedoch zu einer Form der Preisführerschaft, bei der sich die drei Unternehmen gleichgerichtet verhalten, könnte die Weitergabe gelingen. Beispielsweise kann bei steigenden Einkaufspreisen die Kostenerhöhung ganz oder teilweise weitergegeben werden.

2.2.2 Z. B.
- Die Kraftfutterwerke Heilbronn GmbH verzichtet auf Fest- bzw. Mindestabnahmemengen.
- Sie garantiert kürzere/flexiblere Lieferzeiten als die Konkurrenten.
- Es werden zusätzliche Dienstleistungen angeboten, z. B. Beratung, Zwischenlagerung o. Ä.

Kompetenzbereich III:
Wirtschaftspolitische Einflüsse auf den Ausbildungsbetrieb, das Lebensumfeld und die Volkswirtschaft einschätzen

1 Wirtschaftspolitische Ziele

1.4 Aufgaben

1. Gesetz zur Förderung der Stabilität und des Wachstums der Wirtschaft; kurz: Stabilitätsgesetz

2. Beachtung des gesamtwirtschaftlichen Gleichgewichts

3. Ziele des magischen Vierecks laut Stabilitätsgesetz:

   - **Preisniveaustabilität:** Die Preissteigerungsrate sollte 2 % nicht überschreiten.

   - **Hoher Beschäftigungsstand (Vollbeschäftigung):** Die Arbeitslosenquote sollte ca. 2 % bis 3 % nicht übersteigen. Diese sog. „Sockelarbeitslosigkeit" kann auch in Zeiten guter Konjunkturlage nicht unterschritten werden. Ursachen der „Sockelarbeitslosigkeit":

     – **Friktionelle Arbeitslosigkeit:** Sie tritt auf, wenn Arbeitskräfte kündigen bzw. entlassen werden und kurzfristig bis zum Antritt der neuen Stelle nicht beschäftigt sind („Sucharbeitslosigkeit" bzw. „Fluktuationsarbeitslosigkeit").

     – **Saisonale Arbeitslosigkeit:** Sie ist Folge jahreszeitlicher (saisonaler) Produktionsschwankungen (z. B. Landwirtschaft, Bauwirtschaft) und ist kaum bekämpfbar.

   - **Außenwirtschaftliches Gleichgewicht:** Die Leistungsbilanz soll langfristig ausgeglichen sein (Exporte = Importe).

   - **Stetiges und angemessenes Wirtschaftswachstum:** Stetiges Wirtschaftswachstum bedeutet kontinuierliches Steigen des realen Bruttosozialproduktes (Bruttoinlandproduktes) ohne größere Konjunkturausschläge nach oben oder unten. Ein Wirtschaftswachstum von ca. 3 % bis 4 % wird als angemessen bezeichnet.

4. Vgl. Aufgabe 3.

5. - gerechte Einkommens- und Vermögensverteilung
   - Erhaltung einer lebenswerten Umwelt

6. **Zielkonflikt 1: Vollbeschäftigung – Preisniveaustabilität:**

Ausgangsbasis:	Rezession (Unterbeschäftigung, Arbeitslosigkeit)
Ziel:	Vollbeschäftigung
Maßnahmen Staat:	Exportförderung, Erhöhung der Staatsnachfrage, Förderung der privaten Nachfrage
Folge evtl.:	Vollbeschäftigung, jedoch Preissteigerungen

Zielkonflikt 2: Vollbeschäftigung – Außenwirtschaftliches Gleichgewicht:

Ausgangsbasis: Rezession

Ziel: Vollbeschäftigung

Maßnahmen Staat: u. a. Exportförderung

Folge evtl.: Vollbeschäftigung, jedoch evtl. Exportüberschuss

Zielkonflikt 3: Preisniveaustabilität – Wirtschaftswachstum:

Zunehmendes Wirtschaftswachstum bei Überbeschäftigung kann zu erheblichen Preissteigerungsraten führen.

Zielkonflikt 4: Wirtschaftswachstum – Umweltschutz:

Rein quantitatives Wirtschaftswachstum bedeutet Umweltbelastung.

7.
1. Arbeitslosengeld relativ niedrig: Einkommensverluste führen zu sinkender Nachfrage und damit sinkendem Wirtschaftswachstum.

2. sinkende Steuereinnahmen des Staates (Arbeitslose zahlen keine Lohn- bzw. Einkommensteuer, Gewinnverringerung bei Unternehmen.)

3. keine Sozialversicherungsbeiträge der Arbeitslosen

4. hohe Arbeitslosengeldzahlungen durch Arbeitslosenversicherung

5. evtl. zunehmende Schwarzarbeit durch Arbeitslose

8.
- Nachfrage steigt stärker als das Angebot = Nachfrageinflation.
- Angebotsverknappung
- Kostensteigerungen (z. B. Löhne, Steuern) = Kosteninflation
- zunehmende Konzentration mit nachgeschalteten Preiserhöhungen
- willkürliche Preiserhöhungen durch Monopole und Oligopole = Gewinninflation ...

9.
- Inlandspreise niedriger als Auslandspreise
- steigende Einkommen im Ausland, die eine steigende Nachfrage nach Inlandsgütern nach sich ziehen
- Standortvorteile betr. Bodenschätze, Verkehrslage ...
- Inlandsprodukte sind technisch den Auslandsprodukten überlegen ...

10.
- Grenzen des quantitativen Wachstums
- Umweltschutz
- strukturelle Arbeitslosigkeit
- gerechte Einkommens-/Vermögensverteilung

11. **Quantitatives Wachstum:** rein zahlenmäßiges Wachstum (zahlenmäßige Erhöhung des realen Bruttosozialprodukts/Bruttoinlandsprodukts)

Qualitatives Wachstum: quantitatives Wachstum unter gleichzeitiger Förderung von Umweltschutzmaßnahmen

WiSo (Gesamtwirtschaft): Wirtschaftspolitische Ziele

12. • Bevölkerungsentwicklung (Erwerbstätige)
    • Erschöpfung von Rohstoff- und Energiequellen
    • begrenzte volkswirtschaftliche Kapazität
    • Zerstörung der natürlichen Umwelt, Abfallprobleme

13. • umweltbedingte Erkrankungen
    • Erschöpfung von Rohstoff- und Energiequellen
    • Klimaveränderungen („Treibhauseffekt")
    • Zerstörung der natürlichen Umwelt, Abfallprobleme

14. Wirtschaftswachstum – Erhaltung einer lebenswerten Umwelt

15. Einsatz von alternativen Energien, Recycling, Senkung des Benzinverbrauchs, Katalysatoren, Verkehrsverlagerung (z. B. Pkw/Bahn), Gesetz gegen Umweltverschmutzung ...

16. Investitionen im Umweltschutzbereich (Produktion umweltfreundlicher Güter) erhöhen das Bruttoinlandsprodukt und fördern somit das quantitative Wachstum.

17. Stahlindustrie, Kohle, Werftindustrie, Landwirtschaft

18. • Unterschiedliche Leistungsfähigkeit bewirkt unterschiedliche Einkommen.
    • Bezieher hoher Einkommen können leichter Vermögen bilden.
    • Unterschiedliche Vermögensbasis durch Erbschaften bewirkt unterschiedliche Vermögenseinkommen (Zinsen, Mieten, Pachten).
    • Marktmachtunterschiede mit der Folge unterschiedlicher Gewinne ...

19. • Die Vermögenshöhe beeinflusst das Einkommen (Zins, Miete, Pacht).
    • Die Höhe des Einkommens beeinflusst das Vermögen (Sparen!).

20. Eine gleiche Einkommensverteilung wäre keine gerechte Einkommensverteilung, weil höhere Leistungen und Qualifikationen auch höher honoriert werden müssen.
    Die Frage der gerechten Einkommensverteilung ist nicht objektiv beantwortbar (unterschiedliche Meinungen bei Gewerkschaften, Parteien usw.). Zu beachtende Prinzipien:

    • Leistungsfähigkeit, Leistungsbereitschaft (= **Leistungsprinzip**): Gleicher Lohn bei gleicher Leistung unter Beachtung sozialer Nebenbedingungen (z. B. unverschuldete Minderleistung durch Krankheit, Alter ...)

    • **Risikoverzinsung:** Die Bereitschaft zur Übernahme des Unternehmerrisikos ist einkommensmäßig zu berücksichtigen.

    • **Tendenz zur gleichmäßigeren Einkommensverteilung:** Die auf unterschiedlicher Leistungsfähigkeit basierenden Einkommensunterschiede sollten nicht zu extrem sein.

    • Berücksichtigung von unterschiedlichem Familienstand, Zahl der Kinder, Arbeitsjahre, Alter usw. (**Bedarfsprinzip**)

21. a) Rezession ist ein Rückgang der wirtschaftlichen Gesamtaktivitäten bzw. eine konjunkturelle Phase, in der das reale Bruttoinlandsprodukt (BIP) zurückgeht.

    b) Zahl der registrierten Arbeitslosen · 100 : Zahl der zivilen Erwerbspersonen
       Hoher Beschäftigungsgrad: Arbeitslosenquote unter 4 %

    c) • konjunkturelle Impulse durch Steuersenkungen für private Haushalte und Unternehmen
       • Förderung von Bildung und beruflicher Qualifikation

    d) Weitere Unterziele: • außenwirtschaftliches Gleichgewicht
       • stetiges, angemessenes Wirtschaftswachstum
       • Stabilität des Preisniveaus
       • ggf. Umweltschutz

    e) Z. B. hoher Beschäftigungsgrad – Preisniveaustabilität
       Maßnahmen: • Steuersenkungen
       • öffentliche Investitionen
       • Subventionen
       Wirkung: • höhere Kaufkraft
       • mehr Geld im Umlauf
       • Nachfrageanstieg
       Folge: Anstieg des Preisniveaus

22. • 2 % Wachstum des Bruttoinlandsprodukts für 2011
    • durchschnittlich weniger als drei Millionen Arbeitslose 2011
    • 2,8 % Erhöhung der Bruttolöhne und -gehälter

    a) • Rückgang der Arbeitslosigkeit und Lohnerhöhungen
       • Menschen haben mehr Geld zur Verfügung
       • Nachfrage nach Konsum steigt
       • Umsätze im Einzelhandel steigen

    b) Schülerabhängige Antwort, z. B.:
       Menschen geben das zusätzliche Geld nicht im Einzelhandel aus, sondern z. B. für die Altersvorsorge oder für Reisen, oder die steigenden Löhne und Gehälter müssen für höhere Sozialausgaben (z. B. Krankenversicherung) aufgewendet werden, oder die Lohn- und Gehaltssteigerungen werden durch Preissteigerungen abgeschöpft (Lohn- und Preisspirale).

    c) Steigende Investitionsbereitschaft der Unternehmen: Wenn die Stimmung in der Wirtschaft positiv und mit einer steigenden Nachfrage zu rechnen ist, dann sind die Unternehmen eher bereit zu investieren, um ihre Kapazitäten zu erhöhen.

       Steigende Preise: Wenn die Nachfrage steigt und dies nicht sofort durch ein höheres Angebot ausgeglichen werden kann, dann steigen die Preise. Außerdem müssen die Unternehmen mehr Löhne bezahlen, die sie in einer Aufschwungphase über höhere Preise finanzieren können.

1.5 Prüfungsaufgaben

Prüfungsaufgaben Winter 2013/2014 (Aufgabe 2, teilweise)

2.1 Die Bundesbank prognostiziert ein Wirtschaftswachstum von 0,4 % für das Jahr 2013. Das Ziel eines stetigen Wirtschaftswachstums ist erreicht, wenn die Zunahme des realen BIP gegenüber dem Vorjahr bei ca. 3 % liegt. Demnach gilt das vorliegende Ziel als nicht erreicht.

2.2 Anhand des Liniendiagramms wird das Wirtschaftswachstum mittels des realen BIPs von 1950 bis 2012 (Prognose) dargestellt.

Von 1950 bis Anfang der 1970er-Jahre verzeichnet Deutschland überwiegend ein positives Wirtschaftswachstum mit einem Spitzenwachstum von bis zu 12 % im Vergleich zum Vorjahr. Ab 1970 bis 2012 zeigen sich abwechselnde positive und negative Werte des realen BIPs. Wobei vor allem 2008/09 ein starker Einbruch (−5,1 %) zu verzeichnen ist.

Insgesamt betrachtet verzeichnet die deutsche Wirtschaft ein positives Wachstum in dem angegebenen Zeitraum.

2.3 Im Gegensatz zum nominalen BIP gibt das reale BIP Auskunft über den inflationsbereinigten Wert aller produzierten Waren und Dienstleistungen einer Volkswirtschaft innerhalb eines Kalenderjahres.

2.4.1 hoher Beschäftigungsstand, Preisniveaustabilität, außenwirtschaftliches Gleichgewicht, stetiges und angemessenes Wirtschaftswachstum

2.4.2 Z. B.
Zielkonflikt: stetiges Wirtschaftswachstum – Preisstabilität
Haben die Haushalte mehr Einkommen zur Verfügung, steigt die Nachfrage nach Verbrauchsgütern. Dies bewirkt ein Steigen der Verbraucherpreise bei unverändertem Angebot.

Zielharmonie: stetiges Wirtschaftswachstum – hoher Beschäftigungsstand
Steigendes Wirtschaftswachstum führt zu einer besseren Auslastung der Betriebe, was einen Anstieg der Erwerbstätigkeit bewirkt.

Prüfungsaufgaben Winter 2015/2016 (Aufgabe 2, teilweise)

2.1 Konjunkturindikatoren:

Indikator	Begründung der Entwicklung
Investitionen	Das Stagnieren der Investitionstätigkeit deutet auf eine Unterbrechung des Aufschwungs bzw. auf das Eintreten in eine Abschwungphase hin.
Auftragseingänge	Rückläufige Auftragseingänge sind Anzeichen für einen beginnenden Abschwung.
Beschäftigung	Das gleichbleibende Beschäftigungsniveau weist ebenfalls auf eine Unterbrechung des Aufschwungs bzw. auf ein Eintreten in eine Abschwungphase hin, da die Beschäftigungsentwicklung der konjunkturellen Entwicklung hinterherhinkt.
Preisniveau	Stagnierende bzw. rückläufige Preissteigerungsraten sind Anzeichen für einen beginnenden Abschwung.

2.2 Gemeinsamkeiten, z. B.:
- Die wirtschaftliche Entwicklung ist durch regelmäßige Schwankungen gekennzeichnet.
- Ein Konjunkturzyklus umfasst mehrere Jahre.

Unterschiede, z. B.:
- Die Stärke der Schwankungen variiert.
- Phasen werden z. T. übersprungen.
- Spürbare negative Wachstumsraten sind in der Realität eher selten.

2.3 Die Investitionstätigkeit hängt maßgeblich von den zukünftigen Absatzchancen ab. Da die Auslandsnachfrage eingebrochen ist und sich die deutsche Wirtschaft in einer konjunkturellen Schwächephase befindet, sind diese für die TEC GmbH in nächster Zeit eher als negativ zu beurteilen. Investitionen in eine Erweiterung der Kapazität werden deshalb zunächst unterbleiben bzw. verschoben.

2.4 Z. B.
Es ist richtig, dass eine starke Exportorientierung zum Problem werden kann, weil die Abhängigkeit von der wirtschaftlichen und politischen Entwicklung im Ausland zunimmt. Andererseits bietet gerade diese Exportorientierung die Möglichkeit, nicht allein auf den begrenzten heimischen Markt zu setzen, sondern neue Absatzchancen in anderen Ländern wahrnehmen zu können. Meines Erachtens sind Exporte auch in Zukunft wichtig, wir sollten jedoch zukünftig mehr darauf achten, uns nicht nur auf wenige Länder zu beschränken, um das Risiko zu streuen.

2 Konjunktur und Konjunkturpolitik

2.3 Aufgaben

1. wellenförmige Auf- und Abwärtsbewegungen der Wirtschaftstätigkeit (Konjunkturschwankungen, Konjunkturwellen) = Schwankungen des realen Bruttosozialprodukts (Bruttoinlandsprodukts)

2. Grad der Kapazitätsauslastung der Volkswirtschaft
   Messung der Beschäftigung v. a. anhand der Arbeitslosenquote

3. **Arbeitslosenquote** = $\dfrac{\text{registrierte Arbeitslose} \cdot 100}{\text{(zivile) Erwerbspersonen + registrierte Arbeitslose}}$

4. Vollbeschäftigung, Unterbeschäftigung und Überbeschäftigung (vgl. Stofftelegramm)

5. Es handelt sich um eine Art „**Sockelarbeitslosigkeit**", die auch in Zeiten guter Konjunkturentwicklung nicht unterschritten werden kann. **Ursachen:**

   - **Friktionelle Arbeitslosigkeit:** Sie tritt auf, wenn Arbeitskräfte kündigen bzw. entlassen werden und kurzfristig bis zum Antritt der neuen Stelle nicht beschäftigt sind („Sucharbeitslosigkeit" bzw. „Fluktuationsarbeitslosigkeit").

   - **Saisonale Arbeitslosigkeit:** Sie ist Folge jahreszeitlicher (saisonaler) Produktionsschwankungen (z. B. Landwirtschaft, Bauwirtschaft) und ist kaum bekämpfbar.

6. - Hochkonjunktur (Boom)
   - Abschwung (Rezession)
   - Tiefstand (Depression)
   - Aufschwung (Expansion)

7. Vgl. Stofftelegramm.

8. a) **Gründe für Konjunkturabschwung:**
   - Nachfrage der privaten Haushalte nach Konsumgütern sinkt.
   - Nachfrage der Unternehmen nach Investitionsgütern sinkt.
   - Nachfrage des Staates sinkt (Ausgabenkürzungen).
   - Nachfrage des Auslands nach Inlandsgütern (Exporte) sinkt.
   - stark steigende Zinssätze (restriktive Bundesbankpolitik)
   - sinkende Motivation der Marktteilnehmer

   b) **Gründe für Konjunkturaufschwung:** vgl. a) umgekehrt formuliert.

9. Vgl. Stofftelegramm.

10. - hohe Preissteigerungsraten
    - starke Umweltbelastungen
    - Überbeanspruchung von Mensch/Maschine
    - hohe Zinsen (ungünstig für Schuldner)
    - abnehmende Produktqualitäten
    - Abwerbung von Arbeitskräften

11. Anzeiger für den gegenwärtigen und zukünftigen Konjunkturverlauf. Beispiel: Arbeitsmarkt, Zahl der Kurzarbeiter ... (vgl. Stofftelegramm)

12. Erhöhungen des **nominalen** Bruttosozialprodukts können möglicherweise nur auf Preissteigerungen beruhen, ohne dass sich die reale Güterproduktion erhöht hat.

    Beim **realen** Bruttosozialprodukt wird diese Problematik ausgeschaltet, indem Preissteigerungsraten herausgerechnet werden. Eine Zunahme des realen Bruttosozialprodukts signalisiert somit eine tatsächliche Mehrleistung der Volkswirtschaft.

13. **Saisonale Schwankungen:**

    - jahreszeitlich bedingte Nachfrageänderungen (z. B. Ski im Winter, Surfbretter im Sommer; Weihnachtsgeschäft ...)
    - vorhersehbare, regelmäßige Schwankungen, somit planbar
    - betreffen nur einige Wirtschaftszweige

    Konjunkturelle Schwankungen:

    - wellenförmige Auf- und Abwärtsbewegungen der Wirtschaftstätigkeit im mehrjährigen Rhythmus – bereinigt um saisonale Schwankungen
    - nicht vorhersehbare Schwankungen, somit schwer planbar
    - betreffen nahezu die gesamte Wirtschaft

14. a) Vollbeschäftigung   b) Rezession/Depression   c) Vollbeschäftigung

    d) Aufschwung (Expansion)   e) Depression   f), g) Vollbeschäftigung

15. - **Saisonale Arbeitslosigkeit:** Sie ist Folge jahreszeitlicher (saisonaler) Produktionsschwankungen (z. B. Landwirtschaft, Bauwirtschaft) und ist kaum bekämpfbar.
    - **Strukturelle Arbeitslosigkeit:** Arbeitslosigkeit in best. Regionen, Branchen und/oder Berufen durch strukturellen Wandel auf diesen Teilarbeitsmärkten (z. B. Landwirtschaft, Arbeitslosigkeit durch Rationalisierung ...)
    - **Konjunkturelle Arbeitslosigkeit:** durch gesamtwirtschaftlichen Beschäftigungsrückgang hervorgerufene Arbeitslosigkeit (Rezessions- bzw. Depressionsphase)
    - **Friktionelle Arbeitslosigkeit:** Sie tritt auf, wenn Arbeitskräfte kündigen bzw. entlassen werden und kurzfristig bis zum Antritt der neuen Stelle nicht beschäftigt sind („Sucharbeitslosigkeit" bzw. „Fluktuationsarbeitslosigkeit").

    Ebenso wie die saisonale Arbeitslosigkeit zählt sie zur sog. „Sockelarbeitslosigkeit", die auch in Zeiten guter Konjunktur nicht unterschritten werden kann.

16. Durch sinkende Gewinne und relativ geringe Lohnsteigerungen **sinkende Steuereinnahmen.** Gleichzeitig evtl. **steigende Staatsausgaben**, um die Konjunktur wieder anzukurbeln.

17. a) Konjunktur = das Auf und Ab der wirtschaftlichen Aktivität eines Landes in einer bestimmten Zeitspanne

    Indikator: BIP (Bruttoinlandsprodukt) = Wert aller Güter und Dienstleistungen, die in Deutschland innerhalb einer Periode hergestellt werden

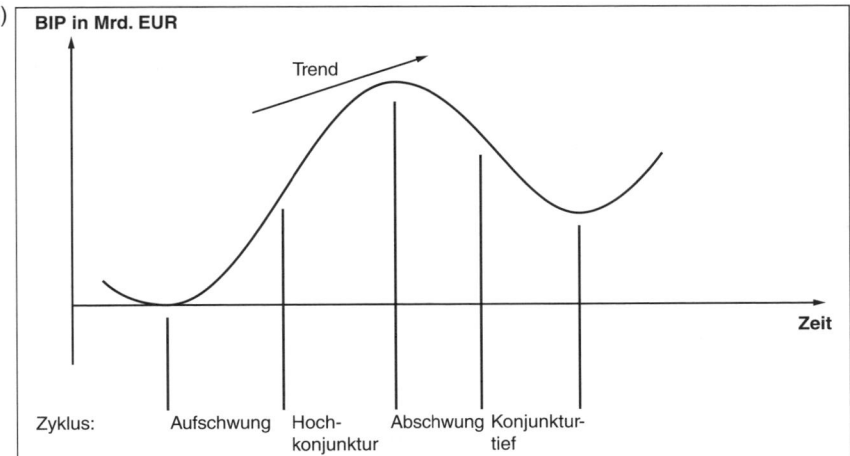

c) Schülerabhängige Antwort, z. B.
Aufschwung:
• Produktion und Handel nehmen zu.
• Arbeitslosigkeit nimmt ab.
• Stimmung ist optimistisch.

d) Situation: holprige Erholung (unterbeschäftigte Wirtschaft); mittelfristige Preisstabilität ist gesichert.
Wirkung: größere Geldmenge und somit niedrigere Zinsen → mehr/günstiges Geld → Nachfrage steigt. → Sparneigung geht zurück.
Ziele: Konjunktur und Nachfrage ankurbeln

e) Schülerabhängige Antwort, z. B.
• trotz niedriger Zinsen schlechte Zukunftserwartungen → keine Kreditaufnahme trotz niedriger Zinsen
• Banken geben niedrige Zinsen nicht weiter.

2.4 Konjunkturpolitik (allgemein)

1. staatliche Konjunkturpolitik (Einnahmen- und Ausgabenpolitik)

2. Vgl. Stofftelegramm.

3. a) staatliche Verschuldung zwecks Belebung der Konjunktur (Finanzierung von staatlichen Investitionen)

   b) Rezession, Depression

4. a) Der Staat senkt in der Hochkonjunktur die Ausgaben und erhöht sie in der Rezession.

   b) prozentuale Veränderung BIP

5. a) **Hochkonjunktur:** Einnahmenerhöhung des Staates (z. B. Steuererhöhungen) verschlechtern die Liquidität der Marktteilnehmer – Nachfrage sinkt – Preissteigerungsraten sinken. Werden die zusätzlichen Mittel einer Konjunkturausgleichsrücklage (vgl. § 7 StabG) bei der Bundesbank zugeführt („kaltgestellt"), sinkt die Geldmenge – Preisdämpfung.

   b) **Rezession:** Einnahmensenkungen des Staates (z. B. Steuersenkungen) verbessern die Liquidität der Marktteilnehmer – Nachfrage steigt – Konjunkturbelebung.

6. **Bildung:** in Zeiten der Hochkonjunktur (Durch Steuererhöhungen erzielte Mehreinnahmen werden bei der Bundesbank hinterlegt, um die Hochkonjunktur abzuschwächen.)

   Auflösung: in Zeiten der Rezession, um die erforderliche Erhöhung der Staatsnachfrage (staatliche Investitionen) zu fördern

7. Konjunkturbelebend = „+", k'dämpfend = „–"   a) + b) – c) + d) + e) – f) – g) – h) +

8. **Im Boom:** Lohnforderungen, die über den Produktivitätsfortschritt hinausgehen, führen zu Preissteigerungen, da die Unternehmen aufgrund der hohen Nachfrage die höheren Lohnkosten problemlos auf die Preise abwälzen können. Dies widerspricht der Stabilitätspolitik in dieser Phase.

   In der Rezession: Gewerkschaften sollten mit Lohnforderungen zurückhaltend sein, damit die Gewinne der Unternehmen steigen und sich dadurch ihre Investitionsbereitschaft erhöht. Gewerkschaften argumentieren im Gegensatz dazu, dass erst aufgrund hoher Lohnerhöhungen über steigende Nachfrage die Konjunktur stimuliert wird.

9. Die **Arbeitslosenquote** erfasst nur solche Arbeitnehmer, die sich beim Arbeitsamt als arbeitslos registrieren lassen. Es werden diejenigen nicht berücksichtigt, die resigniert haben und sich gar nicht mehr um eine Arbeitsstelle bemühen.

   Die **Zahl der offenen Stellen** darf auf keinen Fall mit der Nachfrage der Unternehmen nach Arbeitskräften gleichgesetzt werden. Viele Unternehmen suchen sich ihre Arbeitskräfte nicht über das Arbeitsamt, sondern über Inserate oder Werbeaktionen.

10. **Strukturelle Arbeitslosigkeit:** Kann durch den Niedergang bestimmter Wirtschaftszweige oder durch tiefgreifende Wandlungen in der Bevölkerungsstruktur hervorgerufen werden. Diese Art von Arbeitslosigkeit kann gedämpft und bekämpft werden durch Subventionen an die noch vorhandenen Unternehmen zur Verhinderung weiterer Stilllegungen, Unterbringung der Arbeitslosen in anderen Branchen bzw. Schaffung neuer Produktionsstätten und damit neuer Arbeitsplätze.

    Konjunkturelle Arbeitslosigkeit: Arbeitslosigkeit ist auf eine allgemeine Wachstumsschwäche zurückzuführen. Die zu treffenden Maßnahmen müssen demnach die gesamte Wirtschaft als Ziel haben. Problem der Maßnahmen: Preisniveaustabilität gefährdet.

11. a) Investitionsförderungsgesetz, Zuschüsse für Investitionen, Steuervergünstigungen

    b) • Investitionsanreize und damit Einfluss auf Wachstum und Beschäftigung

       • Der Erfolg ist von den Zukunftserwartungen der Unternehmen abhängig. Bei pessimistischer Zukunftseinschätzung ist die Investitionsbereitschaft trotz Förderungsmaßnahmen gering.

2.6 Prüfungsaufgaben

Prüfungsaufgaben Sommer 2012 (Aufgabe 2)

2.1 Wirtschaftspolitische Ziele und ihre Bedeutung:

- Stetiges angemessenes Wirtschaftswachstum:
  - Produktionssteigerungen erfordern mehr Mitarbeiter. → sicherer Arbeitsplatz
  - Wachstum → Einkommenssteigerungen → mehr Wohlstand
- Hoher Beschäftigungsstand:
  - Übernahmechancen steigen.
  - Arbeitsplatzsuche nach der Ausbildung wird einfacher.
  - Forderungen nach Lohnerhöhungen werden leichter durchsetzbar.
- Preisniveaustabilität:
  - Kaufkraft der Ausbildungsvergütung bleibt stabil.
  - Werterhaltung des Sparvermögens

2.2 Wirkungskette Geldpolitik:
- expansive Geldpolitik (z. B. Leitzinsen senken)
- Kredite der Banken werden kostengünstiger.
- Kreditnachfrage Unternehmen/Haushalte steigt.
- Güternachfrage (Investition, Konsum) steigt.
- Produktion steigt (= Wirtschaftswachstum).

Wirkungskette Wirtschaftspolitik:
- Staatsausgaben erhöhen (z. B. Konjunkturprogramm)
- Verfügbares Einkommen der Haushalte steigt.
- Güternachfrage steigt.
- Produktion steigt (= Wirtschaftswachstum).

2.3

Griechenland	Wirtschaftsdaten	Deutschland
–3 %	Wirtschaftswachstum	+2,2 %
152 %	Staatsverschuldung	83 %

Auswirkungen, z. B:
- geringere Exportchancen deutscher Unternehmen, da die Nachfrage aus Griechenland geringer ist
- eventuelle Verluste bei deutschen Anlegern (griechische Anleihen), dadurch geringere Nachfrage
- Deutschland muss evtl. finanzielle Hilfe leisten und selbst weitere Kredite aufnehmen.
- höhere Kreditzinsen durch höhere Staatsverschuldung

WiSo (Gesamtwirtschaft): Konjunktur und Konjunkturpolitik

Prüfungsaufgaben Winter 2013/2014 (Aufgabe 2, teilweise)

2.5.1   Im Text wird die saisonale Arbeitslosigkeit genannt. Hierbei unterliegen Nachfrage oder Produktion in bestimmten Branchen jahreszeitlichen Schwankungen, wie z. B. bei der Baubranche oder der Landwirtschaft.

2.5.2   Durch die Zunahme der Arbeitslosigkeit sinken zum einen die staatlichen Einnahmen an Steuern und Sozialversicherungsbeiträgen. Zum anderen steigen die Ausgaben aufgrund der staatlichen Unterstützungsleistungen wie beispielsweise Arbeitslosengeld I.

2.5.3   Konjunkturelle Arbeitslosigkeit:
Der Staat kann in der Krise z. B. verstärkt als Nachfrager auftreten, indem er z. B. öffentliche Aufträge vergibt und die Investitionstätigkeit der Unternehmen durch Maßnahmen wie verbesserte Abschreibungsmöglichkeiten, Steuersenkungen, Subventionen etc. steigert.

2.5.4   Z. B.
- Bereitschaft zur Mobilität
- Fort- und Weiterbildungsmaßnahmen nutzen

Prüfungsaufgaben Winter 2014/2015 (Aufgabe 2, teilweise)

2.1   Messgröße: Steigerungsrate des BIP
Jahr 2013: Ist-Wert 0,4 %
Jahr 2014: Ist-Wert 1,8 %
Soll-Wert von ca. 3,0 %–4,0 % pro Jahr ist in beiden Jahren nicht erreicht.

2.2.1   Zielbeziehung: Zielharmonie
Eine Erhöhung der Produktion veranlasst die Unternehmen, mehr Mitarbeiter einzustellen. Daher führt ein wirtschaftlicher Aufschwung (Wachstum BIP) im Allgemeinen zu einem höheren Beschäftigungsstand (Abnahme der Arbeitslosenquote).

2.2.2   Es handelt sich um eine konjunkturelle Arbeitslosigkeit, da die Höhe der Arbeitslosigkeit von der wirtschaftlichen Entwicklung abhängig ist.

2.2.3   Die Gründe für Langzeitarbeitslosigkeit sind vielfältiger Natur, z. B. mangelnde Mobilität, geringe bzw. falsche Qualifikation der Arbeitslosen, Alter, gesundheitliche Probleme, aussterbender Beruf.

Prüfungsaufgaben Winter 2015/2016 (Aufgabe 2, teilweise)

2.2.1   Aufschwung (Expansion)

2.2.2   Konsum (steigt), Wirtschaftswachstum (steigt), Beschäftigung (steigt auf Höchststand seit Jahren), Einkommen (steigt, ist hoch), Stimmung (positiv, optimistisch)

2.2.3
- Rekordbeschäftigung, weiter sinkende Arbeitslosenquote
- steigende Einkommen auch bedingt durch den Mindestlohn, weiter steigende Kauflaune
- durch materielle und immaterielle Sicherheit weiter steigende Kauflaune

WiSo (Gesamtwirtschaft): Konjunktur und Konjunkturpolitik

Prüfungsaufgaben Winter 2015/2016 (Aufgabe 2)

2.1 Eine anhaltend stabile konjunkturelle Entwicklung kann dazu beitragen, dass die Investitionsbereitschaft der Unternehmen aufgrund verbesserter Absatzmöglichkeiten steigt. Der Teil der Investitionen, der auf Baumaßnahmen entfällt, erhöht die Auftragseingänge im Wirtschaftsbau.

2.2.1 Die EZB hat den Leitzins bis Ende 2015 bis auf 0,05 % gesenkt. Durch eine Leitzinssenkung sinken die Refinanzierungskosten der Geschäftsbanken. Die Geschäftsbanken geben daraufhin diese Zinssenkung an Unternehmen und Haushalte zumindest teilweise weiter. Es kommt zu einem niedrigeren Zinsniveau bei Krediten bzw. Einlagen.

2.2.2 Z. B.
Durch niedrige Kreditzinsen sind die Kreditkosten für die Haushalte geringer, sodass mehr bzw. höhere Kredite aufgenommen werden können.
Auch der geringe Zinssatz für Spareinlagen kann dazu führen, dass Haushalte ihr Vermögen stärker im Immobilienbereich anlegen, weil die Rendite hier voraussichtlich höher ist. Deshalb kann der Wohnungsbau von einem geringen Zinsniveau profitieren.

2.3.1 Z. B.
Im Zeitablauf sinkt die Zahl der arbeitslosen Bauingenieure, während die Zahl der offenen Stellen deutlich anwächst. Immer weniger Arbeitslose stehen immer mehr offenen Stellen gegenüber. Im Jahr 2014 war das Verhältnis fast 1 : 1. Dies könnte darauf hindeuten, dass nicht alle Arbeitslosen die geforderten Qualifikationen haben oder zu wenig mobil sind.
Der steigende Bedarf an qualifizierten Bauingenieuren aufgrund von zunehmenden Auftragseingängen führt für die Schäufele Bau GmbH zu einer Verschärfung dieser Situation.

2.3.2 Z. B.
- Werbung auf Fachmessen für Berufseinsteiger, Präsenz in Social-Media forcieren
- finanzielle und organisatorische Unterstützung der neuen Mitarbeiter bei Wohnungssuche und Umzug
- Anwerben entsprechend qualifizierter ausländischer Fachkräfte, ggf. in Verbindung mit vorbereitenden Sprachkursen, die durch die Schäufele GmbH finanziert werden.
- Kooperation mit Hochschulen im Bereich Bauingenieurwesen; denkbar wären z. B. Betriebspraktika für Studenten oder die Betreuung von Facharbeiten. Auf diesem Wege könnte die Zugkraft des eigenen Unternehmens als späterer Arbeitgeber erhöht werden.

3 Beschäftigungs- und Arbeitsmarktpolitik

3.4 Aufgaben (Grundwissen)

1. Grad der Kapazitätsauslastung der Volkswirtschaft
   Messung der Beschäftigung v. a. anhand der Arbeitslosenquote

2. $\text{Arbeitslosenquote} = \dfrac{\text{registrierte Arbeitslose} \cdot 100}{\text{abhängige Erwerbspersonen}}$

3. Vollbeschäftigung, Unterbeschäftigung und Überbeschäftigung (vgl. Stofftelegramm)

4. Es handelt sich um eine Art **Sockelarbeitslosigkeit**, die auch in Zeiten guter Konjunkturentwicklung nicht unterschritten werden kann. Ursachen:
   - **Friktionelle Arbeitslosigkeit:** Sie tritt auf, wenn Arbeitskräfte kündigen bzw. entlassen werden und kurzfristig bis zum Antritt der neuen Stelle nicht beschäftigt sind (Sucharbeitslosigkeit bzw. Fluktuationsarbeitslosigkeit).
   - **Saisonale Arbeitslosigkeit:** Sie ist Folge jahreszeitlicher (saisonaler) Produktionsschwankungen (z. B. Landwirtschaft, Bauwirtschaft) und ist kaum bekämpfbar.

5. Vgl. Stofftelegramm.

6. Vgl. Stofftelegramm.

7. a) $\text{Arbeitslosenquote} = \dfrac{\text{registrierte Arbeitslose} \cdot 100}{\text{Erwerbspersonen}}$

   $\text{Erwerbspersonen} = \dfrac{\text{registrierte Arbeitslose} \cdot 100}{\text{Arbeitslose}} = 41.976.470$

   b) Staat: • generell höhere Ausgaben (Arbeitslosengeld usw.)
   • geringere Einnahmen (Steuern, SV-Beiträge usw.)

   Unternehmen: sinkende Nachfrage, steigende Lohnnebenkosten, sinkende Wettbewerbsfähigkeit

   c) Aktive Arbeitsförderung: Beratung; Vermittlung; Unterstützung (Bewerbungskosten etc.); Eignungsfeststellung; Bewerbertraining; Mobilitätshilfen (Reise-, Fahrt-, Umzugskosten etc.); Förderung der Selbstständigkeit (Gründungszuschuss etc.); Ausbildungshilfen während beruflicher Ausbildung, Berufsvorbereitung, Übernahme von Weiterbildungskosten etc.

   d) Schülerabhängige Antwort, z. B.
   fehlende Anerkennung, fehlende Zeitstruktur, Gefühl des Versagens → psychische/physische Krankheiten können entstehen

   Wirtschaftliche Folgen: sinkendes Einkommen → Lebensstandard sinkt

   Familiäre Probleme: Ehescheidung, Kinder leiden unter der Arbeitslosigkeit der Eltern

   e) saisonale Arbeitslosigkeit

3.5 Prüfungsaufgaben

Prüfungsaufgaben Winter 2010/2011 (Aufgabe 2, teilweise)

2.3.1 Arbeitsplätze in der Landwirtschaft, im Baugewerbe und in der Industrie nehmen prozentual gesehen ab, während sich der prozentuale Anteil der Beschäftigten im Dienstleistungssektor erhöht.

2.3.2 Z. B.
- Rationalisierung/technischer Fortschritt führen insbesondere in den Bereichen Landwirtschaft und Industrie zum Abbau von Arbeitsplätzen.
- höherer Bedarf an Dienstleistungen (z. B. Spedition, Gesundheitssektor, Beratungsdienstleistungen ...)

2.3.3 Schülerindividuelle Lösung

2.3.4 Z. B.
- Bereitschaft zum lebenslangen Lernen
- räumliche Mobilität

4 Der Wert des Geldes und seine Messung

4.5 Aufgaben (Grundwissen)

1. a) **Kaufkraft:** Wie viel Güter kann man für eine Geldeinheit kaufen?

    Preisniveau: Wie hoch ist der Preis für ein Gut?

   b) Reziprokes (umgekehrtes) Verhältnis, d. h.,
      - steigendes Preisniveau bedeutet sinkende Kaufkraft,
      - sinkendes Preisniveau bedeutet steigende Kaufkraft.

2. - Betrachtung der jährlichen prozentualen Veränderungen (Preissteigerungsrate)
   - Berechnung von Preisindizes. Der Kaufpreis des Warenkorbs wird im Basisjahr mit 100 Punkten angesetzt und fortgeschrieben.

3. a) Preissteigerungsrate: 100,00 EUR = 100 %   b) Kaufkraftverlust: 110,00 EUR = 100 %
       10,00 EUR = **10 %**   10,00 EUR = **9,09 %**

4. Alter Preis: 100,00 EUR   108,00 EUR = 100 %
   Neuer Preis: 108,00 EUR   8,00 EUR = 7,4 % Kaufkraftverlust

5. 100 % − 6 % = 94 %   94 % = 100,00 EUR
                           100 % = 106,38 EUR   Preissteigerungsrate 6,38 %

6. - Preisindex für die Lebenshaltung der priv. Haushalte
   - Index der Erzeugerpreise gewerblicher Produkte
   - Baupreisindex
   - Index der Einzelhandelspreise

7. **Warenkorb:** Ausgewählte (repräsentative) Güter und Leistungen, die von einem durchschnittlichen Haushalt üblicherweise gekauft werden. Der Kaufpreis für den Warenkorb (ca. 750 Güterarten) wird in einem bestimmten Jahr (Basisjahr) mit 100 Punkten (%) angesetzt und in den Folgejahren fortgeschrieben, sodass die Preisentwicklung dieses Warenkorbes ersichtlich wird.

   Basisjahr: Das Jahr, in dem das Gütersortiment des Warenkorbs festgelegt wird. Der Kaufpreis des Warenkorbs wird mit 100 Punkten (%) festgelegt und in den Folgejahren fortgeschrieben. Momentanes Basisjahr vgl. Stofftelegramm.

8. Entwicklung der Kaufkraft seines Geldeinkommens bzw. Geldvermögens im Zeitablauf. Er ist also eine Art „Inflationsbarometer".

9. wegen Änderungen im Güterangebot und Ausgabeverhalten

10. a) 2.000 = 100 %   b) 2.040 = 100 %   c) 2.101 = 100 %   d) **100 %**
        40 = **2 %**   61 = **3 %**   105 = **5 %**

    e) 2.000 = 100 (%)   f) 2.000 = 100 (%)   g) 2.000 = 100 (%)
       2.040 = **102 (%)**   2.101 = **105,1 (%)**   2.206 = **110,3 (%)**

11. **Nominallohn:** gezahlter Lohn – ohne Berücksichtigung der Kaufkraft

    Reallohn: Die Menge von Konsumgütern, die mit einem bestimmten Nominallohn gekauft werden kann. Die Kaufkraft des Geldes wird also berücksichtigt: Der Teil der Lohnerhöhung, der durch Preissteigerungen wieder „vernichtet" wird, wird herausgerechnet.
    Kurz: Reallohn = um die Preissteigerungsrate berichtigter Nominallohn.

WiSo (Gesamtwirtschaft): Der Wert des Geldes und seine Messung

12. a) Preissteigerungen   b) Preissenkungen   c) Preisniveaustabilität

13.
Jahr	01	02	03	04	05	06
Index	100	102,6	105,68	108,85	113,42	117,05

Rechenweg: $100 \cdot 102,6\% = 102,6 \cdot 103\% = 105,68 \cdot 103\% = 108,85 \ldots$

14. Geldmenge M, Preisniveau P, Umlaufgeschwindigkeit des Geldes U, Handelsvolumen H

15. a) Bei Inflation und gleichbleibenden Nominallöhnen sinkt der Reallohn. Die Einkommen der Lohnempfänger bleiben unverändert, während der Wert des Geldes abnimmt.

   ba) Ein solcher Durchschnittspreis würde die unterschiedliche Gewichtung der nachgefragten Güter unberücksichtigt lassen. Daher fallen Preisänderungen auch verschieden stark ins Gewicht.
   Eine Erhebung aller Preise einer Volkswirtschaft wäre wegen der Vielzahl der Daten nicht möglich. Daher werden nur bestimmte Güter der Lebenshaltung ausgewählt, und nur deren Preise sind für die Indexermittlung der Lebenshaltungskosten von Bedeutung.

   bb) Mit steigendem Einkommen nehmen die Ausgaben für Nahrungsmittel relativ ab. Da die lebensnotwendigen Bedürfnisse befriedigt sind, verwenden Haushalte immer mehr Teile ihres Einkommens für andere Zwecke.

   bc) Veränderung des Preisniveaus: 106,5 = 100,00 %
                                                   4,4 = **4,13 %**   Preisniveauanstieg

   Veränderung der Kaufkraft: 104,13 = 100,00 %
                                      4,13 = **3,97 %**   Kaufkraftminderung

   Alternativrechnung: 110,9 = 100,00 %
                             4,4 = **3,97 %**

   c) • Anhaltend hohe Exportüberschüsse, die insbesondere bei höherer Auslandsinflationsrate entstehen können, führen zur Geldmengensteigerung im Inland und somit zu Preissteigerungen (importierte Inflation).

   • hohe Kreditaufnahmen (Haushalte, Untern., Staat) für Nachfragezwecke (Nachfrageinflation)

16. **Inflation** = anhaltendes Steigen des Preisniveaus (Geldentwertung)

17. **Ursachen der Inflation:**
    - Nachfrage steigt stärker als das Angebot = **Nachfrageinflation**.
    - Angebotsverknappung
    - Kostensteigerungen (z. B. Löhne, Steuern) = **Kosteninflation**
    - übermäßige Geldschöpfung der Kreditbanken und der Zentralbank
    - importierte Inflation (vgl. Aufgabe 3!)
    - zunehmende Konzentration mit nachgeschalteten Preiserhöhungen
    - willkürliche Preiserhöhungen durch Monopole und Oligopole = **Gewinninflation**

18. **Importierte Inflation:** Ausgangsbasis: Inflationsrate des Auslands ist höher als die des Inlands. Folge: Exporte steigen, da inländische Waren für Ausländer billiger werden.

    Möglicherweise entsteht im Inland ein Exportüberschuss (positiver Außenbeitrag), sodass durch die vermehrten Zahlungszuflüsse die Geldmenge steigt. Entsprechend steigen die Preise im Inland. Die Inflation des Auslands wurde also praktisch importiert.

19. **Lohn-Preis-Spirale:** Es liegt ein Doppeleffekt vor:

    - Lohnerhöhungen bedeuten erhöhte Kosten, die in die Preise kalkuliert werden (Löhne steigen – Kosten steigen – Preise steigen).
    - Lohnerhöhungen bedeuten evtl. steigende Nachfrage, was wiederum Preissteigerungen zur Folge haben kann (Löhne steigen – Nachfrage steigt – Preise steigen).
    - Die gestiegenen Preise führen häufig wieder zu erhöhten Lohnforderungen, sodass sich Löhne und Preise gegenseitig nach oben treiben (Spiralwirkung).

20. **Auswirkungen der Inflation:**

    - sinkende Kaufkraft
    - sinkendes Vertrauen in die Währung
    - Vorteile für Schuldner: Rückzahlung des nominalen, vereinbarten Geldbetrages; der reale Betrag sinkt mit zunehmender Inflation
    - Nachteile für Gläubiger: sinkender realer Wert des Rückzahlungsbetrages
    - Flucht in die Sachwerte: Eigentümer von Sachvermögen erhalten ihren Vermögenswert im Gegensatz zu Eigentümern von Geldvermögen.
    - Evtl. Stagflation (Inflation bei Stagnation): steigende Arbeitslosigkeit bei steigenden Preisen

5 Geldtheorie und Geldpolitik

5.1 Das Europäische System der Zentralbanken (ESZB)

1. ESZB = EZB + nationale Zentralbanken (NZB) der Mitglieder der Europäischen Wirtschafts- und Währungsunion (EWWU = „Euroland")

2. - Vorrangig: Preisstabilität sichern („Hüterin der Eurowährung")
   - einheitliche Währungs-(Geld-)politik: Leitzinsen festlegen, Geldmenge steuern ...
   - Devisengeschäfte durchführen
   - Verwaltung der Währungsreserven der Mitgliedstaaten
   - reibungslosen Zahlungsverkehr im Euroland organisieren
   - Banknotenausgabe (Eurogeld)
   - Höhe der Münzausgabe steuern
   - Überwachung des Kreditwesens
   - Unterstützung der Wirtschaftspolitik der Euroländerregierungen, sofern hierdurch keine Gefährdung der Preisstabilität

3. Preissteigerung unter, aber nahe der 2 %-Marke

4. Aufteilung des Gesamtsystems in EZB und nationale Zentralbanken

5. Die EZB ist **unabhängig** von Regierungen und EU-Organen (autonome Stellung der EZB).

6. **Organe der EZB:**
   - Europäischer Zentralbankrat (Rat der EZB)
   - Direktorium
   - ZB-Präsidenten aller Euroländer

WiSo (Gesamtwirtschaft): Geldtheorie und Geldpolitik

Test → Europäische Zentralbank – Lösungen

1
Umfasst die **Europäische Zentralbank (EZB)**
und
die **Nationalen Zentralbanken (NZB)** aller Mitgliedstaaten
der **Europäischen Wirtschafts- und Währungsunion** (EWWU).

2
Frankfurt am Main

3
- **Europäischer Zentralbankrat** (EZB-Rat)
- **Direktorium**

4
Sicherung der **Preisniveaustabilität** im Euroraum („**Hüterin**" der **Eurowährung**)

5
- **Festlegung** und **Ausführung** der gemeinsamen **Geldpolitik**
- **Halten** und **Verwalten** der **Währungsreserven** der Mitgliedstaaten
- **reibungslosen Zahlungsverkehr** im Euroland **organisieren**
- **Durchführung** von **Devisengeschäften** u. a.

6
- EZB, NZBen oder Mitglieder ihrer Beschlussorgane dürfen **keine Weisungen** von **Organen** oder **Einrichtungen** der **Europäischen Union** (EU), von **Regierungen** der **Mitgliedstaaten** oder anderen Stellen **einholen** oder **entgegennehmen**.
- EZB bzw. NZBen dürfen für Organe oder Einrichtungen der EU oder für Regierungen der Mitgliedstaaten **keine Mittel** zur **Haushaltsfinanzierung** bereitstellen.

Tragen Sie Ihre Punktesumme ein und ermitteln Sie auf dem Aufgabenblatt Ihre Note.

Punktesumme → 1. 12   **Punktesumme** → 2. 12   **Punktesumme** → 3. 12

5.2 Inflation und Deflation (Geldwertschwankungen)

1. anhaltendes Steigen des Preisniveaus (Geldentwertung)

2. - Nachfrage steigt stärker als das Angebot = **Nachfrageinflation**
   - Angebotsverknappung
   - Kostensteigerungen (z. B. Löhne, Steuern) = **Kosteninflation**
   - übermäßige Geldschöpfung der Kreditbanken und der Zentralbank
   - importierte Inflation (vgl. Aufgabe 3!)
   - zunehmende Konzentration mit nachgeschalteten Preiserhöhungen
   - willkürliche Preiserhöhungen durch Monopole und Oligopole = **Gewinninflation**

3. Ausgangsbasis: Inflationsrate des Auslands ist höher als die des Inlands. Folge: Exporte steigen, da inländische Waren für Ausländer billiger werden.

   Möglicherweise entsteht im Inland ein Exportüberschuss (positiver Außenbeitrag), sodass durch die vermehrten Zahlungszuflüsse die Geldmenge steigt. Entsprechend steigen die Preise im Inland. Die Inflation des Auslands wurde also praktisch importiert.

4. Es liegt ein Doppeleffekt vor:
   - Lohnerhöhungen bedeuten erhöhte Kosten, die in die Preise kalkuliert werden (Löhne steigen – Kosten steigen – Preise steigen).
   - Lohnerhöhungen bedeuten evtl. steigende Nachfrage, was wiederum Preissteigerungen zur Folge haben kann (Löhne steigen – Nachfrage steigt – Preise steigen).
   - Die gestiegenen Preise führen häufig wieder zu erhöhten Lohnforderungen, sodass sich Löhne und Preise gegenseitig nach oben treiben (Spiralwirkung).

5. - sinkende Kaufkraft
   - sinkendes Vertrauen in die Währung
   - Vorteile für Schuldner: Rückzahlung des nominalen, vereinbarten Geldbetrages; der reale Betrag sinkt mit zunehmender Inflation.
   - Nachteile für Gläubiger: sinkender realer Wert des Rückzahlungsbetrages
   - Flucht in die Sachwerte: Eigentümer von Sachvermögen erhalten ihren Vermögenswert im Gegensatz zu Eigentümern von Geldvermögen.
   - Evtl. Stagflation (Inflation bei Stagnation): steigende Arbeitslosigkeit bei steigenden Preisen

6. a) **Stag**nation bei gleichzeitiger **Inflation**
   (Stagnation = stagnierende, stationäre Wirtschaft; kein Wachstum)

   b) - Maßnahmen zur Bekämpfung der Stagnation (Ankurbelung der Wirtschaft z. B. durch Förderung der Nachfrage) wirken inflatorisch.
   - Maßnahmen zur Dämpfung der Inflation (z. B. Verringerung der Staatsnachfrage) verschärfen die Stagnation.

7. **Offene Inflation:** Die Inflation ist für alle erkennbar.

   Verdeckte Inflation: Die Inflation wird durch staatl. Festlegung von Höchst- oder Festpreisen (Preisstopp) oder Lohnstopp verhindert.
   Problem: Nachfrageüberschuss

8. **Schleichende Inflation:** langsames, aber länger anhaltendes Steigen der Preise

   Galoppierende Inflation: hohe Preissteigerungsraten

9. anhaltendes Sinken des Preisniveaus

10. • Kürzung der Staatsausgaben

    • Pessimistische Zukunftserwartungen: geringe Nachfrage, hohes Sparen, geringe Investitionsneigung

11. • Flucht in die Geldwerte

    • Nachteile für Schuldner, Vorteile für Gläubiger

    • Betriebsstilllegungen, Kurzarbeit, Arbeitslosigkeit wegen sinkender Nachfrage

    • Steuereinnahmen sinken, öffentliche Nachfrage sinkt ...

12. a) schleichende Inflation

    b) Schleichende Inflation durch:
    • Exportüberschüsse
    • Lohn-Preis-Spirale
    • Kostensteigerungen (Erdöl ...)
    • steigende Staatsverschuldung

5.3 Geldpolitik der EZB
5.3.4 Aufgaben

1. Zinssätze und Liquidität am Markt steuern; Signale setzen

2. **Befristete Transaktionen:**
   • Pensionsgeschäfte (EZB kauft Wertpapiere mit Rückkaufvereinbarung.)

   • Pfandkredite (Kredit der EZB gegen Verpfändung von Wertpapieren)

   Definitive Käufe bzw. Verkäufe: endgültiger Kauf bzw. Verkauf refinanzierungsfähiger Aktiva (zur Beeinflussung der strukturellen Liquidität und Feinsteuerung)

3. **Leitzinsen:** Entscheidender Leitzinssatz ist der Zinssatz für die Hauptrefinanzierungsgeschäfte.

   Oft werden auch die Zinssätze für die Spitzenrefinanzierungsfazilität sowie Einlagefazilität als weitere Leitzinsen genannt.

WiSo (Gesamtwirtschaft): Geldtheorie und Geldpolitik

Bei Änderung signalisiert die EZB den Banken ihre geplante Politik und erwartet ein gleichgerichtetes Verhalten.

Signalwirkung: Mit einer Leitzinsänderung (s. o.) signalisiert die EZB den Banken ihre geplante Politik und erwartet ein gleichgerichtetes Verhalten.

4. **Offenmarktpolitik:**
   - Hauptrefinanzierungssatz erhöhen
   - vermehrt Wertpapierverkäufe durch die EZB

   Wirkungen: Zinsen steigen.
   - → Kreditnachfrage sinkt.
   - → Geldmenge sinkt.
   - → Nachfrage sinkt.
   - → Konjunkturdämpfung
   - → (hoffentlich) stabile(re) Preise

5. **Offenmarktpolitik:**
   - Hauptrefinanzierungssatz senken
   - vermehrt Wertpapierkäufe durch die EZB

   Wirkungen: Zinsen sinken.
   - → Kreditnachfrage steigt.
   - → Geldmenge steigt.
   - → Nachfrage steigt.
   - → Konjunkturerholung
   - → (hoffentlich) geringere Arbeitslosigkeit

6. **Störfaktoren bei Leitzinserhöhung:**

   - positive Zukunftserwartungen der Unternehmer → trotz „teuren Geldes" intensive Kreditaufnahmen
   - evtl. Kapitalzufluss vom Ausland, falls inländischer Zinssatz höher als der ausländische Zinssatz ist → Geldmenge steigt.
   - Steigende Zinsen bewirken Kostensteigerungen. → evtl. steigende Preise
   - Banken versorgen sich anderweitig mit Liquidität (z. B. im Ausland). → Geldmenge steigt.

WiSo (Gesamtwirtschaft): Geldtheorie und Geldpolitik

7. a) Zentralbankrat
   b) EZB ergreift die Initiative, indem sie in vierzehntägigem Rhythmus Ausschreibungen vornimmt. Die Kreditinstitute geben Gebote ab, indem sie das gewünschte Kreditvolumen (Mengentender) bzw. Kreditvolumen und Zinssatz (Zinstender) angeben. Die EZB teilt zu.
   c) Z. B. Verbesserung der Refinanzierungsmöglichkeiten der Kreditinstitute
   → Kreditinstitute können günstigere Kredite vergeben.
   → Nachfrage nach Investitions- und Konsumgüterkrediten steigt.
   → Belebung der gesamtwirtschaftlichen Nachfrage
   → usw.

8. a) Steuersenkungen → mehr Einkommen der privaten Haushalte → höhere Nachfrage → steigende Investitionen → mehr Beschäftigung → höheres BIP
   b) Senkung der Leitzinsen durch die EZB → günstigere Kredite → höhere Investitionstätigkeit → höheres BIP
   c) Problem bei a):
   Einnahmeausfall des Staates → zunehmende Verschuldung → Verletzung der EU-Konvergenzkriterien → Geldstrafe → Eurostabilität gefährdet (Außenhandel)
   zusätzlich: Verlagerung der Probleme auf spätere Generationen
   Problem bei b):
   Ausweitung des Geldvolumens → Inflationsgefahr → Benachteiligung bestimmter Bevölkerungsgruppen (Sparer)
   Angebotene Zinssenkung wird von der Wirtschaft nicht angenommen (Angebotscharakter).

9. Z. B. • Als Folge der Globalisierung vergrößert sich der Abstand zwischen Arm und Reich, der Raubbau an der Natur dehnt sich immer weiter aus.
   • Verlagerung von Arbeitsplätzen

10. niedrige Zinsen → billige Kredite für Unternehmen → Neuinvestitionen → höhere Beschäftigung
    Alternativ:
    niedrige Zinsen → niedrigerer Zins für Spareinlagen → Konsumneigung steigt. → höhere Produktion/Beschäftigung

11. • Unternehmen investieren nur, wenn ausreichende Rendite erwartet werden kann; andernfalls spielt die Höhe der Zinsen für Kredite eine stark untergeordnete Rolle.
    • Kaufzurückhaltung der Konsumenten z. B. aufgrund
      – drohender Deflation,
      – drohender Arbeitslosigkeit,
      – fehlender Verlässlichkeit in der Politik und Gesetzgebung.
    • Marktsättigung

12. a) Preisstabilität darf nicht gefährdet werden.
    b) EZB senkt den Hauptrefinanzierungssatz → Geschäftsbanken haben dadurch günstige Refinanzierungsmöglichkeit. → Geschäftsbanken bieten der Wirtschaft günstigere Kredite an. → Nachfrage nach Krediten steigt. → Nachfrage nach Konsum- und Investitionsgütern steigt = Konjunkturbelebung.

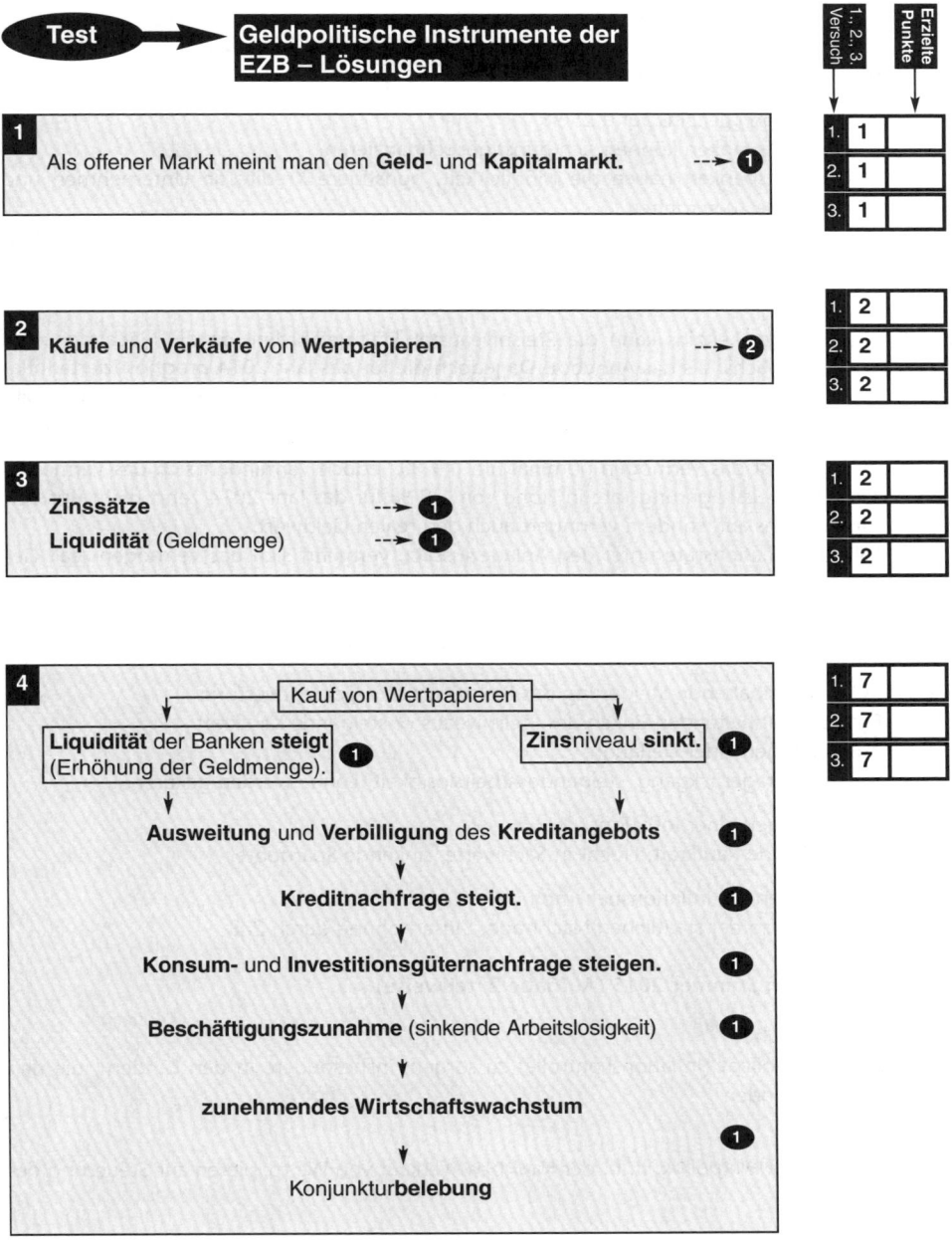

5.4 Prüfungsaufgaben

Prüfungsaufgaben Winter 2014/2015 (Aufgabe 2, teilweise)

2.3.1 EZB senkt den Leitzins auf 0,25 %.
1. Geschäftsbanken können sich günstiger refinanzieren.
2. Geschäftsbanken haben die Möglichkeit, günstigere Kredite an Unternehmen und Haushalte zu vergeben.
3. Unternehmen investieren und Haushalte konsumieren mehr über die Kreditaufnahme.
4. Durch höhere Investitions- und Konsumnachfrage steigen Produktion und Absatz (Konjunkturförderung).

2.3.2 Ein niedriger Leitzins kann die Preisniveaustabilität gefährden, da die Nachfrage evtl. schneller wächst als das Angebot. Da jedoch die für das Jahr 2014 prognostizierte Inflationsrate laut der Wirtschaftsforschungsinstitute 1,9 % beträgt, ist die Preisniveaustabilität durch die Senkung des Leitzinssatzes in diesem Fall voraussichtlich nicht gefährdet.

2.4 Zwar wächst das Vermögen nominal um 0,9 %. Jedoch vermindert sich das Vermögen real. Die Preissteigerungsrate in Höhe von 1,9 % für das Jahr 2014 zehrt nicht nur den Zinszuwachs auf, sondern verringert auch den realen Geldwert.
Fällt die Inflationsrate unter den Anlagezinssatz, vermehrt sich das Vermögen real. Gebühren bleiben unberücksichtigt.

Prüfungsaufgaben Winter 2014/2015 (Aufgabe 2, teilweise)

2.1 Inflation: anhaltende Steigerung des Preisniveaus → Geldentwertung
Deflation: anhaltendes Sinken des Preisniveaus → steigende Kaufkraft

2.2 Auswirkungen einer Deflation:
z. B. Nachfragerückgang, steigende Arbeitslosigkeit, Löhne werden gekürzt

Auswirkungen einer Inflation:
z. B. sinkende Kaufkraft, Flucht in Sachwerte, sinkende Sparquote

Maßnahmen zur Inflationsbekämpfung:
z. B. Senkung der staatlichen Nachfrage, Zinserhöhung durch EZB

Prüfungsaufgaben Sommer 2015 (Aufgabe 2, teilweise)

2.4 Hauptaufgabe:
für Preisstabilität (Inflationskontrolle) zu sorgen, insbesondere in den Ländern, die den Euro verwenden

Instrument:
z. B. Offenmarktpolitik, d. h. der Kauf bzw. Verkauf von Wertpapieren zur Steuerung der Geldmenge

Auswirkungen Kletter Hans e. K.:
Die Auswirkungen auf das Unternehmen können vielseitig sein. Das Unternehmen kann z. B. zu günstigen Konditionen Fremdkapital aufnehmen und so unterschiedliche Investitionen tätigen, z. B. Renovierungen, Erweiterungen.

6 Europäische Integration, Globalisierung, Freihandel, Protektionismus, WTO

6.5 Aufgaben

1. Es existieren keine Grenzen für Menschen, Waren, Dienstleistungen und Kapital.

2. Eine WWU verlangt zusätzlich zum Binnenmarkt: Abstimmung der Wirtschaftspolitik, unabhängige europäische Zentralbank mit einheitlicher Geldpolitik, einheitliche Währung.

3. Vgl. Stofftelegramm.

4. • Bis 01.01.1999 sollte die Europäische Wirtschafts- und Währungsunion errichtet werden.
   • Nennung der Voraussetzungen für Aufnahme in die EWWU (Konvergenzkriterien, vgl. 7.)
   • Drei-Stufen-Plan (vgl. 5.)

5. 1. Stufe (1990–93):
   • Liberalisierung Kapitalverkehr
   • Realisierung des europäischen Binnenmarktes

   2. Stufe (1994–98):
   • Annäherung (Konvergenz) in Wirtschafts-, Finanz- und Geldpolitik; best. Konvergenzkriterien (vgl. 7.) müssen von jedem Land erfüllt werden zwecks Aufnahme in die EWWU.
   • keine Finanzierung öffentlicher Haushalte durch Notenbanken
   • Überführung der nationalen Notenbanken in die Unabhängigkeit
   • Entscheidung über den Beginn der EWWU und die Teilnehmer
   • Errichtung des Europäischen Systems der Zentralbanken (ESZB)

   3. Stufe (1999–02):
   • Start der Währungsunion am 01.01.1999
   • Festlegung der Wechselkurse der Teilnehmerwährungen
   • einheitliche Geldpolitik durch das Europ. Zentralbanksystem
   • Noten-/Münzausgabe in Euro

6. Annäherung der einzelnen Teilnehmerländer hinsichtlich Preisniveaustabilität, stabile Staatsfinanzen, stabile Wechselkurse und Zinsniveau

7. • Stabiles Preisniveau: Inflat.rate max. 1,5 % über Durchschnitt der 3 stabilsten Länder
   • Gesunde Staatsfinanzen: jährl. Neuverschuldung max. 3 % des Bruttoinlandsprodukts sowie Staatsschulden insgesamt max. 60 % des BIP
   • Stabile Wechselkurse: mind. zwei Jahre EWS-Teilnahme ohne große Kursschwankung
   • Angemess. Zinsniveau: durchschnittl. lfr. Zinssatz 1997 max. 2 % über dem Satz der drei preisstabilsten Länder

8. a) Die Konvergenzkriterien sollen nicht nur zu einem bestimmten Stichtag erreicht sondern auch nach Aufnahme in die EWU erfüllt werden.

   b) Im schlimmsten Falle drohen bei Nichteinhaltung der Kriterien Geldbußen.

9. Vgl. Stofftelegramm (Vor-, Nachteile).

10. Vorteile: Erreichung einer stabilen gesamtwirtschaftlichen Lage (Preisniveaustabilität, gesunde Staatsfinanzen, stabile Wechselkurse, angemessenes Zinsniveau)

    Nachteile: In einer Konjunkturflaute bewirkt das Anstreben von Konvergenzkriterien eine Verschärfung der Situation: Verhinderung konjunkturfördernder Staatsausgaben und Steuersenkungen → Aufschwung evtl. verhindert.

11. Vgl. 10. (Nachteile).   12. Vgl. Stofftelegramm.

6.6 Prüfungsaufgaben

Prüfungsaufgaben Sommer 2014 (Aufgabe 2, teilweise)

2.4.1 Verzahnung der Weltwirtschaft zu einem Weltmarkt (oder ähnliche Erklärungen)

2.4.2 Für den Verbraucher: größeres und günstigeres Angebot, Waren aus aller Welt

Für den Arbeitsmarkt: mehr Konkurrenz auf dem Arbeitsmarkt, Arbeitskräfte aus dem europäischen Ausland kommen nach Deutschland, Unternehmen verlegen Produktion in Billiglohnländer

Für den Einzelhandel: Unternehmen müssen sich international ausrichten, neue Märkte können erschlossen werden.

Kompetenzbereich IV:
Entscheidungen im Rahmen einer beruflichen Selbstständigkeit treffen

1 Berufliche Selbstständigkeit
1.1 Anforderungen

1.
   - Unabhängigkeit von einem Arbeitgeber: eigener Chef sein
   - Selbstverwirklichung: eigene Ideen umsetzen
   - bessere Vereinbarkeit von Familie, Beruf, Freizeit
   - zusätzliche Verdienstmöglichkeiten
   - Rückkehr ins Arbeitsleben: Alternative zur Arbeitslosigkeit

2. Siehe Schaubild Stofftelegramm.

3. **Kompetenzen eines Unternehmers:**
   - fachliche Qualifikation
   - Marketingkompetenz (Marktkenntnisse, Kundenorientierung)
   - kaufmännische Qualitäten (Kalkulation, Buchführung, wirtschaftliches Denken)
   - Erfahrung (bei Gründungen achten Kapitalgeber auf die berufliche Erfahrung)

4. **Vorteile:**
   - Verwirklichung eigener Ideen und Ziele
   - Entscheidung selbst treffen (keine Vorgesetzten)
   - gesellschaftliches Ansehen durch Erfolg
   - hohes Einkommen möglich
   - Gewinn für eigene Leistung selbst ernten
   - hoher Grad an persönlicher Freiheit
   - unabhängig sein
   - höhere Motivation zu arbeiten
   - selbstgewählte Arbeitszeiten, dadurch sind Beruf und Privatleben besser verbindbar
   - Arbeitsumfeld wie Team, Ort etc. selbst gestaltbar

   Nachteile:
   - Einkommen hängt von der Auftragslage ab (kein festes Einkommen).
   - finanzielles Risiko (oft haftet der Selbstständige mit Privatvermögen)
   - oft hohe Arbeitsbelastung (üblich arbeiten Selbstständige 50–60 Stunden die Woche)
   - keine soziale Absicherung (Rente, Arbeitsunfähigkeit, Krankenversicherung nur mit eigener Vorsorge)
   - eventuell Aufgabe eines guten Angestelltenverhältnisses

1.2.1 Beratung

1. ortansässige IHK oder HWK

2. Mit den Beratungsgutscheinen können Gründerinnen und Gründer eine kostengünstige Gründungsberatung durch eine Expertin oder einen Experten in Anspruch nehmen (www.gruendung-bw.de).

1.2.2 Förderung und Finanzhilfen

1. Die L-Bank übernimmt Bürgschaften für Kredite, die Banken und Sparkassen an mittelständische Unternehmen vergeben (www.l-bank.de).

2. **Mikrofinanzierung:** In Deutschland werden die Mikrokredite aus dem Mikrokreditfonds Deutschland vergeben. Dieser wurde 2010 vom Bundesministerium für Arbeit und Soziales aufgelegt. Hier können auch nicht bankenübliche Sicherheiten individuell und flexibel vereinbart werden.
Darlehensgrößen von 1.000,00 EUR bis maximal 20.000,00 EUR

Darlehen über Bürgschaften: Die Bürgschaft ist für die Bank eine Sicherheit. Mithilfe der Bürgschaft sichert sich der Gläubiger, i. d. R. eine Bank, für den Fall einer Zahlungsunfähigkeit seines Schuldners dadurch ab, dass der Bürge die Schulden übernehmen muss (Bürgschaftsvertrag).

Wagniskapital: Beteiligungskapital von privaten Investoren (Risikokapital)

Ziel: Verbesserung der Finanzierungsbedingungen junger, innovativer Unternehmen

1.3 Businessplan

1. Vgl. Stofftelegramm.

2. tabellarischer Lebenslauf, Übersicht der Sicherheiten, evtl. Miet- oder Pachtvertrag usw.

3. Adressaten eines Businessplans sind vor allem Kreditgeber, z. B. Banken.

2 Standortfaktoren

2.3 Aufgaben

1. a) örtliche Lage eines Betriebes

   b) • Lieferantennähe • Absatzmarkt • Verkehrswege
      • Arbeitsmarkt • Infrastruktur • Konkurrenz

2. Infrastruktur = Gesamtheit aller öffentlichen und wirtschaftlichen Einrichtungen eines Wirtschaftsraumes, z. B. Schulen, Krankenhäuser, Sportplätze, Verkehrseinrichtungen ...

   Bedeutung der Infrastruktur für die Standortwahl: Arbeitskräfte leichter beschaffbar, weniger Fluktuation bei guter Infrastruktur, Kosteneinsparungen bei guten Verkehrsverbindungen ...

3. a) Arbeitskräfte: nach quantitativen und qualitativen Aspekten
      Lohnkosten: möglichst niedrig, da arbeitsintensive Produktion
      Kundennähe: insbes. auch beim Service kurze Wege zum Kunden
      Infrastruktur: Verkehrsanbindung ...

   b) Alternativlösungen möglich

Faktor Ort	Prag	Pirna	Saarbrücken
Arbeitskräfte	8	9	7
Infrastruktur	3	6	10
Kundennähe	6	10	1
Lohnkosten	10	7	4
Summe	27	32	22

2.4 Prüfungsaufgaben

Prüfungsaufgaben Winter 2010/2011 (Aufgabe 1, teilweise)

1.1 geringere Frachtkosten, geringere Lohnkosten, geringere Abhängigkeit von Wechselkursschwankungen, mehr Kundennähe und somit mehr Absatz

1.2 Arbeitsplatzverlust → sinkende Steuereinnahmen/steigende Sozialausgaben (z. B. Arbeitslosengeld)

   sinkende Kaufkraft → Verlust von Arbeitsplätzen in anderen Branchen

1.3 strenge Umweltauflagen wie Immissionsschutzgesetz oder Naturschutzauflagen, Kündigungsschutz z. B. für langjährige Mitarbeiter, Bürokratie (Bauauflagen usw.)

1.4 • mangelndes Qualitätsbewusstsein der ausländischen Mitarbeiter
    • unsichere rechtliche Rahmenbedingungen im Partnerland
    • lange Einarbeitungszeiten der Mitarbeiter
    • lange Transportwege, hohe Fluktuation der Mitarbeiter

3 Rechtsformen der Unternehmung
3.1 Kaufmann – Handelsregister – Firma

Kaufmann im Sinne des HGB
1. für Kaufleute nach HGB
2. Gewerbetr. mit kfm. Geschäftsbetrieb:
   - Kaufleute nach HGB, Eintragungspflicht
   - HR-Eintrag ist deklaratorisch

   Gewerbetr. ohne kfm. Geschäftsbetrieb:
   - Kannkaufleute, Eintragungswahlrecht
   - Falls HR-Eintrag: Eintrag ist konstitutiv, sie werden Kaufleute nach HGB.
   - Falls kein HR-Eintrag: Nichtkaufleute
3. - kein HR-Eintrag
   - keine Firma (Bei Tod des Inhabers bzw. Verpachtung darf der Name nicht weitergeführt werden.)
   - vereinfachte Aufzeichn.pflichten (keine Inventar-, Bilanzerstellung, keine Handelsbücher)
   - Prokuraerteilung ist nicht möglich.
   - OHG, KG sind nicht möglich (lediglich BGB-Gesellschaft erlaubt).
   - Bürgschaftserklärungen nur schriftlich
   - Prüfungs- und Rügefrist bei Lieferungen: innerhalb sechs Monaten nach Lieferung
4. - alle Kapitalgesellschaften
   - alle Gewerbetreibende mit kaufmännischem Geschäftsbetrieb
5. - Formkaufleute: Eintrag konstitutiv
   - Sonst. Gewerbetreib. mit kfm. G.: Eintrag deklaratorisch
6. - Mitarbeiterzahl
   - Umsatz
   - Größe der Räume
   - Zahl der Zweigniederlassungen
   - Höhe der Forderungen
   - Art der Geschäftsabwicklung
   - Teilnahme am Kreditverkehr
   - Vermögen
7. Kannkaufmann:
   - kann sich ins HR eintragen lassen
   - Beispiele: Gewerbetreibende ohne kaufmännischen Geschäftsbetrieb, Land- und Forstwirte

   Formkaufmann:
   - muss sich ins Handelsregister eintragen lassen
   - alle Kapitalgesellschaften (GmbH, AG)
8. Nein. Kaufmann i. S. des HGB ist hier die GmbH (Formkaufmann).
9. Gewerbetreibende ohne kaufmännischen Geschäftsbetrieb, die nicht im HR eingetragen sind (Nichtkaufleute)
10. - volle Buchführungspflichten → höhere Kosten
    - unverzügliche Prüfungs- und Rügepflichten
11. a) Kaufmann nach HGB
    b) Kaufmann nach HGB
    c) kein Kaufmann i. S. des HGB (kein Gewerbebetrieb, sondern freier Beruf)
    d) Kannkaufmann; bei HR-Eintrag Kaufmann nach HGB; kein HR-Eintrag: Nichtkaufmann
    e) Formkaufmann, Kaufmann nach HGB
    f) Kannkaufmann, bei HR-Eintrag Kaufmann nach HGB; kein HR-Eintrag: Nichtkaufmann

WiSo (Gesamtwirtschaft): Rechtsformen der Unternehmung

g) Kaufmann nach HGB („e. K."!)
h) Kaufmann nach HGB („e. K."!)
i) Formkaufmann, Kaufmann nach HGB
j) kein Kaufmann i. S. des HGB

Handelsregister – Firma

1. öffentliches Verzeichnis aller Kaufleute nach HGB des Amtsgerichtsbezirks

2. Amtsgericht (speziell: Registergericht)

3. Firma, Inhaber, Kapital, Geschäftssitz, Gegenstand des Unternehmens, Geschäftsführer, Vorstände, Prokura

4. jeder

5. durch rotes Unterstreichen

6. Veröffentlichung im Bundesanzeiger und einer örtlichen Tageszeitung

7. - Informationsquelle für jeden über wichtige Tatsachen (Gesellschafter, Kapitalverhältnisse ...) von Kaufleuten nach HGB
   - Schaffung klarer Rechtsgrundlagen

8. - Banken (Klärung Rechtsverhältnisse vor Kreditvergabe)
   - Lieferanten (Klärung der Vertretungsbefugnisse)
   - Rechtsanwälte (Klärung der Vertretungsbefugnisse)
   - Krankenkassen, Detekteien, Notariate

9. **Abteilung A:** Einzelunternehmen und Personengesellschaften
   Abteilung B: Kapitalgesellschaften

10. Eingetragene und bekannt gemachte Tatsachen muss jeder gegen sich gelten lassen (§ 15 Abs. 2 HGB).

11. **Deklaratorisch (rechtsbezeugend):** Die Tatsachen waren schon vor ihrer Eintragung rechtswirksam (z. B. Prokura, Beginn der Einzelunternehmung, OHG, KG).
    Konstitutiv (rechtserzeugend): Die Tatsache wird erst durch die Eintragung rechtswirksam (z. B. Gründung Kapitalgesellschaft, Kannkaufleute).

12. Richtig sind: b – e – g – j

13./14. Vgl. Stofftelegramm.

15. a) Sachfirma   b + f) Mischfirma   c + e) Personenfirma   d) Fantasiefirma

16. - Einwilligung der bisherigen Inhaberin
    - Die Firma muss weiterhin als Modegeschäft betrieben werden.

17. Nein; Verstoß gegen Grundsatz der Firmenunterscheidbarkeit (Verwechslungsgefahr). Es muss eine andere Firma gewählt werden, die sich zumindest durch einen Zusatz von der bereits bestehenden Firma unterscheidet.

18. Nein; Verstoß gegen Irreführungsverbot; die Firma muss geändert werden.

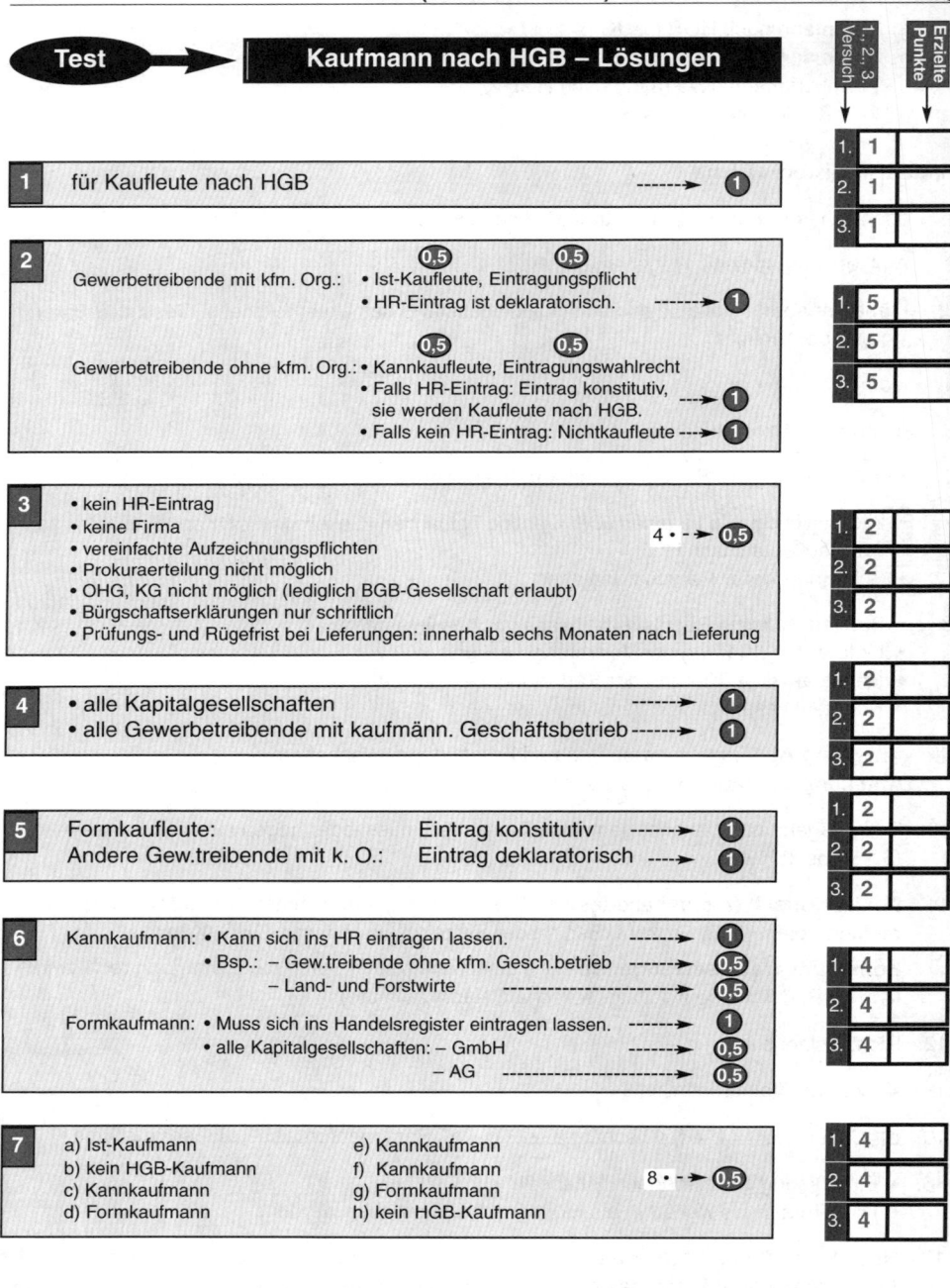

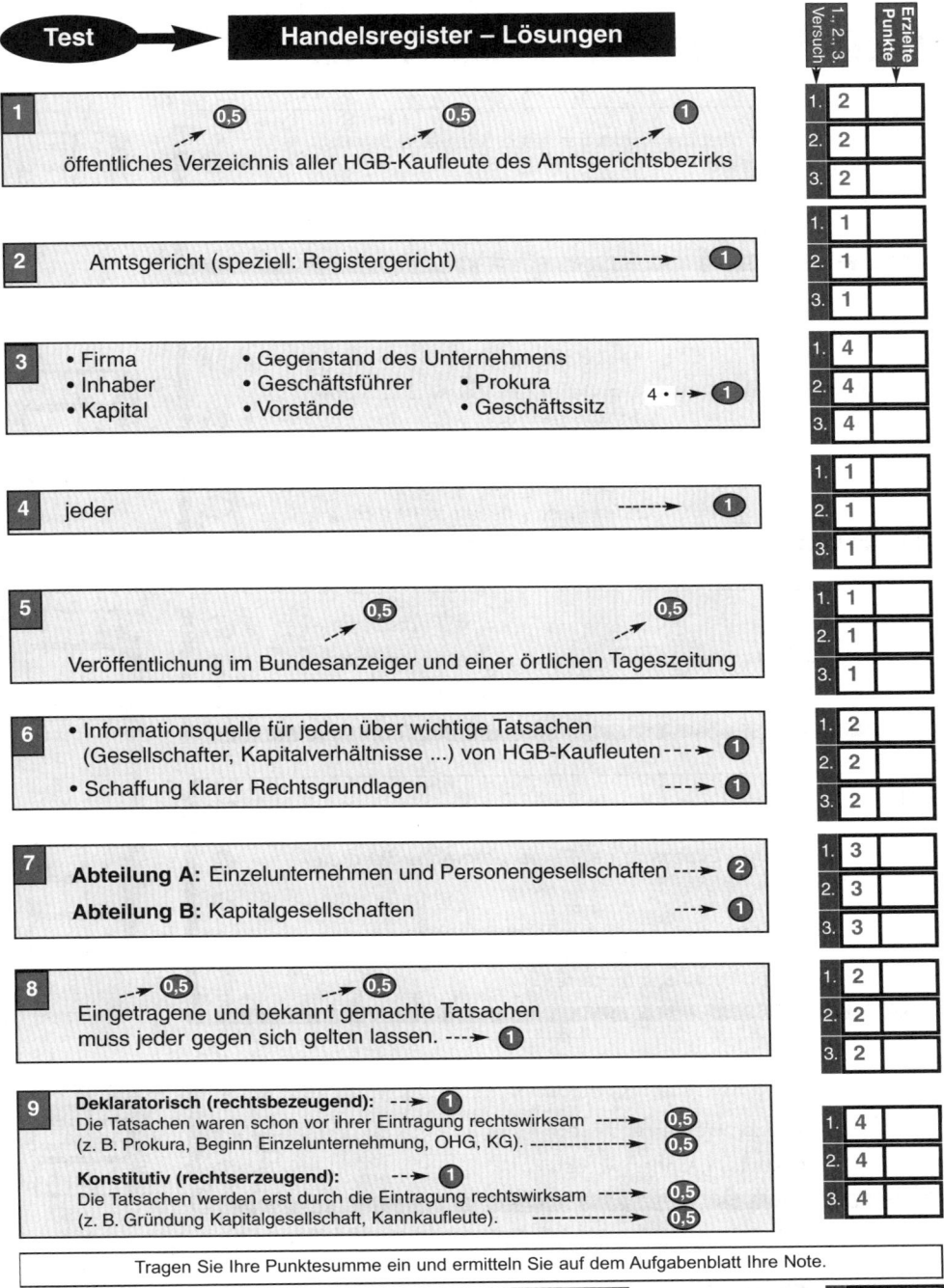

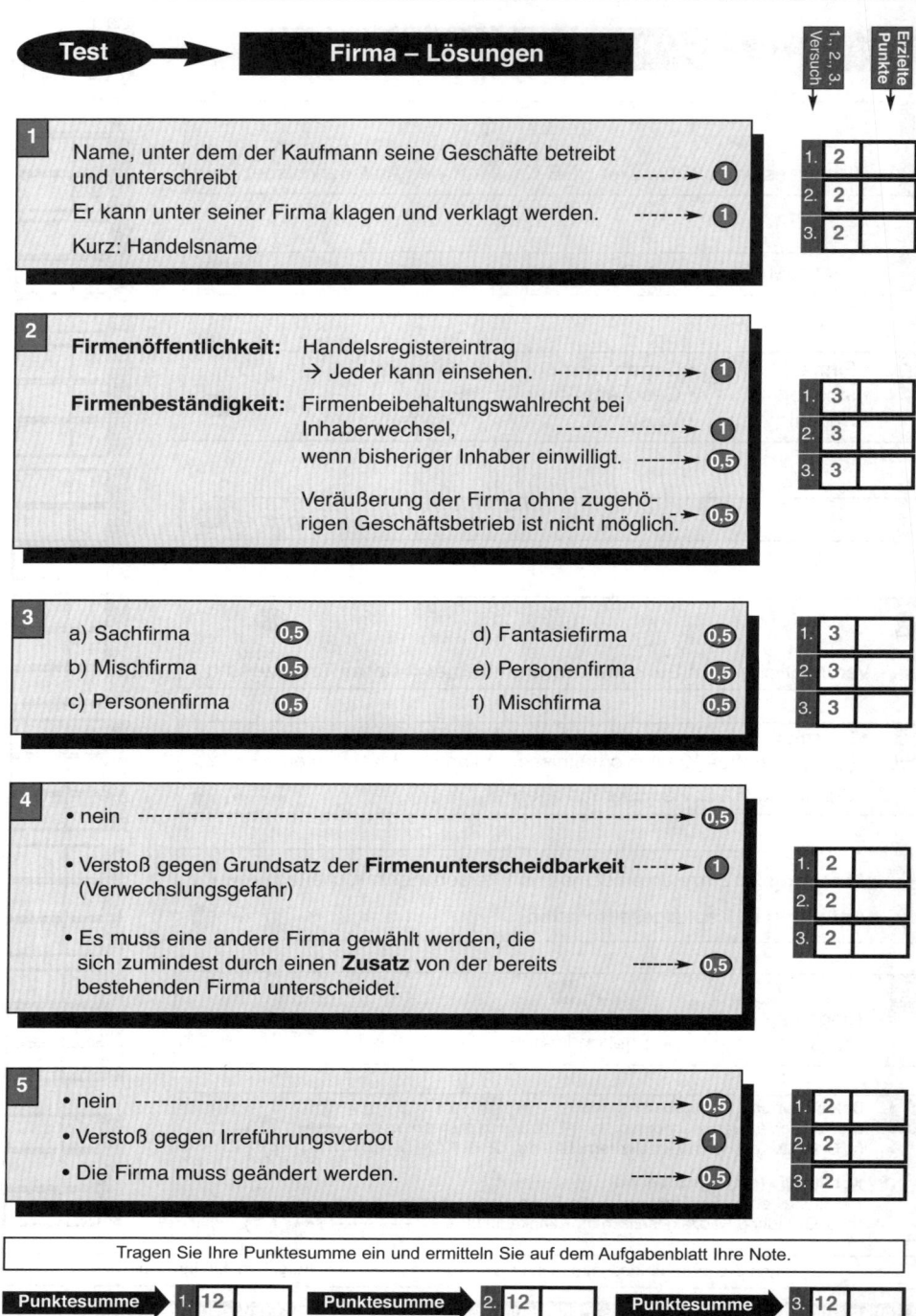

3.3 Einzel- oder Gesellschaftsunternehmung

1. Knut Säusel e. K., Säusel e. K. ...

2. unbeschränkt (Privat- und Geschäftsvermögen haften)

3–5. Vgl. Stofftelegramm.

3.4 Die Kommanditgesellschaft (KG)

1. formfrei möglich, meist aus Beweisgründen jedoch schriftlich

2. b – d – e – f; Begründung: Der Zusatz „KG" ist zwingend.

3. a) Nein; der Zusatz muss „KG" lauten. Der Firmenkern kann beibehalten werden.

   b) Nein; dies wäre eine Täuschung Dritter. Die Haftungsverschlechterung muss ersichtlich werden. Firmenwahrheit! Zusatz also z. B. „e. K.", „e. Kfm." ...

   c) Nein (vgl. b); nur erlaubt, wenn nach Ausscheiden von Schnuff noch mindestens drei Gesellschafter da wären und Schnuff der Beibehaltung seines Namens zustimmt (§ 24 Abs. 2 HGB).

   d) Ja, wenn Schnorr einwilligt (§ 24 Abs. 2 HGB).

4. a) **Unbeschränkt:** Haftung mit Kapitalanteil und Privatvermögen

   Unmittelbar (direkt): Jeder Gläubiger kann sich unmittelbar an einen Komplementär halten. Der Komplementär hat keine „Einrede der Vorausklage" gegen die Gesellschaft, jedoch einen Ausgleichsanspruch gegenüber den anderen Komplementären.

   Gesamtschuldnerisch (solidarisch): Alle Komplementäre haften für die gesamten Schulden der Gesellschaft.

   b) **Haftung:** betrifft Außenverhältnis (Haftung gegenüber Dritten)

   Verlustbeteiligung: betrifft Innenverhältnis (Verringerung des Kapitalanteils)

5. **Gewinnverteilung:** 4 % des Kapitals, Rest in angemessenem Verhältnis

   Verlustverteilung: Verteilung in angemessenem Verhältnis (Regelung im Gesellschaftsvertrag üblich); Kommanditist ist am Verlust nur bis zum Betrag seines Kapitalanteils und seiner noch ausstehenden Einlage beteiligt.

6. **Gesetzliches Wettbewerbsverbot:** Betr. nur Komplementäre; ohne Zustimmung der anderen Gesellschafter keine eigenen Geschäfte im Handelsgewerbebereich der KG und keine Beteiligung an einem gleichartigen Unternehmen als persönlich haftender Gesellschafter

Beispiele:
- Der Komplementär einer Maschinenfabrik darf nicht auf eigene Rechnung Maschinen verkaufen.
- keine Beteiligung als OHG-Gesellschafter oder Komplementär an einer anderen gleichartigen Gesellschaft

7. **Innenverhältnis (Geschäftsführung):**
Einzelgeschäftsführungsbefugnis nur für gewöhnliche Geschäfte; bei außergewöhnlichen Geschäften müssen alle Gesellschafter zustimmen (Gesamtgeschäftsführungsbefugnis). Da hier ein außergewöhnliches Geschäft vorliegt, hat B seine Kompetenzen überschritten und ist ggf. den anderen Gesellschaftern gegenüber schadenersatzpflichtig.

Außenverhältnis (Vertretung):
Einzelvertretungsbefugnis für alle gewöhnlichen und außergewöhnlichen Geschäfte; der Kaufvertrag ist also gültig.

8. Ja; Kaufvertrag gültig; der Umfang der Vertretungsmacht ist unbeschränkbar. Dies gilt auch, wenn ein Dritter von der Beschränkung wusste (§ 126 Abs. 2 HGB).
Im Innenverhältnis können jedoch B und C von A ggf. Schadenersatz verlangen.

9. a) Anmeldung dieses Ausschlusses von sämtlichen Gesellschaftern zur Eintragung ins Handelsregister (§ 125 Abs. 4 HGB)

   b) Vereinbarung einer Gesamtvertretung (§ 125 Abs. 2 HGB) oder Vertretung zusammen mit einem Prokuristen (§ 125 Abs. 3 HGB)

   c) Beschränkung des Umfangs der Vertretungsmacht (§ 126 Abs. 2 HGB)

10. Innenverhältnis: Beginn 20.05., somit ist die Handlung rechtswirksam.

    Außenverhältnis: Beginn der KG am 30.05. mit dem ersten Geschäft (HR-Eintrag = deklaratorisch); Kaufvertrag für die KG ist gültig (Schutz Dritter).

11. a) Ja; Eintritt in bisherige Einzelunternehmung (§ 28 HGB)

    b) Gemäß § 28 HGB kann Neu die Haftung für alte Schulden ausschließen durch
    - Handelsregistereintrag nebst Bekanntmachung oder
    - Mitteilung an Dritte durch einen Gesellschafter.

    c) Ein Haftungsausschluss für alte Schulden ist im Außenverhältnis bei Eintritt in eine bereits bestehende KG nicht möglich. Nur im Innenverhältnis ist Vereinbarung möglich.

12. a) sechs Monate auf Geschäftsjahresende (§ 132 HGB)

    b) Haftung weitere fünf Jahre für die beim Austritt vorhandenen Verbindlichkeiten (§ 159 HGB)

13. a) 31.12.02; Kündigungsfrist sechs Monate auf Geschäftsjahresende

    b) Ja; Haftung weitere fünf Jahre für die bei seinem Austritt bestehenden Verbindlichkeiten; unmittelbare Haftung

14. Nein; wegen Haftungsverschlechterung wäre Dritter getäuscht. Zusatz also z. B. „e. K.".

15. Vorschlag A: Rechtsgültig; Gesamtvertretung; Voraussetzung: von allen Gesellschaftern zur Eintragung ins HR anzumelden

    Vorschlag B: Im Außenverhältnis nicht gültig, da eine Beschränkung des Umfangs der Vertretungsmacht nicht erlaubt ist.

16. Innenverhältnis: Nicht gültig, da bei außergewöhnlichen Geschäften die Zustimmung der anderen Gesellschafter notwendig ist (Einzelgeschäftsführungsbefugnis nur bei gewöhnlichen Geschäften).

    Außenverhältnis: Gültig, da
    - Einzelvertretungsbefugnis bei gewöhnlichen und außergewöhnlichen Geschäften,
    - HR-Eintrag = deklaratorisch (Beginn KG mit 1. Geschäft).

17. Nein; mögliche Privatentnahmen: 4 % von 300.000,00 EUR (Anfangskapital) = 12.000,00 EUR

18. a) Notarielle Beurkundung, da Gebäude eingebracht werden.

    b) Nein; Zusatz „KG" erforderlich; der Firmenkern kann beibehalten werden.

    c) Ja, da im HGB keine bestimmte Kapitaleinlage gefordert wird.

    d) Innenverhältnis: 01.01.03; Außenverhältnis: 10.01.03 bzw. bei erstem Geschäft

    e) Eifer muss zahlen (unmittelbare Haftung). Im Innenverhältnis hat er Ausgleichsanspruch.

19. - Rechte Komplementäre: Geschäftsführung, Vertretung, Gewinnanteil, Privatentnahmen, Kündigung ...

    - Pflichten Komplementäre: Leistung, Kapitaleinlage, Geschäftsführung, Wettbewerbsenthaltung, Verlustbeteiligung ...

    - Rechte Kommanditisten: Widerspruchsrecht bei außergew. Geschäften, Kündigung

    - Pflichten Kommanditisten: Kapitaleinlage, Haftung bis Höhe der Einlage, Verlustbeteiligung

20. Innenverhältnis: Außergewöhnliches Geschäft, Stoll muss folglich zustimmen (§ 116 Abs. 2 HGB). Filz und Milz können widersprechen (§ 164 HGB).

    Außenverhältnis: Kaufvertrag ist rechtsgültig, da Komplementär auch bei außergewöhnlichen Rechtsgeschäften Einzelvertretungsmacht hat (§ 126 HGB).

21. Kommanditist haftet wie Vollhafter bis HR-Eintrag (§ 176 Abs. 2 HGB).

22. Bei Neubeginn der KG, solange der HR-Eintrag noch nicht erfolgt ist (§ 176 Abs. 1 HGB).

23. Nein; Kommanditisten haben kein Vertretungsrecht (§ 170 HGB).

24. Innenverhältnis: Frei gestaltbar; somit kann ein Kommanditist durch vertragliche Vereinbarung Geschäftsführungsrechte erhalten.

    Außenverhältnis: Vertretungsrecht für den Kommanditisten nicht möglich (§ 170 HGB); er könnte jedoch im Rahmen eines Angestelltenverhältnisses zum Prokuristen oder Handlungsbevollmächtigten ernannt werden, wodurch er mehr oder weniger weitgehende Vertretungsmacht erhält.

25. Der Kommanditist haftet in Höhe seiner noch nicht eingezahlten Einlage unmittelbar. K. muss daher 30.000,00 EUR an G. zahlen.

26. Bei voll eingezahlter Kommanditeinlage: Gewinnanteil wird bis zur Auszahlung als Sonst. Verbindlichkeit behandelt. Der Kapitalanteil bleibt somit unverändert.

    Bei noch nicht voll eingezahlter Kommanditeinlage: Gewinnanteil erhöht den Kapitalanteil insofern, als die Position „Nicht eingezahltes Kommanditkapital" allmählich aufgelöst wird.

27. Ja; unmittelbare Haftung in Höhe der noch nicht eingezahlten Einlage auch für alte Schulden der KG

28. a) • Kommanditisten ohne wesentlichen Einfluss auf Geschäftsführung
    • weniger Kontrollrechte der Kommanditisten – weniger Gewinnanteil für Kommanditisten
    • jederzeitige Kapitalbeschaffung durch Aufnahme weiterer Kommanditisten möglich

    b) Hans Motte KG; Motte & Co. KG

    c) Innenverhältnis: 31.01. (Unterzeichnung des Gesellschaftsvertrags)

       Außenverhältnis: mit Aufnahme des Geschäftsbetriebs; HR-Eintrag deklaratorisch

    d) Vor HR-Eintrag: Rist haftet unbeschränkt.

       Nach HR-Eintrag: unmittelbare Haftung bis 50.000,00 EUR (nicht eingezahlte Kapitaleinlage)

    e) 1. Rist im Recht (Widerspruchsrecht der Kommanditisten bei außergewöhnl. Geschäften)

       2. Rist darf gleichzeitig Vollhafter bei anderer Unternehmung sein. Gesetzliches Wettbewerbsverbot gilt nicht für Kommanditisten.

       3. Kündigung unwirksam (Kündigungsfrist sechs Monate auf Geschäftsjahresende)

29. § 167 Abs. 3 HGB: bis zum Betrag seines Kapitalanteils und seiner rückständigen Einlage

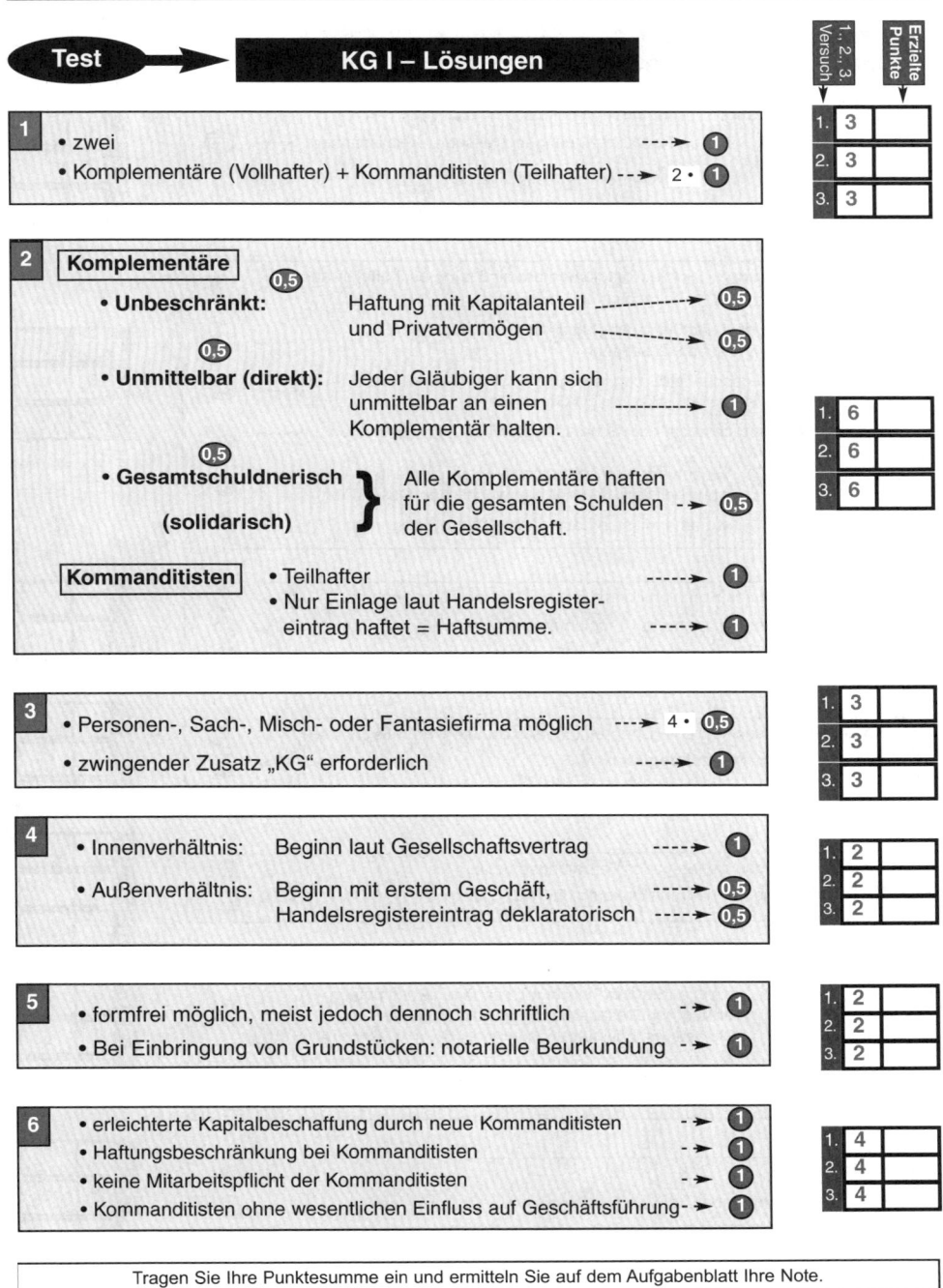

WiSo (Gesamtwirtschaft): Rechtsformen der Unternehmung

Test → KG II – Lösungen

	1., 2., 3. Versuch	Erzielte Punkte

1 **Geschäftsführung:** Betr. Innenverhältnis ---► (0,5)
= Rechtsbeziehungen zwischen Gesellschaftern ---► (0,5)
Vertretung: Betr. Außenverhältnis ---► (0,5)
= Rechtsbezieh. zwischen Ges'ern und Dritten ---► (0,5)

1. 2
2. 2
3. 2

2 **Geschäftsführung:**
- Alle Komplementäre sind zur Geschäftsführung berechtigt und verpflichtet. ---► (1)
- Einzelgeschäftsführungsbefugnis der Komplementäre bei gewöhnlichen Geschäften ---► (1)
- Gesamtgeschäftsführungsbefugnis der Komplementäre bei außergewöhnlichen (a. g.) Geschäften ---► (1)
- Widerspruchsrecht der Kommanditisten bei a. g. Geschäften ---► (1)

Vertretung:
- Einzelvertretungsbefugnis der Komplementäre bei gewöhnlichen und außergewöhnlichen Geschäften ---► (1)
- Kommanditisten haben keine Vertretungsmacht. ---► (1)

1. 6
2. 6
3. 6

3
1. Ausschluss eines Komplementärs von der Vertretung insgesamt ---► (1)
2. Gesamtvertretung: mehrere Komplementäre vertreten gemeinsam ---► (1)
3. Vertretung nur zusammen mit einem Prokuristen ---► (1)

1. 3
2. 3
3. 3

4 Anmeldung dieser Vertretungsbegrenzungen **von allen Gesellschaftern** ---► (0,5)
zum **Eintrag ins Handelsregister** ---► (0,5)

1. 1
2. 1
3. 1

5 Beschränkung des Umfangs der Vertretungsmacht; ---► (1)
Bsp.: Komplementär darf nur Einkäufe tätigen. ---► (1)

1. 2
2. 2
3. 2

6 Innenverhältnis: Kompetenz überschritten, ---► (1)
da bei außergewöhnlichen Geschäften Zustimmung der anderen Gesellschafter notwendig ist ---► (1)
(Gesamtgeschäftsführungsbefugnis bei a. g. Geschäften).

Außenverhältnis: gültig, ---► (1)
da Einzelvertretungsrecht bei gewöhnl. + a. g. Geschäften ---► (1)

1. 4
2. 4
3. 4

7
- nein ---► (1)
- Kommanditisten haben kein Vertretungsrecht. ---► (1)

1. 2
2. 2
3. 2

Tragen Sie Ihre Punktesumme ein und ermitteln Sie auf dem Aufgabenblatt Ihre Note.

Punktesumme 1. 20   **Punktesumme** 2. 20   **Punktesumme** 3. 20

WiSo (Gesamtwirtschaft): Rechtsformen der Unternehmung

Test → KG III – Lösungen

1.
- keine eigenen Geschäfte im Bereich des Handelsgewerbes der KG ohne Zustimmung der anderen Gesellschafter → (1,5)
  Bsp.: Der Komplementär einer Getränkegroßhandlung verkauft privat auf eigene Rechnung Getränke. → (1,5)
- keine Beteiligung an gleichartigem Unternehmen als Vollhafter ohne Zustimmung der anderen Gesellschafter → (1)
  Bsp.: Vollhafter an einer anderen Getränkegroßhandlung → (1)

2.
- **Gewinnverteilung**:
  – 4 % d. Kapitals, Rest in angemess. Verhältnis (1)
  – andere Regelung im Gesellsch.vertrag üblich (1)
- **Verlustverteilung**:
  – Verteilung in angemessenem Verhältnis (1)
  – Der Kommanditist ist am Verlust nur bis zur Höhe seines Kapitalanteils beteiligt. (1)

3.
a) **Eintritt in bisherige Einzelunternehmung (EU):**
Neuer Vollhafter haftet auch für die Schulden der EU, die bei seinem Eintritt schon bestehen. → (1)
Ein Ausschluss dieser Haftung ist durch Handelsregistereintrag bzw. Mitteilung an alle Gläubiger möglich. → (2)

b) **Eintritt in bisherige OHG:**
Neuer Vollhafter haftet auch für Altschulden. → (1)
Ein Ausschluss dieser Haftung ist nicht möglich. → (1)

4. Haftung weitere fünf Jahre für die bei ihrem Austritt vorhandenen Schulden der KG → (1)

5. sechs Monate auf Geschäftsjahresende → (1)

6. Bei Neubeginn der KG, solange HR-Eintrag noch nicht erfolgt ist. → (2)

7. bis zum HR-Eintrag des Kommanditanteils Haftung wie Vollhafter, → (1)
danach beschränkte Haftung → (1)

Tragen Sie Ihre Punktesumme ein und ermitteln Sie auf dem Aufgabenblatt Ihre Note.

Punktesumme 1. 20   **Punktesumme** 2. 20   **Punktesumme** 3. 20

3.5 Die GmbH (einschließlich UG)

1. a) mit Handelsregistereintrag (konstitutiv)

   b) Haftung vor HR-Eintrag: unbeschränkt, unmittelbar, solidarisch (Vollhafter)
   Haftung nach HR-Eintrag: nur Gesellschaftsvermögen haftet (Haftung beschränkt)

   c) Geschäftsführer, Aufsichtsrat, Gesellschafterversammlung

2. a) A 20.000, B und C je 15.000 Stimmen (1,00 EUR Geschäftsanteil = 1 Stimme); § 47 GmbHG

   b) A: 20.000,00 EUR , B und C je 15.000,00 EUR

   c) Ja. Geschäftsführer können Gesellschafter oder andere Personen sein (§ 6 GmbHG).

   d) Ja. Geschäftsführer hat Vertretungsmacht für alle gewöhnlichen und außergewöhnlichen. Rechtsgeschäfte. Innenverhältnis: Geschäftsführungsbefugnis laut Satzung (§ 45 GmbHG)

   e) Gesamtvertretungsbefugnis; A und B müssen also unterzeichnen (§ 35 Abs. 2 GmbHG).

   f) Nein. Dies ist Aufgabe der Gesellschafter (§ 46 Nr. 7 GmbHG).

   g) Ja. Die Gewinnverteilung obliegt den Gesellschaftern (§ 46 Nr. 1 GmbHG).

   h) Nein. Notarielle Form bei der Übertragung notwendig (§ 15 Abs. 3 GmbHG).

3. **Stammkapital (= gezeichnetes Kapital):** Summe aller Geschäftsanteile. Mind. 25.000,00 EUR

   Geschäftsanteil:
   - vom Gesellschafter übernommener Anteil am Stammkapital
   - Nennbetrag des Geschäftsanteils muss auf volle EUR lauten.

4. a) **Gesamtvertretung:** Beide Gesellschafter sind nur gemeinsam zur Vertretung der Gesellschaft ermächtigt.

   Vorteile:
   - gegenseitige Kontrolle der Geschäftsführer
   - Entscheidungen gut durchdacht, da zweiseitige Zustimmung notwendig

   Nachteile:
   - Meinungsverschiedenheiten verhindern evtl. positive Entscheidungen.
   - Flexibilität bei schnell zu treffenden Entscheidungen begrenzt.

   b) Argumente **für** eine Umwandlung der GmbH in eine KG:
   - Publizitäts- und Prüfungspflichten entfallen.
   - steigende Kreditwürdigkeit
   - Die Bildung eines Aufsichtsrates entfällt.

   Argumente **gegen** eine Umwandlung der GmbH in eine KG:
   - mindestens ein Vollhafter notwendig
   - aufwendige Umwandlungsmaßnahmen notwendig (neuer Gesellschaftsvertrag; Handelsregistereintrag, Umstellungen in der Buchhaltung ...)

5. a) • Anlage des GmbH-Gesetzes (MoMiG)

   • Zusammenfassung von Gesellschaftsvertrag, Geschäftsführerbestellung und Gesellschafterliste in einem Dokument

   b) • maximal drei Gesellschafter
   • ein Geschäftsführer
   • Musterprotokoll darf nicht verändert werden.

   c) Vorteil: kostengünstiger (Vereinfachung)

   Nachteil: weniger Gestaltungsfreiheit

6. a) Sach-, Personen-, Misch- bzw. Fantasiefirma mit Zusatz mbH

   b) wie a), jedoch Zusatz Unternehmergesellschaft [UG] (haftungsbeschränkt)

7. Die UG muss jährlich 25 % des Jahresüberschusses in gesetzliche Rücklage einstellen, bis 25.000,00 EUR Stammkapital durch Kapitalerhöhung aus Gesellschaftsmitteln erreicht sind.

8. Vorteil: Gründung ist einfacher (schneller, kostengünstiger).

   Nachteil: geringere Kreditwürdigkeit → schwierigere Fremdfinanzierung

WiSo (Gesamtwirtschaft): Rechtsformen der Unternehmung

Test → GmbH I – Lösungen

	1., 2., 3. Versuch	Erzielte Punkte

1
Entstehung der GmbH mit Handelsregistereintrag → 1
Eintrag ist konstitutiv. → 1

1.	2	
2.	2	
3.	2	

2
a) Haftung vor Eintrag:
 • unbeschränkt → 0,5
 • unmittelbar → 0,5
 • solidarisch → 0,5
b) Haftung nach Eintrag: beschränkt → 1
 (nur Gesellschaftsvermögen haftet)

1.	2,5	
2.	2,5	
3.	2,5	

3
• Geschäftsführer → 1
• Aufsichtsrat → 1
• Gesellschafterversammlung → 1

1.	3	
2.	3	
3.	3	

4
Stammkapital:
 • = gezeichnetes Kapital → 1/2
 • = Gesamtbetrag aller Stammeinlagen → 1
 • mindestens 25.000,00 EUR → 1
Geschäftsanteil: • der von einem Gesellschafter → 1
 übernommene Anteil am Stammkapital
 • mindestens 1,00 EUR → 1

1.	4,5	
2.	4,5	
3.	4,5	

Tragen Sie Ihre Punktesumme ein und ermitteln Sie auf dem Aufgabenblatt Ihre Note.

Punktesumme → 1. 12   **Punktesumme** → 2. 12   **Punktesumme** → 3. 12

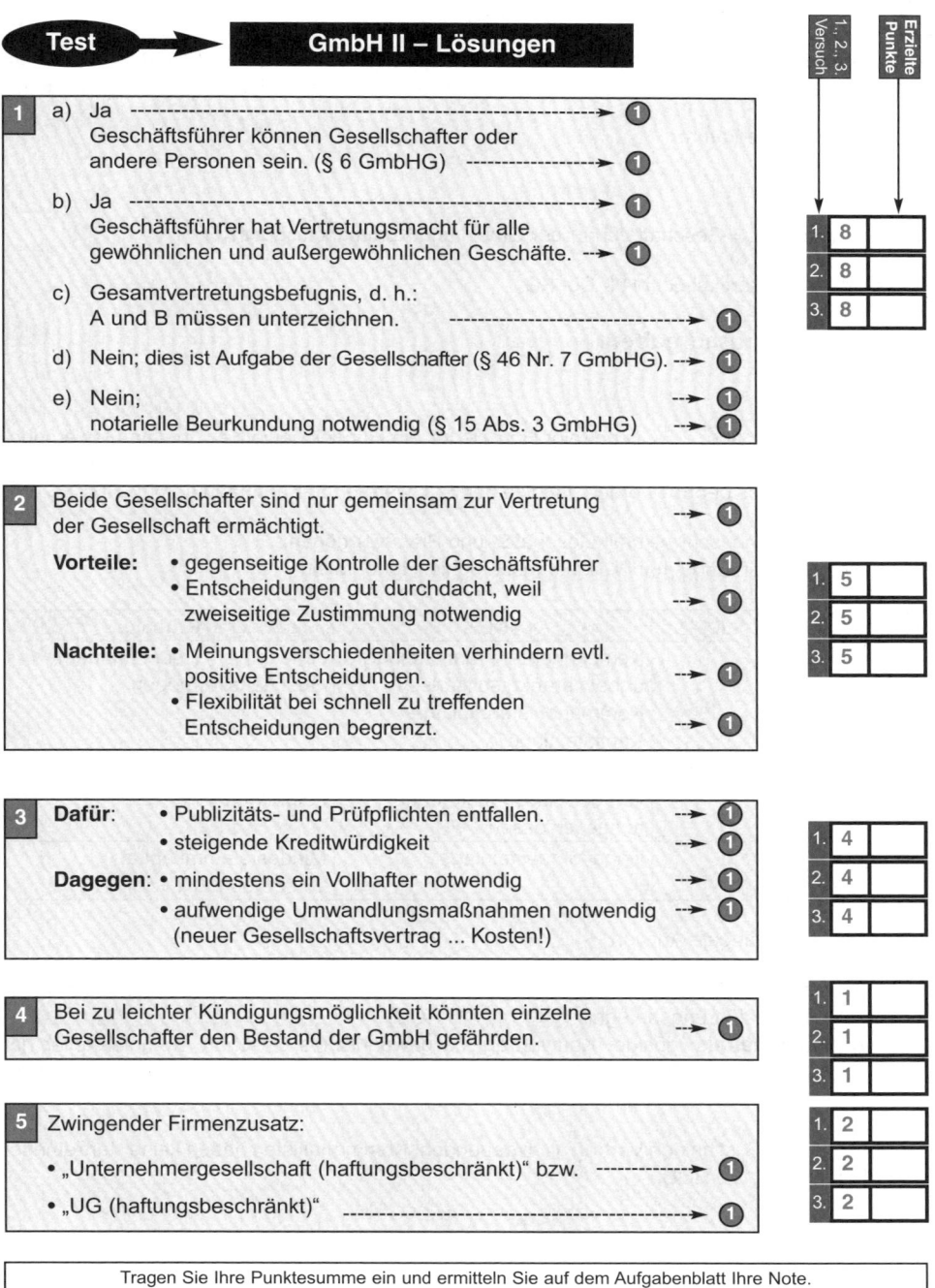

3.6 Die GmbH & Co. KG

1. • An KG sind beteiligt: Komplementär (hier GmbH) und Kommanditisten (natürliche Personen)
   • Keinerlei Privathaftung, da die GmbH als Vollhafter lediglich mit ihrem Stammkapital haftet.

2.–4. Vgl. Stofftelegramm.

5. a) ja

   b) Schmiedel = Geschäftsführer der GmbH und Kommanditist der KG

   c) z. B. Sportartikel GmbH & Co. KG

3.7 Prüfungsaufgaben

Prüfungsaufgabe A

1.1 Gemäß § 1 Abs. 2 HGB betreibt Herr Heuer ein Handelsgewerbe. Ob sein Gewerbebetrieb jedoch einen in kaufmännischer Art und Weise eingerichteten Geschäftsbetrieb erfordert, muss geprüft werden. Ist dies der Fall, wäre er Ist-Kaufmann gemäß HGB.

1.2 **Haftung:** unbeschränkt mit Geschäfts- und Privatvermögen.
Geschäftsführungs- und Vertretungsbefugnis: Heuer allein

2.1

Merkmale	KG	GmbH
Haftung	Komplementäre: unmittelbar, unbeschränkt, solidarisch Kommanditisten: mit ihrer Kapitaleinlage	Juristische Person: mit dem Geschäftsvermögen
Geschäftsführung	nur Komplementäre, falls nicht von der Geschäftsführung ausgeschlossen	Geschäftsführer: Gesellschafter oder Dritte
Kapitaleinlage	keine Mindesteinlage	Mindeststammkapital 25.000,00 EUR

2.2 Schülerabhängige Antwort

3.1 **Innenverhältnis:** gültiger Kaufvertrag, da gewöhnliches Geschäft, Komplementär hat Einzelgeschäftsführungsbefugnis (§§ 114, 116 HGB).
Außenverhältnis: gültiger Kaufvertrag, da gewöhnliches Geschäft, Komplementär hat Einzelvertretungsbefugnis, HR-Eintragung hat deklaratorische Wirkung, die KG beginnt mit ihrem ersten Geschäft (§§ 125, 126 HGB).

3.2 Nein, die KG ist an den Vertrag nicht gebunden. Kommanditisten haben keine Vertretungsbefugnis (§ 170 HGB).

3.3

Gesell-schafter	Kapital am Jahresan-fang	Privat-ent- nah-men	Vorweg-Abzug	Vordivi-dende 6 %	Restge-winnan-teil	Gesam-ter Gewinn-anteil	Kapital am Jahresen-de
Heuer	250.000,00	24.000,00	5.000,00	15.000,00	15.600,00	35.600,00	261.600,00
Kaufhold	120.000,00			7.200,00	5.200,00	12.400,00	120.000,00
Summe	370.000,00	24.000,00	5.000,00	22.200,00	20.800,00	48.000,00	381.600,00

4.1 **Firmierung:** Bezeichnung „GmbH" fehlt, zwingend nach § 4 GmbHG
Kapitalaufbringung: Nach § 7 Abs. 2 GmbHG muss bei Anmeldung ins Handelsregister auf jede Stammeinlage mindestens 25 % eingezahlt werden. Die notwendige Mindesteinzahlung ist bei Anke Heuer (25 % von 10.000,00 EUR = 2.500,00 EUR) mit 2.000,00 EUR nicht erfüllt.

4.2.1 Zum Zeitpunkt des Abschlusses des Kaufvertrages ist die GmbH noch nicht entstanden (konstitutive Wirkung des HR-Eintrages, § 11 Abs. 1 GmbHG). Handelndenhaftung nach § 11 Abs. 2 GmbHG nur durch Klaus Heuer, d. h., Frau Kaufhold muss nicht zahlen.

4.2.2 Frau Kaufhold muss nicht zahlen, da für Verbindlichkeiten der Gesellschaft den Gläubigern gegenüber nur das Gesellschaftsvermögen haftet (§ 13 Abs. 2 GmbHG).

4.2.3 GmbH muss nicht zahlen, da bei GmbH Gesamtgeschäftsführung und -vertretung gesetzlich vorgesehen ist (§ 35 Abs. 2 GmbHG) und der Gesellschaftsvertrag keine abweichende Regelung enthält. Die Gültigkeit des Kaufvertrages ist von der Zustimmung von Frau Kaufhold abhängig.

4.3 Marion Kaufhold besitzt nach § 47 Abs. 2 GmbHG 400 Stimmen (20.000,00 EUR : 50,00 EUR), das sind 40 % bei einer Gesamtzahl von 1.000 Stimmen.

- Nach § 47 Abs. 1 in Verbindung mit § 46 GmbHG (Aufgaben der Gesellschafterversammlung) erfolgt die Bestellung eines Prokuristen mit einfacher Mehrheit. Marion Kaufhold besitzt weniger als 50 % der Stimmen, sodass Helene Peters Prokuristin werden kann.

- Nach § 53 Abs. 2 in Verbindung mit § 3 GmbHG ist für eine Satzungsänderung eine 75%ige Mehrheit erforderlich. Frau Kaufhold besitzt 40 % der Stimmen und kann damit die Verlegung des Unternehmenssitzes verhindern.

Prüfungsaufgabe B

1.1 keine Zins- und Tilgungsverpflichtungen, keine Bonitätsprüfung, erweiterte Kreditbasis, größere Haftungsbasis, Eigenkapital steigt, geringere Abhängigkeit von der Bank u. a.

1.2 Ja, Grundsatz der Firmenbeständigkeit, aber Zusatz KG oder Kommanditgesellschaft zwingend vorgeschrieben (§ 19 HGB).

1.3 Frau Kahn muss der Zahlungsaufforderung Folge leisten, da sie ihre Einlage noch nicht vollständig geleistet hat. Sie haftet in Höhe von 300.000,00 EUR unmittelbar (§ 171 Abs. 1 HGB).

1.4
- Der Kauf der Aktien stellt ein außergewöhnliches Rechtsgeschäft dar. Frau Kahn hat ein Widerspruchsrecht (§ 164 HGB) im **Innenverhältnis**. Der Kauf müsste unterbleiben.
- Im **Außenverhältnis** ist der Aktienkauf rechtswirksam, da Herr Berg als Komplementär einzelvertretungsbefugt ist (§ 126 HGB).
- Im **Innenverhältnis** ist Herr Berg schadenersatzpflichtig, da er sich eigenmächtig über den Widerspruch von Frau Kahn hinweggesetzt hat.

1.5

Gewinnverteilungstabelle					
Gesellschafter	Kapitalanteil	EK-Verzinsung	Restgewinn	Gesamtgewinn
Herr Berg	1.800.000,00 EUR	108.000,00 EUR	(3) = 90.000,00 EUR	198.000,00 EUR
Frau Kahn	600.000,00 EUR	36.000,00 EUR	(1) = 30.000,00 EUR	66.000,00 EUR

Prüfungsaufgabe C

1.
- Aufnahme eines Fachmanns (Dipl.-Kfm. Bernhuber), dadurch Arbeitsentlastung
- Entscheidungen müssen nicht mehr allein getroffen werden.
- Aufnahme von Kommanditisten (Eigenkapital erhöht sich = Eigenfinanzierung) → verbessert Kreditwürdigkeit
- Es können problemlos weitere Kommanditisten als Kapitalgeber aufgenommen werden.
- Kommanditisten haben kein Geschäftsführungs- bzw. Vertretungsrecht.

2. Schriftform (Beweissicherheit)

3.1 Schulze & Bernhuber KG, FIGE KG; Zusatz „KG" zwingend

3.2 Name der Firma ist bereits eingeführt und daher der Kundschaft bekannt.

4.

Handelsregister – Abt. A – des Amtsgerichts Böblingen					HRA 55
Nr. der Eintragung	a) Firma b) Ort d. Niederlassung (Sitz d. Gesellschaft) c) Gegenstand d. Unternehmens (bei juristischen Personen)	Geschäftsinhaber pers. haftende Gesellschafter Geschäftsführer Abwickler	Prokura	Rechts-verhältnisse	a) Tag der Eintragung und Unterschrift b) Bemerkungen
1	2	3	4	5	6
1	a) Franz Schulze KG b) Böblingen	Franz Schulze, Böblingen Werner Bernhuber, Böblingen		Kommandit-gesellschaft Kommanditist Dr. Lengenfeld in Stuttgart mit einer Einlage von 500.000,00 EUR	a) 15.02.2002 b)
2					

5. Ja, da im HGB keine bestimmte Kapitaleinlage gefordert wird. Als Komplementär haftet er unbeschränkt, d. h. auch mit seinem Privatvermögen.

6. **§ 3: Gewinn-und-Verlust-Verteilung**

    § 168 HGB: 4 % der Kapitalanteile, Rest in angemessenem Verhältnis (Verlustverteilung in angemessenem Verhältnis)

    - Gewinnverteilung: Bessere Verzinsung (8 %) lt. Gesellschaftsvertrag. Da lt. Gesetz der Restgewinn in angemessenem Verhältnis zu verteilen ist, werden die Gesellschafter, um Unstimmigkeiten zu vermeiden, zu einer vertraglichen Regelung gezwungen (2 : 2 : 1).
    - Verlustverteilung: Kommanditist wird lt. Gesellschaftsvertrag nicht am Verlust beteiligt.

    → Insgesamt bietet diese vertragliche Regelung einen großen Anreiz für Kommanditisten, Geld in dieses Unternehmen zu investieren.

    § 4: Geschäftsführung und Vertretung

    Geschäftsführung (§ 114 HGB): keine Abweichung zwischen Gesetz und Gesellschaftsvertrag
    Vertretung: § 125 Abs. 1 HGB: grundsätzlich Einzelvertretungsmacht
    § 125 Abs. 2 HGB: Gesamtvertretung möglich (Eintragung ins HR)

    § 6: Kündigungsfrist

    § 132 HGB: sechs Monate auf Ende des Geschäftsjahres
    → Für die KG bringt die gesellschaftsvertragliche Regelung Vorteile, da die Kündigungsfrist länger ist und somit die Kapitalanteile der Gesellschafter länger im Unternehmen bleiben (KG hat mehr Zeit, die liquiden Mittel für die Auszahlung zu besorgen).

7. Es handelt sich um ein gewöhnliches Rechtsgeschäft.

    Innenverhältnis: Einzelgeschäftsführungsbefugnis

    Außenverhältnis: Nach § 4 Gesellschaftsvertrag Gesamtvertretung (Voraussetzung: Eintrag im HR). Folge: KV wäre für KG nicht bindend.

8.1/8.2 Gewinnverteilungstabelle   8.1   8.2

Gesellschafter	Anfangskapital	Verzinsung 8 %	Restgewinn 2 : 2 : 1	Gewinne insgesamt	Privatentnahmen	Endkapital
Schulze	1.200.000,00	96.000,00	25.600,00	121.600,00	30.000,00	1.291.600,00
Bernhuber			25.600,00	25.600,00		25.600,00
Lengenfeld	500.000,00	40.000,00	12.800,00	52.800,00		500.000,00
	1.700.000,00	136.000,00	64.000,00	200.000,00	30.000,00	1.817.200,00

Hinweis: Der Gewinnanteil von Lengenfeld stellt eine „sonstige Verbindlichkeit" dar.

8.3 Gesamtgewinn – Privatentnahme – Gewinnanteil Kommanditist = Selbstfinanzierung

200.000,00 EUR – 30.000,00 EUR – 52.800,00 EUR = 117.200,00 EUR

Gewinnanteil des Kommanditisten ist eine Verbindlichkeit der KG gegenüber den Kommanditisten; deshalb keine Selbstfinanzierung.

9.1 Lengenfeld im Recht (Widerspruchsrecht der Kommanditisten bei außergewöhnlichen Geschäften, § 164 HGB)

9.2 Gesetzliches Wettbewerbsverbot gilt nicht für Kommanditisten. Lengenfeld darf gleichzeitig Vollhafter bei einem anderen Unternehmen sein.

9.3 Kündigung unwirksam (lt. Gesellschaftsvertrag Kündigungsfrist zwölf Monate auf Geschäftsjahresende)

4 Unternehmensziele und Unternehmensleitbild

4.1 Unternehmensziele

1./2. Vgl. Stofftelegramm.

3.
   a) ökonomisch — komplementär
   b) ökonomisch und ökologisch — konkurrierend
   c) ökonomisch — komplementär
   d) ökonomisch und sozial — indifferent
   e) ökologisch und sozial — indifferent
   f) ökonomisch und sozial — konkurrierend
   g) ökonomisch und sozial — komplementär

4.2 Unternehmensleitbild

1. Vgl. Stofftelegramm.

2. Vgl. Stofftelegramm.

3. Imagepflege, motivierte Mitarbeiter, Identität mit dem Unternehmen

4.3 Prüfungsaufgaben

Prüfungsaufgaben Winter 2011/2012 (Aufgabe 1)

1.1
- Mitglied der Geschäftsleitung: z. B. Gewinnmaximierung, kostengünstigere Produktion (niedrige Personalkosten), niedrigere Steuern im Ausland, niedrigere Lohnnebenkosten im Ausland, Sicherung heimischer Arbeitsplätze, geringere Mitbestimmungsrechte der Arbeitnehmer, minimale Umweltauflagen, geringere Bürokratie, kein Wechselkursrisiko, Marktnähe (Absatz- und Beschaffungsmarkt)
- Betriebsratsvorsitzender: z. B. Arbeitslosigkeit, sinkende Kaufkraft, sozialer Abstieg, steigende Kriminalität, Qualitätsverlust, lange Lieferzeiten, Kultur- und Mentalitätsprobleme, politische Unsicherheit
- Bürgermeister: z. B. sinkende Steuereinnahmen, niedrigere Sozialversicherungsbeiträge, steigende Arbeitslosigkeit, steigende Staatsausgaben (ALG I, Hartz IV), niedrigeres BIP

1.2 Z. B.
- China hat den größten weltweiten CO_2-Ausstoß (21 %), gefolgt von den USA (19,9 %) und Russland (5,5 %). Deutschland liegt mit 2,8 % auf Platz 6.
- Reihenfolge hinsichtlich BIP: USA (18,7 %), China (16,5 %), Indien (6,6 %), Japan (5,9 %)
- Prozentualer Anteil an der Weltbevölkerung: China (20,1 %), Indien (17,0 %), USA (4,6 %), BRD (1,2 %)
- Der Pro-Kopf-Ausstoß CO_2 (ins Verhältnis gesetzt zur Weltbevölkerung):

USA	4,33
Kanada	4,00
Russland	2,62
Deutschland	2,33
Japan	2,26
China	1,04
Indien	0,27

- Klimaeinfluss der geplanten Produktionsverlagerung: z. B. Wegfall langer Transportwege, Pro-Kopf-Ausstoß CO_2 in China geringer als in Deutschland, weniger strenge Umweltauflagen in China
- weitere schülerindividuelle Lösungen möglich

1.3 Existenzsicherung, langfristige regionale Arbeitsplatzsicherung, Erschließung neuer Absatzmärkte und damit evtl. kürzere Transportwege erfordern ein optimales Preis-Leistungs-Verhältnis, dafür wäre eine Produktionsverlagerung nach China unausweichlich. Anderslautende Schülerantworten sind möglich.

Prüfungsaufgaben Sommer 2012 (Aufgabe 2, teilweise)

2.1 Ein gutes Betriebsklima kann erreicht werden, wenn sich Unternehmensleitung und Mitarbeiter sowie die Mitarbeiter untereinander gut verstehen und gerne zusammenarbeiten. Dies kann erreicht werden durch gemeinsame, helle Pausenräume, gemeinsame Weiterbildungsmaßnahmen (z. B. zum Teambuilding), familienfreundliche Arbeitsbedingungen, Gewährung von Zusatzzahlungen (z. B. Weihnachtsgeld), übertarifliche Bezahlung etc.

2.2 Umsatzsteigerung, Gewinnsteigerung, Erhöhung des Marktanteils, Kostenminderung usw.

2.3 Mitarbeiter orientieren sich wahrscheinlich lieber an Leitlinien, die sie selbst mitgestaltet haben. Außerdem wird durch diese Mitarbeit die Zugehörigkeit zum Unternehmen gestärkt, was sich wiederum positiv auf das Arbeitsklima auswirken kann.

2.4 Mit einem Firmenlogo, das sich auf den Werbeträgern wiederfindet, z. B. an der Außenfassade, auf den Preisschildern, auf dem Briefkopf, bei den Mitarbeitern, die gleiche (Sport-)Kleidung tragen; im höflichen Umgang der Mitarbeiter untereinander und mit den Kunden; mit einer Firmenzeitung; durch Teambuilding-Seminare („Wir sind die Firma!") etc.

2.5 Wirtschaftlicher Erfolg soll mit dem Schutz der Umwelt und der Verantwortung für nachfolgende Generationen einhergehen.

    Z. B.
- keine unnötige Papierverschwendung
- sparsame Verpackung
- Mehrwegverpackung usw.

Prüfungsaufgaben Winter 2012/2013 (Aufgabe 2)

2.1.1 Angebot 1: Vorteile: große Fläche, günstigere Miete, genügend Parkplätze im Gewerbegebiet
Nachteile: keine Laufkundschaft im Gewerbegebiet, erst ab Januar frei

     Angebot 2: Vorteile: Laufkundschaft, da Nähe Fußgängerzone, sofort frei
Nachteile: kleinere Fläche, höhere Miete, eventuell Parkplatzprobleme, eventuell Anlieferungsprobleme

2.1.2 Schülerabhängige Antwort, z. B.

    Sehr geehrter Herr Knoll,

    die geforderte Analyse der beiden angebotenen Standorte habe ich gemacht. In meinen Augen wäre das Angebot 1 für uns sinnvoller. In diesem Gewerbegebiet sind sicher ausreichend Parkplätze für unsere Kunden vorhanden im Vergleich zur Innenstadtlage des Angebots 2. Dadurch können unsere Kunden mit dem Auto zum Möbelkauf fahren und gerade Kleinmöbel direkt mitnehmen. Auch die Anlieferung unserer Ware gestaltet sich in dieser Lage sicher einfacher.

Für Rückfragen stehe ich Ihnen gerne zur Verfügung.
xy

Andere begründete und nachvollziehbare Entscheidungen möglich.

2.2.1 Z. B.: Ein Unternehmensleitbild verdeutlicht allgemeine Grundsätze eines Unternehmens, die sich an Mitarbeiterinnen und Mitarbeiter sowie an die Kunden und die gesamte Öffentlichkeit richten. Werte, Ziele und Aufgaben für die Tätigkeit des Unternehmens werden formuliert.

2.2.2
- Stärkung der Mitarbeitermotivation
- Identifikation von Mitarbeitern und Kunden mit dem Unternehmen
- Abgrenzung gegenüber anderen Mitbewerbern

2.2.3 Z. B.
- Ökonomisches Unternehmensziel: angemessener Gewinn, Verzinsung des eingesetzten Kapitals, Erhöhung des Marktanteils
- Soziales Unternehmensziel: harmonisches Betriebsklima, Sicherung der Arbeitsplätze, familienfreundliche Arbeitsplätze
- Ökologisches Unternehmensziel: niedrige Umweltbelastung, nachhaltige Ressourcenbeschaffung, Reduzierung des Verpackungsmaterials

Prüfungsaufgaben Sommer 2013 (Aufgabe 1, teilweise)

1.3.1 Das Leitbild muss alle Mitarbeiter eines Unternehmens ansprechen, um wirkungsvoll umgesetzt zu werden. Alle Mitarbeiter werden gewürdigt und anerkannt. Fördert die Zusammenarbeit und das Verständnis für unterschiedliche Aufgabenbereiche, Sichtweisen und Ziele etc.

1.3.2

	Konkretisiertes Ziel	Wichtig für Fun & Sport GmbH, weil:
ökonomisch	Umsatzsteigerung um 15 % im nächsten Jahr; Marktanteil um 10 % erhöhen etc.	Fun & Sport GmbH kann auf dem Markt bestehen, expandieren, Arbeitsplätze sichern etc.
sozial	Schaffung von drei zusätzlichen Ausbildungsplätzen im nächsten Jahr; Durchführung einer Weihnachtsfeier nächstes Jahr; Schaffung von zwei behindertengerechten Arbeitsplätzen im nächsten Jahr etc.	Mitarbeiter fühlen sich ernst genommen, anerkannt, gewürdigt, dadurch steigt Motivation, Arbeitsleistung etc.
ökologisch	50 % aller Verpackungen aus wiederverwertbaren Materialen zum Ende des nächsten Jahres; Energiebedarf zum Ende des nächsten Jahres um 20 % verringern etc.	Schutz der Umwelt bringt Imagegewinn, dadurch Werbemöglichkeiten, Kundenbindung etc.

Prüfungsaufgaben Winter 2013/2014 (Aufgabe 2)

2.1

	Vorteile	Nachteile
Dorfladen	• Ladensituation bereits vorhanden • günstige Kostensituation	• zu wenig potenzielle Kunden • keine Basis für Fachgeschäfte dieser Art
Stadtrand	• gute Kundensituation • Lebensmitteldiscounter in der Nachbarschaft	• schlechte Parksituation • relativ hohe Miete
Innenstadt	• Laufkunden • Bushaltestelle	• relativ kleine Ladenfläche • sehr hohe Miete

2.2 Schülerabhängige begründete Antwort, z. B.
Ich würde die Innenstadt-Lage bevorzugen, da Laufkundschaft für ein Fachgeschäft dieser Art unerlässlich ist. Außerdem ist die Verkehrsanbindung optimal.

2.3.1 Z. B. Papiertragetaschen, Fair-Trade-Produkte in das Sortiment aufnehmen, einen Öko-Strom-Anbieter wählen, Mehrweggeschirr im Café-Bereich verwenden

2.3.2 Z. B. hoher Umsatz, Gewinnerzielung, viele Stammkunden, positives Unternehmensimage, hoher Bekanntheitsgrad

2.4 Z. B. private Rentenversicherung, Lebensversicherung, Bausparvertrag, Sparverträge, Fondssparen, Immobilien

Prüfungsaufgaben Winter 2014/2015 (Aufgabe 2)

2.1.1 Betreff: Unternehmensleitbild

Sehr geehrte Geschäftsleitung,

im Rahmen des Mitarbeiterwettbewerbes möchte ich einen Vorschlag einreichen:

Die Erstellung eines Unternehmensleitbildes
Ein gutes Unternehmensleitbild bietet den Mitarbeitern Orientierung über die gemeinsamen Ziele für die Zukunft und Möglichkeiten, wie diese erreicht werden sollen. Darüber hinaus soll das Unternehmensleitbild dazu beitragen, dass sich die Mitarbeiter mit dem eigenen Unternehmen identifizieren. Nach außen stellt das Leitbild eine Art Selbstverpflichtung des Unternehmens gegenüber seinem Umfeld dar. Es soll der Öffentlichkeit vermitteln, wofür das Unternehmen steht und welche Grundsätze das Handeln leiten.

Ich hoffe, dass ich Sie mit meiner Idee überzeugen konnte.

Mit freundlichen Grüßen

xy

WiSo (Gesamtwirtschaft): Unternehmensziele und Unternehmensleitbild

2.1.2
- Ökonomisch: z. B. Umsatzsteigerung um x %, Gewinnsteigerung um x %, Erhöhung des Marktanteiles um x %, ...
- Sozial: z. B. Sicherung der Arbeitsplätze, Schaffung von x weiteren Arbeits- und/oder Ausbildungsplätzen, variablere Arbeitszeiten, Schaffung von Teilzeitangeboten, Kinderbetreuung, Fürsorge im Sinne von Gesundheitstagen, ...
- Ökologisch: z. B. Senkung des Energiebedarfs um x %, Umstellung von Plastiktüten auf Papiertüten, Konzentration auf ökologisch unbedenkliche Produkte, ...

2.2.1 Z. B.
- Nachbarschaft gleicher oder ergänzender Betriebe
- Bevölkerungsdichte und -struktur
- Kaufkraft und Kaufgewohnheiten
- Passantendichte
- Höhe der Ladenmiete
- Größe der Verkaufsfläche
- Lagermöglichkeiten
- Parkmöglichkeiten
- Verkehrsanbindung

2.2.2

	Angebot 1	Angebot 2	Angebot 3
Lage	Innenstadt: Fußgängerzone	Randbereich Stadtzentrum	Gewerbegebiet am Stadtrand
Passantendichte	hoch	mittel bis hoch	mittel bis gering
Konkurrenz	durch benachbarten Drogeriemarkt	gering	keine
Mietpreis	30,00 EUR pro m² → hoch	20,00 EUR pro m²	10,00 EUR pro m²
Parkmöglichkeiten	keine	ausreichend, jedoch kostenpflichtig	ausreichend und kostenfrei
Verkehrsanbindung	schlecht: nur zu Fuß erreichbar	sehr gut: Bushaltestelle und Parkhaus vor Ort	nur per Pkw
Lagermöglichkeiten	30 m²	80 m²	100 m²
Verkaufsfläche	80 m²	120 m²	150 m²
...			

Die Wahl sollte auf Angebot 2 fallen, da hier eine sehr gute Verkehrsanbindung vorliegt. Die Lage in einem modernen Fachmarktzentrum sorgt darüber hinaus für eine hohe Passantendichte. Das dazugehörige Parkhaus bringt zudem einen hohen Nutzen für die

Kunden. Außerdem ist die Verkaufsfläche im Vergleich zur zentralen Innenstadtlage größer und die Miete pro Quadratmeter geringer. Angebot 3 ist für ein Spielzeugwarenfachgeschäft eher ungeeignet, da der Anteil der Laufkundschaft geringer sein dürfte und die Anziehungskraft der benachbarten Betriebe eher in geringem Ausmaß auf ein Spielwarengeschäft abstrahlt.

(Andere begründete Lösungen sind denkbar.)

Gemeinschaftskunde

1 Junge Menschen in Beruf, Familie und Gesellschaft
1.1 Auszubildende und ihre Lebenswelt

1. primäre produktionsnahe Dienstleistungen und sekundäre Dienstleistungen → ca. 70 %
2. Da Ausbildungsplätze und Arbeitsplätze in vielen Regionen fehlen, ist Mobilität, d. h. Zwang zum Ortswechsel/Wohnungswechsel sowie Flexibilität, d. h. berufliche Umorientierung, oft Voraussetzung für Ausbildungs- und Arbeitsmöglichkeit.
3. **Fachliche Kompetenz, persönliche Kompetenz, soziale Kompetenz →** Anforderungen an qualifizierte Mitarbeiter/-innen ändern sich durch neue Techniken, Handarbeit mit großer körperlicher Belastung verliert an Bedeutung, Überwachungs-, Instandhaltungs- und Steuerungsarbeit nimmt zu. **Schlüsselqualifikationen** wie *selbstständige Planung, Durchführung und Kontrolle* einer Arbeit, *Lernfähigkeit, Fähigkeit zur Teamarbeit* (systematisches Problemlösen in einer Arbeitsgruppe oder Arbeitsinsel), *Konzentration, Kreativität, Verantwortungsbereitschaft* sind neben einer guten Grundbildung und darauf aufbauenden Fachbildung die wichtigsten *Fähigkeiten, um mit neuen Maschinen und Verfahrenstechniken umgehen zu können*, die wegen des schnellen technologischen Wandels in immer mehr Betrieben eingesetzt werden.
4. pünktliche Ausbezahlung der vereinbarten Ausbildungsvergütung (insbesondere nach Tariflohnerhöhungen), korrekte Erfüllung des Ausbildungsplans (und nicht monatelange Beschäftigung mit gleichen Routinearbeiten), Hilfsbereitschaft
5. Trotz Übernahme jahrhundertealter Funktionen von Familien – wie Kinderbetreuung, Schulung, Berufsausbildung, Krankenversorgung – durch staatliche Einrichtungen ist Familie die beste Einrichtung für die Sozialisation (das Kennenlernen und Einfügen in die Gesellschaft). Familie prägt Wertvorstellungen und schafft Voraussetzungen für den Erwerb von Schlüsselqualifikationen.
6. Kindergeldzahlung oder Steuerermäßigung durch Kinderfreibetrag, Elterngeld, Elternzeit, kostenlose Mitversicherung der Kinder in der gesetzlichen Krankenversicherung, Baukindergeld, besondere Bausparförderung, Teilfinanzierung von Kindergärten und Kindertagesstätten (Kitas), kostenlose Schulbildung, Verpflichtung der Arbeitgeber zur Gewährung von Sonderurlaub zur Pflege kranker Kinder, Sozialhilfe für jedes Kind extra bei Bedarf
7.
   - Geburtsname der Frau oder des Mannes kann Familienname der Ehepartner werden, oder jeder kann seinen bisherigen Nachnamen behalten.
   - Beide haben gleichermaßen das elterliche Sorgerecht, beide haben das Recht zur Erwerbstätigkeit, Frauen sind nicht mehr zur alleinigen Haushaltsführung verpflichtet.
   - Jeder kann auch mit Wirkung für den Partner Alltagsgeschäfte abschließen.
   - Wie die Ehepartner ihr Vermögen verwalten wollen – in Zugewinngemeinschaft, Gütergemeinschaft oder Gütertrennung – ist ihnen überlassen.
8. Die Eltern können seit 01.07.1998 auch unverheiratet das gemeinsame Sorgerecht ausüben. Außerdem sind die Kinder in allen Belangen den ehelichen Kindern gleichgestellt, was z. B. eine deutliche Verbesserung für diese Kinder bei einer Erbrechtssituation bringt.

9.
    - keine Steuervorteile wie Ehegattensplittingtarif bei der Lohn- und Einkommensteuer
    - eingeschränkte Rechtsansprüche des finanziell Schwächeren → i. d. R. kein Unterhalt
    - keine automatische Familienmitversicherung in der gesetzlichen Krankenkasse
    - kein Auskunftsrecht bzw. besonderes Besuchsrecht in Notfällen (z. B. im Krankenhaus auf der Intensivstation beim Lebenspartner, bei der Geburt eines Kindes)
    - kein Erbrecht und im Falle einer Erbschaft hohe Erbschaftsteuer

10. Erholung vom Arbeitsstress, z. B. durch Fernsehunterhaltung/Sauna;
    Kommunikationspflege, z. B. durch Gespräche mit Freund(en) und Freundin(nen), Clique, Eltern, Geschwistern, Verwandten;
    Befriedigung musischer, werkschaffender oder sportlicher Bedürfnisse, z. B. durch Musizieren, Lesen, Schreinern, Töpfern, Joggen;
    Engagement für andere Menschen, z. B. durch Hilfe beim Roten Kreuz/Jugendrotkreuz

11. Persönliche Gründe: totaler Egoismus, ständige Auseinandersetzungen in Elternhaus, Schule/Ausbildungsbetrieb, welche Aggressivität fördern; Anpassung an Verhaltensnormen in Jugendbanden (Mutproben) und Suche nach Abenteuern/Nervenkitzel
    Familiäre Gründe: mangelnde Erziehung zu Hause
    Umweltbedingte Gründe: „Betonwüsten" und fehlende Freizeiteinrichtungen;
    Medienvorbilder → kriminelle Helden in Spielfilmen

12. Besondere Vorsicht ist gegenüber merkwürdigen Umfragen in Fußgängerzonen sowie Persönlichkeitstests geboten. Tritt eine Vereinigung mit dem Anspruch auf absolute Wahrheit auf und entzieht sich einer vom Verstand geleiteten Diskussion, so besteht höchste Gefahr.
    Besonders gefährdet ist jeder, der mit sich selbst unzufrieden ist und Menschen in der Hoffnung sucht, für persönliche Probleme Lösungswege zu finden. Vor allem, was auf Verletzung der Menschenwürde, Verlust der persönlichen Freiheit und Entscheidungsfähigkeit hinausläuft, muss man sich hüten.

13. Jugendliche, die sich ehrenamtlich engagieren, sind bereit, sich in den verschiedensten Einrichtungen dieser Gesellschaft einzubringen. Sie können produktive Rollen übernehmen und schon für die kommenden Jahre Erfahrung sammeln, wenn die Wirtschafts- und Gesellschaftsleitung in ihren Händen liegt, die Generation der heutigen Jungen „die Macht hat". Das ehrenamtliche Handeln kann auch eine Form von Selbstverwirklichung sein. Und die Gesellschaft braucht Solidarität zwischen den Generationen, ohne Gemeinsinn hat diese Gesellschaft keine langfristige Überlebenschance.

1.2 Strukturwandel der Gesellschaft

1. Der Altersaufbau der Bevölkerung wandelt sich seit etwa 100 Jahren, d. h. die Zusammensetzung der Bevölkerung nach Altersgruppen. War früher die Bevölkerungsmehrheit unter 30, so ist heute die Mehrheit über 45 Jahre alt.
   Wahrscheinlich bringen die nächsten Jahrzehnte eine fortgesetzte Alterung der Gesellschaft, das Verhältnis Jüngere (bis 19 Jahre) zu Älteren verschiebt sich zugunsten der Älteren (ab 65).

2. Z. B.
    - anhaltend niedrige Geburtenrate (1,3–1,4 Kinder pro Frau seit den 1970er-Jahren)
    - Menschen werden älter, v. a. dank der Fortschritte in der Medizin und Gesundheitsversorgung.

3. Z. B.
   - Sozialsysteme sind schwieriger zu finanzieren, Steuerzuschüsse werden steigen.
   - Fachkräftemangel, sofern er nicht durch Digitalisierung aufgefangen werden kann.
   - Pflegenotstand

4. Unfall-, Renten-, Arbeitslosen-, Kranken-, Pflegeversicherung

5. Sozialhilfe, Wohngeld, BAföG, Prozesskostenübernahme für die 1. Instanz der Sozialgerichte; aber auch das Kindergeld kann dazu gerechnet werden.

6. Die unentgeltliche Arbeit der Millionen Ehrenamtlichen hat einen geschätzten Wert von fast 30 Milliarden EUR. Der Staat kann und soll nicht alles regeln, auch der Sozialstaat kann privaten Gemeinsinn nicht ersetzen. Vielen Kranken und gesellschaftlich Benachteiligten wäre auf staatlich-bürokratischem Wege kaum zu helfen, weil vor allem die Selbstgestaltungsmöglichkeiten und persönliche Betroffenheit aller Mitglieder entscheidend für den Erfolg vieler Selbsthilfegruppen sind.

7. Die Bereitschaft, etwas für den Staat zu tun, soll wachsen: Leistung, Eigenverantwortung, Unternehmergeist und Gemeinsinn wird gefordert und gefördert. So müssen z. B. Arbeitslosengeld II-Empfänger als Gegenleistung Ein-Euro-Jobs übernehmen.

8. Arbeiter und Angestellte sind im Rahmen der gesetzlichen Rentenversicherung dazu verpflichtet, sich für das Rentenalter abzusichern. Die Beiträge werden je zur Hälfte von den Arbeitnehmern selbst und ihren Arbeitgebern monatlich bezahlt (Ausnahme bei Mini-Jobs). Mit den eingezahlten Beiträgen der arbeitenden Generation werden zeitgleich die Renten finanziert. Das heißt jede Rentner-Generation wird von der ihr nachfolgenden arbeitenden Generation finanziert. Dieses Umlage-Konzept gibt es seit Mitte der 1950er-Jahre.

9. Beim Beginn des Rentenversicherungssystems funktionierte der Generationenvertrag: Auf drei bis vier Beitragszahler kam ein Rentner. Außerdem begann der Rentenbezug später und die Lebensdauer war kürzer, sodass für weniger Jahre Rente gezahlt werden musste. Jahre mit anhaltend hoher oder zunehmender Arbeitslosigkeit stellen das bisherige Finanzierungsmodell infrage: Die Rentenkassen haben dann weniger Einnahmen, das Geld muss aber nach wenigen Wochen an die Rentner ausbezahlt werden. Die einfließenden Gelder müssten dagegen verzinslich angelegt werden, damit in Zukunft noch eine brauchbare Rente erzielt werden kann. Diese Anlage ist in absehbarer Zeit nicht geplant. Die Bundesregierung will die hohen Zuschüsse zur Rentenfinanzierung (durchschnittlich in den letzten Jahren ca. 75 Mrd. EUR) eher reduzieren, sodass die Beiträge noch weniger ausreichen würden. So ist das Modell „Rente mit 67" ab dem Jahr 2029 eine rechnerische Konsequenz. Bei nicht ausreichender versicherungspflichtiger Lebensarbeitszeit bedeutet „Rente mit 67" aber eine effektive Rentenkürzung.

10. Der Finanzbedarf beim Staat und bei den Sozialversicherungsträgern würde sinken. Das heißt, jeder Steuerzahler müsste weniger Steuern zur Finanzierung des Sozialstaates bezahlen – was rund ein Drittel des Bundeshaushalts ausmacht – und die Beitragssätze für die Sozialversicherung könnten sinken: Arbeitnehmer hätten mehr Nettolohn, Unternehmer hätten geringere Personalnebenkosten, die bisher den Wirtschaftsstandort Deutschland lohnkostenmäßig verteuerten.

11. Biotechnik, Gentechnik, Informations- u. Kommunikationstechnik, Nanotechnik

12. Der aktuelle Wandel in unserer Wirtschaft und Gesellschaft kann als revolutionär bezeichnet werden, weil sich das technische Wissen heute in zwei bis drei Jahren verdoppelt und moderne Industriebetriebe in fünf Jahren ihren Hauptumsatz mit Produkten erwirtschaften, die jetzt noch gar nicht entwickelt sind. Die auslösenden Faktoren dieser Entwicklung sind: Mikroelektronik mit ständiger Leistungssteigerung, die internationale Arbeitsteilung mit weltweitem Konkurrenzkampf sowie die Internationalisierung aller Informationen über das Internet → Globalisierung

13. • Ausfall von Steuereinnahmen und Sozialversicherungsbeiträgen führt gleichzeitig zu erhöhten Staatsausgaben, z. B. für Zuschüsse zur Sozialversicherung.
    • Gefahr der Resignation oder politischen Radikalisierung, da Politik scheinbar den Arbeitsmarkt überhaupt nicht mehr positiv beeinflussen kann.

14. • Informations- und Kommunikationstechnologie prägen Berufsleben, Familienleben, Freizeit.
    • schneller Wandel aller Kommunikationswege, d. h. auch der Weiterbildungsmöglichkeiten
    • Information wird wichtiger „Rohstoff", Wissen zu einem immer wichtigeren Produktionsfaktor.

15. • Immer mehr Arbeitnehmer müssen sich zu flexiblen Arbeitszeiten nach Betriebswunsch verpflichten. Allerdings gewähren Firmen auch Mitarbeitern flexible Stundenkonten.
    • Es werden zunehmend befristete Arbeitsverträge und Praktikantenplätze anstelle regulärer Arbeitsverhältnisse angeboten.
    • Die Zahl der „Leiharbeiter" wächst auch bei guter Konjunktur, beim Konjunktureinbruch droht schneller Arbeitslosigkeit.
    • Geringfügig Beschäftigte (450-Euro-Jobber) stellen bei manchen Firmen den Großteil der Mitarbeiter.

16. Zwar gab es schon vor der Industriellen Revolution umweltschädliches Verhalten wie das Abholzen und Abbrennen von Wald, aber die Schädigungen haben die natürlichen Kreisläufe nicht oder kaum beeinträchtigt (z. B. wurden die freigesetzten Mengen an Kohlendioxid von Pflanzen und Ozeanen aufgenommen). Die durch die Industrialisierung ausgelösten Steigerungen des Energieverbrauchs – weltweit heute 100-mal mehr als vor 100 Jahren, mit weiter steigender Tendenz – und der Güterproduktion störten aber die natürlichen Kreisläufe bis zum totalen Zusammenbruch in einzelnen Lebensbereichen („tote" Flüsse, Berggipfel mit „Baumskeletten"). Wissenschaftliche Untersuchungen ergaben, dass allein im 20. Jahrhundert die Kohlendioxidkonzentration in der Atmosphäre um rund 20 % zugenommen hat.
    Mit negativen **Folgen der Erderwärmung** wird (z. B. vom Weltklimarat der UNO) gerechnet: Verschiebung der Klimazonen, Zunahme extremer Wetterlagen, zunehmende Dürren mit Trinkwassermangel und Hungersnöten, Ansteigen des Meeresspiegels und deshalb Überflutung von Inselregionen, verstärktes Artensterben.

17. **Staat:** Forschungsförderung für neue Umwelttechnologien, Investitionsanreize geben
    Unternehmen: Beachtung der staatlichen Gebote und Verbote, umweltgerechtes Handeln mit Überprüfung in Umweltbilanzen, Veröffentlichung von Umwelt-Audits, Energie „sparen"
    Bürger: sparsam Energie verwenden, v. a. beim Heizen und Auto fahren, Ökoprodukte und Recyclingprodukte kaufen, Hausmüll sachgerecht trennen → „duales System" nutzen

18. Die Energiepolitik hat die **Ziele:** Energie-Verfügbarkeit (täglich, aber auch langfristig) und zugleich größtmögliche Unabhängigkeit vom Ausland zu sichern, Energiepreise auf

akzeptablem Preisniveau zu halten, Industrie und Haushalte zu sparsamem Umgang anzuhalten, die menschliche Gesundheit zu schützen sowie Natur-, Umweltschutz- und Klimaschutz zu betreiben.

Der eingeleitete Ausstieg aus der Atomenergie zeigt, dass es **Konflikte** geben wird, weil Atomkraft (ohne Subventionen und Kosten für Abbau sowie Endlagerung der radioaktiven Abfälle gerechnet) günstig ist und keinen CO_2-Ausstoß hat, aber unwägbare Risiken in Extremsituationen sowie bei der ungeklärten Endlagerung aufweist. Erneuerbare Energien werden erst nach ein bis zwei Jahrzehnten die Atomkraft ganz ersetzen können. Nur Kohle steht, zu höheren Abbau-Preisen, in Deutschland längerfristig zur Verfügung, Kohlekraftwerke erzeugen aber CO_2 und sollen deshalb ebenfalls so schnell wie möglich abgeschaltet werden.

19. Da die globalen Vorräte an fossiler Energie wie Erdöl tendenziell sinken (trotz der Fracking-Methoden, die nur bei höheren Rohöl-Preisen zum Einsatz kommen), wird der Preis trendmäßig weiter steigen. Steuer- und umweltpolitisch verursachte zusätzliche Energiepreissteigerungen zielen zwar auf Verbrauchsreduzierung und Entwicklung alternativer Technologien, können aber durch das Wahlvolk „abgestraft" werden und zu weiterer sozialer Kluft (Arme werden ärmer, Reiche reicher) führen. Landes- und Bundesregierungen machen ihre Politik evtl. von Meinungsumfragen in den Medien abhängig, um Wahlen zu gewinnen.

1.3 Medien und Mediennutzung

1. Neue Medien sind alle modernen Kommunikationsmedien, speziell die Verbindung von Computern mit CD-ROM-Laufwerken, Telefonanschluss zur Internetnutzung und evtl. Kombination mit dem Fernseher, der per Kabel oder Satellit seine Daten empfängt sowie digitale Kameras, Videorecorder, DVD-Player und -Brenner, WAP-Handys.

2.
   - Zugang zu einzigartiger Informationsfülle
   - größtmögliche Aktualität bei fast allen Diensten, z. B. Börsenkurse
   - Einkauf fast aller Waren und Dienstleistungen wie Reisen
   - schnellstmögliche Girokonto-Benutzung und Geldanlage-Verwaltung

3. Zahl der Laptops/PCs, Netzwerke und der Internetnutzer steigt weltweit ständig an, dementsprechend steigt der Wunsch nach vermehrter Information aus beruflichen und privaten Gründen. Mit dem Wachstum der Datenbestände nicht nur im Internet, sondern bei Behörden, Unternehmen und Privatleuten, wächst zunehmend die Gefahr, dass jeder Bürger ohne sein Wissen „durchleuchtet" werden kann, z. B. seine Lebensgewohnheiten und Interessen über seine „Datenspuren" beim Surfen im Internet oder Einkaufen bekannt werden. Gibt es den „gläsernen Menschen", ist die Menschenwürde äußerst bedroht.

4. Veröffentlichte Mehrheitsmeinung im Volk, v. a. als Bekanntgabe von Demoskopie-Ergebnissen, aber auch Meinung, die von Journalisten in Zeitungs-, Rundfunk- und Fernsehkommentaren sowie zunehmend von Bürgern massenhaft in den „sozialen Medien" (evtl. noch „klassisch" in Leserbriefen) vertreten wird.

5. **Manipulation** ist Verhaltenssteuerung, d. h. eine gezielte Beeinflussung des Denkens und Handelns anderer, ohne dass es die betroffenen Personen merken und sich dagegen wehren können.
   Meinungsbildung ist dagegen der bewusste Prozess des Sammelns von verschiedenen Informationen zu einem Sachverhalt und die anschließende persönliche Beurteilung.

6. Nachrichtenagenturen und Redakteure der Massenmedien geben über 90 % der ihnen bekannten Informationen nicht weiter und wählen oft Ähnliches als mitteilenswert aus. Informationsverbreitung über das Fernsehen ist oft von geeignetem Bildmaterial abhängig. Die meisten Zeitungs-, Rundfunk- und Fernsehjournalisten haben zu politischen Ereignissen eine persönliche Meinung, die sich auf ihre Berichterstattung auswirken kann. Nachrichtensendungen bringen Fachbegriffe und Abkürzungen, die ein Teil der Zuschauer bzw. Zuhörer aufgrund mangelnder Vorbildung nicht versteht. Den meisten Bürgern fehlen Zeit und Geld, um täglich mehrere Zeitungen vergleichend zu lesen. Das Internet ist voll von unbegründeten Meinungen, Verschwörungstheorien sowie emotionalen Bewertungen anstelle von Hintergrundrecherchen, die der Aufklärung über Sachverhalte dienen. Auch etliche Staaten, die sich in einem politischideologischen Spannungsverhältnis befinden, versuchen über das Internet und gut getarnte Websites die Meinungen der Bürger zu beeinflussen.

1.4 Prüfungsaufgaben

Prüfungsaufgaben Sommer 2013 (Aufgabe 1)

1.1 Wer ein Einkommen bezieht, das weniger als 60 % des mittleren Einkommens beträgt.

1.2
- Alleinerziehende: schwer für Alleinerziehende, sich um Kindererziehung zu kümmern und gleichzeitig einer geregelten Arbeit, insbesondere in Vollzeit, nachgehen zu können
- Mehrkindfamilien: zu geringes Einkommen in Familien mit mehreren Kindern, insbesondere wenn es nur einen Verdiener gibt, weil der andere Elternteil sich um die Kinder kümmern muss
- Familien mit Migrationshintergrund: niedriger oder kein Bildungsabschluss und damit verbunden nur eine gering bezahlte Beschäftigung bzw. Gefahr der Arbeitslosigkeit

2.1 Z. B.
- finanzielle Probleme
- soziale Ausgrenzung
- negative Auswirkungen auf die Gesundheit

2.2 Z. B.
- höhere Sozialausgaben
- höhere Kriminalitätsrate
- Unzufriedenheit mit dem politischen System

3.1 Flexiblere Arbeitszeiten, mehr Teilzeitstellen und ein Ausbau der Betreuungsangebote sollen die Vereinbarkeit von Familie und Beruf verbessern und damit die Möglichkeit erhöhen, dass beide Elternteile zum Familieneinkommen beitragen können.

3.2 Z. B.
- Einführung von Mindestlohn, um die Einkommenssituation der in gering bezahlten Berufen Beschäftigten zu verbessern
- gezieltere Förderung und mehr Bildungsangebote, um die Wahrscheinlichkeit eines erfolgreichen Schul- bzw. Ausbildungsabschlusses zu erhöhen
- bessere finanzielle (steuerliche) Förderung von Familien

4. Ein von absoluter Armut Betroffener muss täglich um das Überleben kämpfen, da er nicht einmal das grundlegend Nötigste zur Verfügung hat. Das kann in Deutschland prinzipiell

Gemeinschaftskunde: Junge Menschen in Beruf, Familie und Gesellschaft 163

nicht passieren, da das deutsche Sozialsystem durch finanzielle und materielle Unterstützungsleistungen zumindest das Existenzminimum garantiert. Deshalb ist normalerweise relative Armut gemeint, wenn in Deutschland von Armut gesprochen wird.

Prüfungsaufgaben Sommer 2013 (Aufgabe 2)

1.1 Zusammensetzung des Energieverbrauchs

1.2
- Abnahme des Energieverbrauchs um 5 % gegenüber 2010
- Mineralölanteil nahezu unverändert
- Erdgasanteil gesunken
- Braun- und Steinkohleanteil gestiegen
- erneuerbarer Energieanteil gestiegen
- Kernenergieanteil gesunken
- sonstiger Energieanteil (z. B. Energieeinfuhren) gestiegen

1.3 Wind-, Wasser-, Sonnenenergie; Erdwärme; Biomasse (Biogas)

1.4 Z. B.
- Klimagefährdung durch Verbrennung fossiler Energieträger
- Katastrophe von Fukushima am 11.03.2011
- begrenzte Vorräte fossiler Brennstoffe
- Preisanstieg bei Erdöl und Erdgas

2.1
- fehlende Speicherkapazitäten für Sonnenstrom
- fehlende Stromleitungen
- steigende Strompreise durch erneuerbare Energien
- Erneuerbare Energie steht nicht ständig ausreichend zur Verfügung (ist nicht grundlastfähig).
- zu wenig Gas- und Kohlekraftwerke
- Bürgerproteste gegen Bau von Windanlagen und neuen Stromleitungen

2.2 Z. B.
- Standby-Modus vermeiden
- Wärmedämmung bei Gebäuden
- Solarzellen
- Hybridautos
- Kauf energieeffizienter Haushaltsgeräte

Prüfungsaufgaben Winter 2013/2014 (Aufgabe 1)

1.1 Die deutschen Arbeitnehmer sind über die Sozialversicherung abgesichert. Sie zahlen in Zeiten der Berufstätigkeit in die Rentenkasse ein und haben einen Anspruch auf Rentenzahlungen, wenn sie das gesetzliche Renteneintrittsalter erreicht haben.
Solidarität bedeutet in diesem Zusammenhang, dass die Menschen füreinander einstehen und sich gegenseitig unterstützen. Generationenvertrag bedeutet im Sozialversicherungssystem, dass die jungen Erwerbstätigen die Rentenzahlungen für die (alten) Rentner finanzieren.

1.2
- Arbeitslosenversicherung
- Krankenversicherung

- Pflegeversicherung
- Unfallversicherung

2.1
- Vereinbarkeit von Beruf und Elternschaft ist schwierig.
- fehlende gesellschaftliche Anerkennung für berufstätige Mütter
- Verfolgung beruflicher Interessen
- Pflege von Freundschaften oder Hobbys hat höheren Stellenwert.

2.2 Z. B.
- weniger Beitragszahler für die Sozialversicherung und daraus folgend höhere Belastungen für die arbeitende Bevölkerung
- Verschärfung des Generationenkonflikts
- Vergreisung der Gesellschaft
- Fachkräftemangel

3. **Pro Erhöhung des RV-Beitragssatzes:**
Mehr Geldmittel stehen zur Verfügung.
Kontra Erhöhung:
- Der Nettolohn der Arbeitnehmer sinkt, sie kaufen weniger: Nachfragerückgang.
- Unternehmerkosten steigen, dadurch sinkt die internationale Wettbewerbsfähigkeit.

Prüfungsaufgaben Winter 2013/2014 (Aufgabe 2)

1.1 Energiekonzept des Bundesumweltministeriums (beschlossen Ende Juni 2011): Der stufenweise Ausstieg aus der Atomenergie soll durch eine höhere Energieeffizienz erleichtert und eine Balance zwischen erneuerbaren und fossilen Energien hergestellt werden, welche die Stromversorgung bei vertretbaren Preisen sichert.

1.2 Vor einem vierspännigen Planwagen mit der Aufschrift „Energiewende 2013" schwingt ein Cowboy sein Lasso und versucht seine vier wilden und in unterschiedliche Richtungen laufenden Pferde (= Mustangs) einzufangen, um sie vor seinen Planwagen zu spannen. Auf den Pferden stehen die Bezeichnungen „Länder", „Kabinett", „Stromanbieter" und „Wähler". Die Karikatur trägt den Titel „Altmaier und die Mustangs". Die Karikatur zeigt den Bundesumweltminister Peter Altmaier (CDU), der sich müht, die Länder, das Kabinett, die Stromanbieter und die Wähler für seine Aufgabe – die Umsetzung der Energiewende für das Jahr 2013 – zu gewinnen. Die Aufgabe erscheint deshalb schwierig, weil die Interessen der vier wichtigen Institutionen und Gruppen sehr unterschiedlich sind, bildlich ausgedrückt: in eine andere Richtung gehen. Das heißt, sie lassen sich nur ungern in das Konzept der Energiewende einbinden. Für ein Voranbringen der Energiewende müssten jedoch „alle an einem Karren ziehen".

1.3
- **Kabinett:** Befürchtung, dass Kosten für die Förderung der erneuerbaren Energien (v. a. Subventionen für Photovoltaik und Windräder) zu hoch werden. Bei mangelndem Erfolg steigen die Chancen der Opposition, die Regierung abzulösen.
- **Länder:** Welche Kosten kommen auf die Länder zu, welche trägt der Bund? Die Landesregierungen fürchten den Unmut der Wähler wegen steigender Stromkosten oder wegen „Verschandelung" der Landschaft durch den Bau zahlreicher Windkrafträder.
- **Wähler:** Befürchtung, dass Energiewende nicht sozialverträglich durchgeführt wird, d. h., dass Bürger sich ängstigen vor ständig steigenden Stromkosten, welche arme Haushalte besonders stark treffen. Außerdem besteht die Angst vor Stromknappheit durch Wegfall des Atomstroms.

- **Stromanbieter:** Die Abschaltung von Atomkraftwerken bringt Einnahmeverluste und schmälert den Gewinn. Dazu kommt (atomare) Stromkonkurrenz aus EU-Nachbarstaaten. Folgekosten (Verpflichtung zur Mindestabnahme alternativ erzeugten Stroms, Bewältigung von Stromüberschuss oder -mangel) sind schwer abschätzbar.

2.1 Windenergie

2.2 Z. B.
- Holz (Hackschnitzelwerk)
- Erdwärme
- Wasserkraft
- Sonne (Photovoltaikanlagen)

2.3 Die Reichen werden reicher auf Kosten der Armen bzw. der Normalbürger. Den Reichen hat sich eine weitere Kapitalanlage eröffnet, deren Rendite durch die Normalbürger „unten" mit einem höheren Strompreis finanziert wird.
Die Betreiber der Windkraftanlagen dürfen ihren produzierten Strom zu einem sehr attraktiven Preis ins Netz einspeisen, die Abnahme ist garantiert. Die Stromanbieter geben diesen Preis an die Kunden weiter.

2.4 **Pro:**
- Windräder sorgen für saubere Energie.
- Die Windrad-Industrie schafft Arbeitsplätze.
- Regenerative Energie als Zukunftstechnologie fördert den Wirtschaftsstandort Deutschland.

Kontra:
- Windräder verunstalten das Landschaftsbild.
- Windräder verursachen Lärm.
- Windräder haben noch zu geringe Effizienz (Stillstandszeiten sind hoch).

Prüfungsaufgaben Sommer 2014 (Aufgabe 1)

1.1 Z. B. Name, Vorname und Geburtsdatum
Diese Daten können missbräuchlich verwendet werden, indem Z. B. Bestellungen im Versandhaus etc. unter falschem Namen vorgenommen werden.
„Partyfotos" und andere ungünstige fotografische Eindrücke im Netz können bei Bewerbungen negativ auffallen, wenn der Arbeitgeber den Bewerbernamen „googelt".

1.2 Z. B.
Junge Menschen empfinden einen Gruppenzwang, Details ihres Lebens zu offenbaren. Sie fürchten, ausgeschlossen zu werden.
Viele unterschätzen die Gefahren und glauben nicht, dass andere ihre Daten jederzeit einsehen können.

2.1 In einem Liniendiagramm wird die Anzahl der polizeilich erfassten Fälle von Computerkriminalität in einem Zeitraum von 1996 bis 2008 dargestellt.
In diesem Zeitraum hat sich die Anzahl der erfassten Fälle fast verdoppelt. Im Jahr 2001 lag die Zahl deutlich höher als in den übrigen Jahren.
In einem Kreisdiagramm werden die Art der Delikte und deren Häufigkeit im Jahr 2008 dargestellt. Am häufigsten wurde Betrug mittels rechtswidrig erlangter Karten mit PIN erfasst.

2.2 Z. B.
- zunehmende Nutzung des Internets
- Weiterentwicklung der Technik und des entsprechenden Wissens (Sicherheitslücken werden ausgenutzt)

2.3 Z. B.
- aktuelle Antiviren-Software und Firewall benutzen
- keine Anhänge von unbekannten E-Mails öffnen

Prüfungsaufgaben Sommer 2014 (Aufgabe 2)

1.1 Kein unter 25-Jähriger soll länger als vier Monate ohne Arbeit oder Ausbildung bleiben.

1.2 Z. B. Spanien, Griechenland

2.1 Die erste Schwelle ist der Übergang von der Schule zur Ausbildung, die zweite Schwelle ist der Übergang von der Ausbildung zum Beruf.

2.2 Z. B.
Die Aussage mag zwar der Realität entsprechen, beinhaltet aber eine resignative Grundtendenz, schon jungen Menschen keine Perspektive auf dem Arbeitsmarkt zu geben.
Fehlende schulische Bildung beziehungsweise fehlende berufliche Qualifikationen und mangelnde Einsatzbereitschaft von Teilen der Jugendlichen halten Unternehmen davon ab, diesen Jugendlichen eine Beschäftigung anzubieten.

2.3 BA-Chef Weise glaubt, dass Deutschland gute Voraussetzungen hat, das Ziel der Jugendgarantie zu erreichen. Er glaubt, dass die Bundesagentur jedem Jugendlichen ein Angebot machen kann (Ausbildungsplatz bzw. weiterführende Maßnahme). Alle notwendigen Instrumente seien vorhanden. Der steigende Fachkräftebedarf verbessere die Startchancen der Jugendlichen.

3.1 Ein gutbürgerliches Ehepaar sitzt auf dem Sofa und hört als Antwort von seinen Kindern, dass Kinder-Bekommen nur in deren Armut führe und sie deshalb keine Kinder wollen. Die Kinder sind in schlaffer Körperhaltung mit lustloser Gestik und Mimik dargestellt.
Die Aussage der Karikatur ist, dass die Jugendlichen ihre Verantwortung gegenüber der Gesellschaft aus dem Generationenvertrag nicht übernehmen wollen und hierfür scheinheilige Gründe anführen.

3.2 Z. B.
- zunehmende Berufstätigkeit der Frauen ohne ausreichendes Betreuungsangebot
- unsichere wirtschaftliche Verhältnisse
- gestiegene Anforderungen der Wirtschaft an die Mobilität der Arbeitnehmer
- geringere Bereitschaft zur Einschränkung der persönlichen Freiheit

Prüfungsaufgaben Winter 2014/2015 (Aufgabe 1)

1.1
- Einfache Verwaltungstätigkeiten werden wegrationalisiert und durch automatisierte Datenverarbeitung ersetzt (z. B. beim Onlinebanking, Selbstbedienungsterminals).
- Kunden übernehmen selbst Teile der früheren Unternehmensdienstleistungen (z. B. bei der Küchenplanung, Reisebuchung).
- Regelmäßige Software-Updates machen stetes Hinzulernen und Umdenken nötig.
- Kommunikationsmöglichkeiten der Unternehmen verbessern sich.
- Erschließung neuer Märkte, neuer Vertriebswege

Gemeinschaftskunde: Junge Menschen in Beruf, Familie und Gesellschaft 167

- Möglichkeit des Homeoffice
- ständige Erreichbarkeit der Arbeitnehmer

1.2 Ein Mann sitzt in einem Lehnstuhl, ein geöffnetes Buch auf seinem Schoß, inmitten seiner Hausbibliothek. Voller Stolz weist er seinen Sohn darauf hin, dass er irgendwann alle diese Bücher, einen großen Wert, erben wird. Der Sohn ist jedoch gar nicht interessiert und beschäftigt sich mit seinem Tablet (evtl. E-Book-Reader).
Der Karikaturist möchte damit ausdrücken, dass Bücher für die junge Generation an Bedeutung verloren haben, selbst die Jüngsten nutzen mehr elektronische Medien als Bücher (v. a. für Spiele), und wenn überhaupt, dann werden Bücher in der digitalen Version gelesen. Bücher in gedruckter Form scheinen überflüssig zu werden.

1.3 Z. B.
Vorteile:
- schnelle Informationsgewinnung
- Kommunikation auch über weite Entfernung in Realzeit möglich
- Einkaufsmöglichkeiten außerhalb der Öffnungszeiten der Geschäfte

Nachteile:
- sorgloser Umgang mit persönlichen Daten
- Aufbau von virtuellen Parallelwelten mit der Folge des Verlustes des Bezugs zur realen Welt
- Verkümmerung persönlicher Kontakte

2.1 Unter Cybermobbing versteht man verschiedene Formen der Belästigung, Bedrängung, Nötigung bzw. Diffamierung anderer Menschen oder Unternehmen mithilfe elektronischer Kommunikationsmittel über das Internet.

2.2 Z. B.
- Isolation
- Suizidgedanke als letzter Ausweg
- Verlust des Selbstwertgefühls
- Angstzustände/Depressionen

2.3 Z. B.
- sorgfältiger Umgang mit Passwörtern
- Vorsicht bei der Veröffentlichung persönlicher Daten
- gesundes Misstrauen
- Zivilcourage
- sofort Hilfe in Anspruch nehmen
- Sicherung von Beweismaterial
- keine Toleranz gegenüber Mobbern

Prüfungsaufgaben Winter 2014/2015 (Aufgabe 2)

1. Eine Frau wird mit ihrem schreienden Kind im Arm und der Einkaufstüte in der anderen Hand abgebildet.
Aus dem Hintergrund fliegt ein Ball mit der Aufschrift „Gleiche Chancen im Beruf" auf sie zu. Die Frau wird, obwohl sie keine Hand frei hat, aufgefordert, den Ball zu fangen. Der Untertitel lautet „Frauen am Ball".

Interpretation: Frauen sind durch Kindererziehung und Führung des Haushalts so beansprucht, dass sie nicht die gleichen Chancen wie Männer haben, ihre beruflichen Ziele zu erreichen, auch wenn dies durch Gesetze formal gewährleistet ist. Von echter Chancengleichheit kann dabei also nicht gesprochen werden, da Frauen oft vor der Entscheidung „Karriere" oder „Mutter" stehen.

2.1 Für börsennotierte Unternehmen gilt ab 2016 eine fixe Frauenquote von mindestens 30 % im Aufsichtsrat.
Für Vorstände und das Top-Management gilt eine Flexi-Quote, d. h., Unternehmen können eigene Pflichtquoten festlegen.

2.2 Z. B.
Pro:
- Chancengleichheit in Führungspositionen gelingt nur durch gesetzlichen Druck.
- Ohne Quote können sich Frauen nicht gegen „Männerseilschaften" durchsetzen.

Kontra:
- Gefahr, dass alle weiblichen Führungskräfte als „Quotenfrauen" abgestempelt werden.
- Freiwillige Quoten brachten in der Vergangenheit nicht den erwünschten Erfolg.

3.1
- Sowohl in West- als auch in Ost-Deutschland erhalten die Männer im Durchschnitt höhere gesetzliche Renten als Frauen.
- Die Frauen im Osten beziehen im Durchschnitt höhere Renten als die Frauen im Westen.
- Über 60 % der Frauen im Westen erhalten weniger als 600,00 EUR Rente, im Osten sind es knapp 28 %.

3.2 Z. B.
- Frauen wählen häufiger Ausbildungsgänge bzw. Studiengänge, die zu schlechter bezahlten Berufen führen (Z. B. innerhalb des Dienstleistungsbereichs wie Pflege).
- Frauen unterbrechen ihre Erwerbstätigkeit oder scheiden aus dem Berufsleben aus, wenn sie Kinder bekommen.

3.3 Z. B.
- weiterer Ausbau von Kindertagesstätten
- mehr Betriebskindergärten
- flexiblere Arbeitsplätze (Homeoffice)
- flexiblere Arbeitszeitgestaltung
- Karrierechancen auch bei Teilzeitarbeit

Prüfungsaufgaben Sommer 2015 (Aufgabe 1)

1.1 Der Anteil der Einpersonenhaushalte stieg von 1972 bis 2011 stark an (von 26,2 % auf 40,4 %). Dafür sank der Anteil an Mehrpersonenhaushalten (von 73,8 % 1972 auf 59,6 % 2011).
Die Gesamtzahl der Mehrpersonenhaushalte ist gestiegen, vor allem die Anzahl der Mehrpersonenhaushalte ohne Kinder.

1.2 Z. B.
- Es gibt immer mehr ältere Menschen, die entweder allein leben (Tod des Partners) oder zu zweit ohne Kinder.
- Es gibt immer mehr Singles, die sich nicht binden möchten oder den geeigneten Partner nicht finden.
- Es gibt mehr Scheidungen als früher, dadurch mehr Einpersonenhaushalte.

Gemeinschaftskunde: Junge Menschen in Beruf, Familie und Gesellschaft 169

2. Früher lebten die meisten Menschen in einer traditionellen Familie: Vater – Mutter – Kinder. Heute gibt es daneben verschiedene Formen von Familie wie alleinerziehende Eltern oder Patchwork-Familien.
Früher lebten oft mehrere Generationen zusammen, heute lebt zum Großteil nur eine Generation unter einem Dach (Singles, Paare) oder zwei (Eltern[teile] mit Kindern).
Früher lebten meist nur verheiratete Paare miteinander und hatten Kinder, heute wohnen viele Unverheiratete zusammen und haben Kinder.

3.1 Unternehmen können Stellen nicht besetzen, weil qualifizierte Arbeitskräfte fehlen.

3.2 Im Zentrum der Karikatur steht ein gut gekleideter Mann mit abgedunkelter Brille und Blindenzeichen am rechten Arm. Er streckt die Arme aus und sagt: „Weit und breit keine Fachkräfte!!!". Umgeben wird der Mann von zahlreichen grimmig blickenden Frauen, die Dokumente, beschriftet mit „Master", „Diplom" und „Meisterbrief", vor ihren Körper halten.
Die Karikatur verdeutlicht, dass die Unternehmen, repräsentiert durch den Mann mit Blindenzeichen, gut ausgebildete Frauen (Diplomzeugnisse u. a.) als potenzielle Fachkräfte nicht sehen wollen.

3.3 Z. B.
- Betriebe bilden nicht genügend aus.
- demografischer Wandel

3.4 Z. B.
- Fachkräfte müssen aus dem Ausland angeworben werden.
- Qualität der Produktion und der Dienstleistungen der Unternehmen leidet.

Prüfungsaufgaben Sommer 2015 (Aufgabe 2)

1. Ein Paar in Badekleidung liegt unter Palmen am Ostseestrand (Rügen) und unterhält sich darüber, dass man nicht mit dem umweltschädlichen Flugzeug in den Süden fliegen müsse, da es in Deutschland auch schön sei.
Die Karikatur zeigt die Problematik des Klimawandels durch die fortschreitende Erderwärmung sowie die Verschiebung der Klimazonen auf.

2. Z. B.
- Die Verbrennung fossiler Energieträger (Kohle, Gas, Öl) für Heizung, Strom oder Mobilität führt zu einem höheren Kohlendioxidgehalt der Atmosphäre.
- Der gestiegene weltweite Fleischkonsum führt zu bedeutend größeren Viehbeständen und dadurch zu einem Anstieg der Verdauungsgase bei der Viehhaltung.

3. Z. B.
Privat:
- bei der Neuanschaffung von Geräten auf die Energieeffizienzklasse achten
- öffentliche Verkehrsmittel benutzen
- Car-Sharing, Fahrgemeinschaften bilden

Unternehmen:
- Bewegungsmelder installieren
- bei der Neuanschaffung von Maschinen auf die Energieeffizienzklasse achten
- Beleuchtung auf LED-Lampen umstellen
- Zeitschaltuhren sinnvoll einrichten

4. Erneuerbare Energien sind natürliche Energiequellen. Sie stehen unendlich lange zur Verfügung, z. B. Solarenergie oder Windenergie. Ihre Nutzung verbraucht wenige Rohstoffe und sie verursachen nur geringe Schadstoffemissionen.
Fossile Brennstoffe sind in ihrem Vorkommen hingegen begrenzt, z. B. Kohle, Gas oder Erdöl.

5. Z. B.
   - Kostenersparnis durch gesunkenen Energieverbrauch
   - Imagegewinn und dadurch erhöhter Umsatz

6. Z. B.
   - Ingenieure für Umwelttechnik
   - Energieberater
   - Berufe im Bereich Recycling, Wasseraufbereitung
   - Berufe im Bereich Gebäudedämmung, Architekten, Landschaftsplaner
   - ökologische Logistik

Prüfungsaufgaben Winter 2015/2016 (Aufgabe 1)

1. Stress kann sich z. B. daraus ergeben, dass jemand von der Fülle der Freizeitangebote möglichst viel nutzen will und deshalb von einem Termin zum nächsten hetzen muss.

2.1
   - Die Daten stammen aus dem Drogenbericht 2009.
   - Der Titel lautet: „Cool oder riskant, Alkoholkonsum von 12- bis 17-Jährigen".
   - Die Grafik besteht aus vier Teilen. Die Darstellung erfolgt jeweils mit Balkendiagrammen.
   - Oben links wird dargestellt, wie viele Jugendliche keinen Alkohol trinken: im Durchschnitt 54,7 %; von den Mädchen 56,6 %, von den Jungen 52,9 %.
   - Oben rechts wird dargestellt, wie viele Jugendliche mindestens wöchentlich Alkohol trinken: insgesamt 17,4 %; von den Mädchen 12,8 %, von den Jungen 21,8 %.
   - Unten links wird dargestellt, wie viele Jugendliche zu viel Alkohol trinken: insgesamt 8,2 %; von den Mädchen 7,3 %, von den Jungen 9,1 %.
   - Unten rechts wird dargestellt, wie viele Jugendliche in den letzten 30 Tagen mindestens einmal Koma-Trinken praktiziert haben: insgesamt 20,4 %; von den Mädchen 17,7 %, von den Jungen 23 %.

2.2 Z. B.
   - Gruppenzwang, traditionelles Verhalten in vielen Vereinen nach „Programmende"
   - Unter 16-Jährige wollen „cool" sein, indem sie Verbotenes tun.
   - Jugendliche möchten erwachsen wirken.
   - Verdrängen von Sorgen, Suche des Rauschgefühls
   - Suche nach Entspannungsgefühl, Stressabbau
   - schlechtes Vorbild der Gesellschaft, Alkohol gilt trotz Suchtpotenzial als legale Droge

2.3 Z. B.
   - Das noch in der Entwicklung befindliche Gehirn von Kindern und Jugendlichen kann geschädigt und die Intelligenz beeinträchtigt werden.
   - gesundheitliche Probleme, z. B. Alkoholvergiftungen oder sog. „Filmrisse"
   - Veränderung der Persönlichkeit, z. B. Förderung von Ängsten oder Depressionen
   - Einschränkung oder Verlust der Selbstkontrolle

Gemeinschaftskunde: Junge Menschen in Beruf, Familie und Gesellschaft

3.1
- Unterschätzung der möglichen Gefahren vermeintlich legaler Rauschmittel
- Mögliche Folgen von unbeabsichtigter Überdosierung: Wahnvorstellungen, Kollabieren, Herzstillstand

3.2 Z. B.
- Aufklärungsarbeit durch Eltern und Schule, z. B. einen ehemaligen Abhängigen zu einem Gesprächskreis einladen
- Aufklärungsarbeit durch die Medien, z. B. indem sie in angemessener Sprache verdeutlichen, dass viele „Legal Highs" Betäubungsmittel enthalten und damit nicht mehr legal sind.
- mehr Polizeipräsenz auf den Umschlagplätzen, Kontrolle der Vermarkter im Internet

Prüfungsaufgaben Winter 2015/2016 (Aufgabe 2)

1.1 Die Grafik stellt die (geschätzte) unterschiedliche Förderung der Landwirtschaft durch EU, OECD und USA im Zeitraum von 1990 bis 2013 in Form von Kurvendiagrammen dar. Der Höhepunkt der Subventionen findet für alle Regionen in den Jahren 1998 und 1999 statt (EU ca. 38 %, OECD ca. 35 % und USA ca. 28 % der Bruttobetriebseinnahmen). Danach ist die Förderung für Landwirte relativ kontinuierlich gesunken. Stets hat die EU das höchste Förderungsniveau. Die Subventionen in den USA liegen über Jahrzehnte zwischen mindestens 10 und bis zu 30 Prozentpunkten unter denen der EU. Insgesamt kann man sagen, dass alle drei Kurven einen ähnlichen Verlauf aufweisen.

1.2 Argumente **für** Subventionen:
- Abhängigkeit vom Ausland (z. B. bei politischen Krisen oder Naturkatastrophen) ist geringer.
- Arbeitsplätze bleiben erhalten (Z. B. können damit weitere Ziele verfolgt werden, wie Förderung des ökologischen Anbaus in der Landwirtschaft).

Argumente **gegen** Subventionen:
- Sie erhalten unrentable Wirtschaftszweige.
- Sie benachteiligen die Unternehmen, die keine Unterstützung bekommen.

2.1 Für die Fleischproduktion werden pflanzliche Nahrungsmittel verbraucht, die sonst direkt für eine vegetarische Ernährung der Menschen zur Verfügung stünden. Um den gleichen Nährwert mit Fleisch zu erzeugen, braucht man ein Mehrfaches an Energie (z. B. das 7-Fache an Soja).

2.2 Z. B.
- Die Weltbevölkerung wächst schneller als die landwirtschaftliche Produktion.
- Die Infrastruktur zum Transport und zur Lagerung von Lebensmitteln ist in bestimmten Weltregionen unzureichend.
- Erntevernichtung durch Dürren (natur- oder menschenverursacht durch Erderwärmung) oder Überschwemmungen
- Zerstörung traditioneller Agrarproduktion im „Süden" durch Vormacht global agierender Unternehmen und Subventionen des reicheren „Nordens"
- verbreitete Korruption in den Staaten mit Mangelernährung
- Überversorgung in etlichen Haushalten des „Nordens" führt zum Wegwerfen von Lebensmitteln.

2.3 Kontra:
- Gentechnische Veränderungen, die zur Freilandpflanzung (z. B. in USA) geführt haben, können sich auch auf den natürlichen Anbau auswirken.
- Welche Auswirkungen der Verzehr von gentechnisch veränderten Nahrungsmitteln hat, ist unklar.
- Die Langzeitfolgen für das gesamte Ökosystem sind nicht erforscht.

Pro:
- Man hätte Nahrungsmittel, die resistent gegen Schädlinge wären, und könnte somit einen höheren Ernteertrag einfahren.
- Produkte könnten in Gegenden angebaut werden, in denen dies bisher nicht möglich war.

Prüfungsaufgaben Sommer 2016 (Aufgabe 1)

1.1
- Arbeitslosengeld (ALG) I wird aus Beiträgen finanziert, ALG II aus Steuern.
- Die Höhe des ALG I richtet sich nach dem bisherigen Einkommen, die von ALG II nach allgemein gültigen (gesetzlich festgelegten) Regelsätzen.
- ALG 1 wird ohne Berücksichtigung von Vermögen ausgezahlt. ALG II bekommen nur Bedürftige mit keinem oder geringem Vermögen.
- ALG I ist befristet, ALG II kann u. U. auch unbefristet bezogen werden.

1.2 Krankenversicherung, Rentenversicherung, Pflegeversicherung, Unfallversicherung

2.1
- Ausschluss von Teilen des gesellschaftlichen Lebens aufgrund mangelnder Finanzmittel
- psychische Probleme (sinkendes Selbstwertgefühl, Sinnkrise)
- fehlende Tagesstrukturierung beim Leben mit beschäftigungslosen Eltern
- Verlust der elterlichen Vorbildfunktion

2.2 Beschreibung:
Die Karikatur besteht aus zwei Bildern. Auf dem linken Bild ist ein Kind zu sehen, das über eine weiße Linie krabbelt, die quer über einen Weg gezeichnet ist. Über der Linie ist ein Banner gespannt mit der Aufschrift „Start Kinderarmut". Das rechte Bild zeigt ebenfalls ein über einen Weg gespanntes Banner, diesmal mit der Aufschrift „Ziel Altersarmut". Auf dem Weg kurz vor dem Ziel ist ein alter Mann mit einem Gehstock zu sehen. Die Bildunterschrift lautet „Lebens-Lauf".

Interpretation:
Der Karikaturist will darauf aufmerksam machen, dass Kinder, die ihr Leben in armen Verhältnissen beginnen, häufig ihr Leben lang arm bleiben. Denn das Kind im linken Bild startet sein Leben in Kinderarmut, sein „Lebens-Lauf" verläuft auf dem in der Karikatur gezeigten Weg der Armut bis ins Alter. Der Appell an Politiker lautet also: Wenn Altersarmut verhindert werden soll, muss Kinderarmut bekämpft werden.

2.3 Bei absoluter Armut ist das Leben eines Menschen gefährdet, da er z. B. nicht über genug Nahrung verfügt. Relative Armut bedeutet, dass ein Mensch, im Verhältnis zu anderen Menschen, in seiner Gesellschaft über wenig Einkommen und Vermögen verfügt (z. B. weniger als die Hälfte des Durchschnitts).

Gemeinschaftskunde: Junge Menschen in Beruf, Familie und Gesellschaft

2.4 Z. B.
Pro:
- Die Bekämpfung von Kinderarmut ist eine gesamtgesellschaftliche Aufgabe, daher ist die Forderung, dass alle mehr Steuern zahlen sollen, gerechtfertigt.
- Durch höhere Steuern hat der Staat mehr Geld, um ärmere Kinder besser in ihrer Entwicklung zu fördern (z. B. Vermehrung kostenloser Bildungsangebote).

Kontra:
- Bei vielen Menschen ist der Verdienst so gering, dass höhere Steuern eine ungerechte Belastung wären.
- Die Ausgaben für Soziales sind bereits beträchtlich (bei Bundes- und Landesregierungen größter Haushaltsposten!) und sollten nicht weiter steigen; besser wäre es, das vorhandene Geld sinnvoller zu verteilen.
- Höhere Steuern sind für die Wirtschaft schädlich, indem sie Konsum- und Investitionsausgaben verringern.

Prüfungsaufgaben Sommer 2016 (Aufgabe 2)

1. Die Hähnchenfleischexporte der EU (einschließlich Deutschland) stiegen von knapp 200.000 Tonnen im Jahr 2000 auf knapp 600.000 Tonnen im Jahr 2014, haben sich in dieser Zeit also verdreifacht, wobei es von 2003 bis 2005 einen Rückgang und dann bis 2009 nur einen minimalen Anstieg gab, der rasante Anstieg also ab 2009 erfolgte.

   Die Hähnchenfleischexporte Deutschlands sind von 2000 bis 2009 auf niedrigem Niveau konstant geblieben, haben sich aber ab 2009 etwa vervierfacht (von unter 10.000 Tonnen auf ca. 40.000 Tonnen).

2. Da sich Brustfleisch beim europäischen Kunden besonderer Beliebtheit erfreut, ist in Europa anderes Hähnchenfleisch schwer verkäuflich. Afrika stellt einen Absatzmarkt für genau dieses europäische „Abfallprodukt" dar, sodass sich dadurch beste Umsatz- und Gewinnchancen ergeben.

3. Das von Westafrika importierte Hähnchenfleisch ist billiger als das im eigenen Land produzierte und gefährdet deshalb die einheimische Hühnerzucht; die Folge ist die Zerstörung der einheimischen Produktion (Aufgabe von Betrieben – betroffen sind vor allem kleine und mittlere Betriebe – mit den Folgen steigender Arbeitslosigkeit und sinkender Einkommen), statt Verbesserung des Lebensstandards.

4. Z. B.
   - Importverbote
   - ausreichend hohe Schutzzölle (ca. 100 % wären nötig)
   - Unterstützung der heimischen Landwirtschaft

5. Z. B.
   Pro:
   - Hähnchenfleisch wird so auch für den westafrikanischen Kunden billiger.
   - „Schlachtabfälle" in der EU werden verringert.
   - Exporte führen in Europa zu zusätzlichen Einnahmen aus der laufenden Hähnchenfleischproduktion und sichern damit Arbeitsplätze (v. a. in Ländern mit starker Landwirtschaft).

Kontra:
- Landwirtschaftliche Betriebe im Importland sehen sich gezwungen, ihre Produktion aufzugeben.
- Die potentielle Nahrungsmittelselbstversorgung im wirtschaftsschwachen Importland ist gefährdet.
- Die ohnehin hohe Arbeitslosigkeit im Importland wird noch größer.

6. Z. B.
Chancen:
- Aufgrund hoher Produktionskosten im Inland verlagern Unternehmen ihre Produktion ins (v. a. lohnkostenmäßig) billigere Ausland.
- Für die Produktion benötigte Materialien werden aus dem Ausland billiger bezogen.
- Absatzmärkte im Ausland wachsen oft noch im Gegensatz zum deutschen Markt.

Risiken:
- Die im Ausland produzierten Waren genügen nicht inländischen Qualitätsstandards.
- Das Ausbildungsniveau der Mitarbeiterinnen und Mitarbeiter entspricht nicht den Erwartungen des deutschen Investors, Investitionen scheitern.

Prüfungsaufgaben Winter 2016/2017 (Aufgabe 1)

1.1 Z. B.
Das Liniendiagramm stellt die „Qualifikationsspezifische[n] Arbeitslosenquoten" in Deutschland von 1975 bis 2013 dar. Bis 1980 verlaufen die vier Linien parallel auf niedrigem Niveau, das heißt, sie bewegen sich im Rahmen von 2 %–6 %. Ab 1980 steigt die Linie, welche die Arbeitslosenquote der Erwerbsfähigen ohne Berufsabschluss abbildet, dramatisch an und entwickelt ihren vorläufigen Höhepunkt im Jahr 1997 mit 27 %.
Die zentrale Aussage lautet: Je geringer die Qualifikation, desto höher ist die Wahrscheinlichkeit, arbeitslos zu werden. Die Menschen ohne Berufsabschluss sind viermal mehr von Arbeitslosigkeit betroffen.

1.2 Z. B.
- Zahlreiche Tätigkeiten, die von Geringqualifizierten ausgeübt wurden, werden inzwischen von Maschinen oder in Niedriglohnländern ausgeführt.
- Die Entwicklung neuer Technologien erhöht die geistigen Anforderungen an Arbeitnehmer/-innen, die ohne Lehre und Fortbildungen nicht erfüllt werden können.

1.3
- Schlüsselqualifikationen haben an Bedeutung gewonnen.
- Die Bereitschaft zur Fort- und Weiterbildung (lebenslanges Lernen) wird vorausgesetzt.
- Wer angelernt arbeitet, sollte einen Berufsabschluss nachholen.

2.1 Unter Sabbatical versteht man den zeitweiligen Ausstieg aus dem Arbeitsleben/die Abwesenheit vom bisherigen Arbeitsplatz für mehrere Monate bis zu einem Jahr.

2.2 Z. B.
Argumente auf Seiten der **Unternehmen**:
- höhere Motivation und Tatkraft bei den Zurückgekehrten
- Kompetenzentwicklung auch durch Herausforderungen in der Zeit des Sabbaticals

Argumente auf Seiten der **Arbeitnehmer/-innen**:
- Stressabbau
- die Welt sehen/Naturerlebnis

- soziales Engagement
- viel Zeit für Partnerschaftspflege

2.3 Nachteile für **Arbeitnehmer/-innen**:
Probleme beim Wiedereinstieg (ungewohnte Arbeitsbelastung, fehlende Informationen zu Wandlungsprozessen im Unternehmen)

Nachteile für **Unternehmen**:
Stellenbesetzung während der Abwesenheit, Wiedereingliederung bedarf mehr Verwaltungsaufwand und organisatorische Flexibilität

Prüfungsaufgaben Winter 2016/2017 (Aufgabe 2)

1.1 Z. B.
- **1910**: Es gibt viel mehr junge als alte Menschen (Lebensaltersbaum). In jeder fünf Jahre umfassenden Altersstufe gibt es etwa gleich viel Frauen und Männer.
- **1950**: Die Geburtenzahlen haben sich im Vergleich zu 1910 nahezu halbiert. In der mittleren Generation (30- bis 35-Jährige) ist die Personenanzahl auffallend gering. Auf fast allen Altersstufen gibt es mehr Frauen als Männer.
- **2000**: Die Geburtenzahlen sind etwa 20 % kleiner als 1950. Die Generation zwischen 30 und 45 tritt zahlenmäßig am stärksten hervor.
- **2050 (Prognose)**: Die Geburtenzahlen werden in den 50 Jahren kontinuierlich sinken. Im Alter bis fünf Jahren werden dann knapp 3 statt 4 Mio. Kinder leben.
Der Anteil der über 60-Jährigen nimmt dagegen deutlich zu, v. a. gibt es dann deutlich mehr alte Frauen.

1.2 Z. B.
- **1950**: Die niedrige Anzahl der 30- bis 35-Jährigen erklärt sich durch die hohe Opferzahl im 2. Weltkrieg.
- **2000**: Vereinfachte Methoden der Geburtenkontrolle (z. B. Pille) führten in den letzten 25 Jahren zu niedrigeren Geburtenzahlen.

1.3 Z. B.
Im Schaubild 2050 wird eine deutliche Überalterung der Gesellschaft prognostiziert. Dadurch ergeben sich Probleme im Rahmen der gesetzlichen Sozialversicherung (z. B. Finanzierung, Pflegekräfte) und weiterer Unterstützungssysteme sowie ein Fachkräftemangel.
Sofern es gelingt, die Zuwanderer (auch im Zusammenhang mit einer gezielten Einwanderungspolitik) in die Gesellschaft zu integrieren, können die negativen Auswirkungen des demografischen Wandels abgemildert werden. Die Geburtenzahl würde steigen, ebenso die Anzahl der Fachkräfte sowie die der Verbraucher und Steuerzahler. Daneben müssten weitere Instrumente greifen, z. B. Instrumente zur Förderung der Vereinbarkeit von Familie und Beruf.

2.1 **Beschreibung:**
In der Karikatur werden drei Personen dargestellt: eine Mutter und ihre beiden Kinder. Der Junge schnippt erfreut eine Münze in die Luft, während das Mädchen die Mutter enttäuscht fragt, warum ihr Bruder mehr Geld bekomme. Die Mutter antwortet, dass die Tochter sich schon einmal daran gewöhnen solle.

Interpretation:
Die Karikatur stellt die Lohnungerechtigkeit zwischen Frauen und Männern dar. Die Frauen scheinen diese Ungleichbehandlung passiv hinzunehmen.

2.2 **Pro:**
Frauen wählen häufig sogenannte typisch weibliche Berufe (z. B. Friseurin, Verkäuferin, Erzieherin). Diese sind schlechter bezahlt als eher männlich assoziierte Berufe (z. B. im Bereich Metall- und Elektrotechnik). Frauen treten bei Gehaltsverhandlungen weniger selbstbewusst und fordernd auf.

Kontra:
Es ist eher zu hinterfragen, weshalb Berufe, die ein hohes Maß an Sozialkompetenz erfordern, schlechter entlohnt werden. Hier sollte ein gesellschaftliches Umdenken stattfinden. Unternehmen agieren zurückhaltender in Bezug auf Frauenförderung, da sie davon ausgehen, dass diese ihren Lebensmittelpunkt in der Familie sehen.

2 Demokratie in Deutschland

2.1 Partizipation und politischer Entscheidungsprozess

1. Parteien (z. B. CDU), Verbände (z. B. Bundesverband der deutschen Industrie), Bürgerinitiativen (z. B. örtliche Bürgerinitiative für eine Umgehungsstraße)

2.
   - Mitgliedschaft und aktive Beteiligung in einer Partei
   - Stimmabgabe bei Wahlen zum Ortschaftsrat, Gemeinderat, Kreistag, Landtag, Bundestag, Europa-Parlament
   - Beteiligung an Demonstrationen
   - Mitwirkung in Bürgerinitiativen
   - Schreiben von Leserbriefen

3. Parteien erarbeiten Programme zur Lösung politischer Probleme, tragen (z. B. über Politiker-Interviews, Diskussionsveranstaltungen, Wahlkämpfe) zur politischen Willensbildung bei den wahlberechtigten Bürgern bei, beteiligen sich mit Kandidaten an Wahlen und stellen sich über gewählte Abgeordnete für Regierungsämter oder die Oppositionsrolle zur Verfügung.

4.
   - Staatsmittel (Wahlkampfkostenerstattung)
   - Spenden von Interessengruppen und Parteimitgliedern
   - Mitgliederbeiträge

5. Die Fünf-Prozent-Klausel, die bei allen politischen Wahlen in der BRD angewandt wird, soll eine Parteienzersplitterung (wie in der Weimarer Republik mit mehr als 30 kandidierenden Parteien, die alle echte Wahlchancen hatten) verhindern und über die Stimmenkonzentration auf einige Parteien (bisher maximal sechs) Regierungsbildungen im Vergleich zur reinen Verhältniswahl erleichtern sowie die Einigungsfähigkeit in den Parlamenten – an deren Mangel die Weimarer Republik zugrunde ging – vergrößern.

6.
   - Beobachtung des Verhaltens von Abgeordneten – in Regierung oder Opposition – nach der letzten Wahl, was bei vielen Parteifunktionären über die Medienberichterstattung relativ gut möglich ist.
   - Besuch von Wahlveranstaltungen mit Diskussionsmöglichkeit
   - Lektüre von Parteiprogrammen und Wahlkampfanzeigen
   - Hören und Sehen politischer Sendungen
   - Diskussionen im Familien- und Freundeskreis über politische Sachverhalte

7. Personalisiertes Verhältniswahlsystem = Mischsystem aus Mehrheitswahl und Verhältniswahl: Jeder Wähler hat eine **Erststimme** für einen persönlich bekannten **Wahlkreisbewerber** und eine **Zweitstimme** für eine **Parteiliste** (mit den dort Kandidierenden).

   Nachteile des Mehrheitswahlsystems, wie Wertlosigkeit der an „Wahlverlierer" vergebenen Stimmen und absolute Chancenlosigkeit neuer Parteien, werden dadurch vermieden.

8. Bundesverfassungsgericht (in Karlsruhe)

9.

Parteien	Merkmale	Bürgerinitiativen
Artikel 21	Erwähnung im Grundgesetz	–
auf allen Politikgebieten	Mitwirkung an der politischen Willensbildung	nur Engagement, wenn eigene Interessen betroffen
gegenüber den Wählern	Rechenschaft	–
gesetzlich vorgeschrieben	Organisationsform/Wahlen	völlig frei

10. Parteien regieren wegen ihres großen **Verwaltungsapparats** auf regionale und örtliche Probleme oft nur sehr langsam, während Bürgerinitiativen sich voll für ein örtliches, ihnen genau bekanntes Projekt engagieren können. Und die Beseitigung direkt fassbarer Missstände motiviert mehr Bürger zur Mitarbeit als eine Parteiarbeit, bei der – wegen der durchaus verschiedenen Ansichten der zahlreichen Mitglieder und langwieriger Entscheidungsprozesse – **viele Kompromisse** auf dem Weg **zur Lösung der großen politischen Probleme** eingegangen werden müssen.

11.
    - Großkundgebungen, Demonstrationen
    - Öffentlichkeitsarbeit mit großen Zeitungsanzeigen und Pressekonferenzen
    - Kontakte zu Abgeordneten, um Gesetzesvorhaben anzuregen
    - Stellungnahme bei Hearings

12. Nur wenn mindestens zwei Parteien vorhanden sind, kann **das Volk bei Wahlen eine Mehrheitsentscheidung treffen**, welche Volksvertreter – die ein bestimmtes Politik-Programm vertreten – für eine begrenzte Zeit regieren sollen. Eine Einparteienherrschaft ist dagegen fast zwangsläufig eine Diktatur. In den Parlamenten stellt mindestens eine bei den Wahlen unterlegene Partei die **Opposition** und kann sich dann den Wählern als Alternative bei der nächsten Wahl präsentieren.

13. Konservative, Sozialdemokraten/Sozialisten sowie Liberale vertreten schon Jahrzehnte die politischen Grundpositionen, während seit vielen Jahren auch die Ökologen (Grünen) und neuerdings auch die Nationalisten europaweit an Bedeutung gewinnen.

14.
    - Veranstalter von **Demonstrationen** auf öffentlichem Gelände müssen diese 48 Stunden vor Beginn bei der Polizei **anmelden**.
    - **Vermummung**, Tragen von Waffen und Volksverhetzung ist den Teilnehmern **verboten**.
    - In einer „Bannmeile" (Umkreis von ca. 1 km) um Parlamentsgebäude und Bundesverfassungsgericht darf nicht demonstriert werden.

15. Die Teilung der staatlichen Gewalt in **Legislative, Exekutive** und **Judikative** soll verhindern, dass wenige Politiker unkontrolliert wichtige Entscheidungen treffen können, weil sie mit einem Staatsorgan bereits über die gesamte politische Macht verfügen.

16. **Horizontale Gewaltenteilung** heißt: Auf derselben staatlichen Entscheidungsebene gibt es die drei selbstständigen Staatsgewalten, auf Bundesebene z. B. Bundesverfassungsgericht, Bundestag, Bundesregierung, auf der Entscheidungsebene des Landes Baden-Württemberg gibt es entsprechend Staatsgerichtshof, Landtag, Landesregierung.

Vertikale Gewaltenteilung heißt: Politische Entscheidungen werden nicht grundsätzlich zentralistisch auf der höchsten Ebene getroffen, sondern jede der drei Staatsgewalten ist nicht nur auf Bundesebene, sondern in allen 16 Bundesländern vorhanden und für bestimmte Aufgabenbereiche zuständig, z. B. Exekutive in Form von Bundesregierung, Landesregierung, Regierungspräsidium, Kreisverwaltung, Gemeindeverwaltung.

17. Wahl des Bundeskanzlers, Gesetzgebung, Regierungskontrolle

18. **Theoretisch** könnten in einer Krisensituation die gewählten Abgeordneten aus allen Parteien beschließen, eine **Allparteienkoalition** zu bilden. Dann aber würden alle Abgeordneten auch die Regierungsinteressen vertreten, und der Bundestag als eigenständige Staatsgewalt hätte seine Bedeutung verloren.
    Ohne Opposition gibt es **keine Regierungskontrolle** mehr, weil diese natürlich vorrangig nur von einem Teil des Parlaments, nämlich von der Opposition, eindrucksvoll ausgeübt wird, da deren Abgeordnete die Regierung in der Öffentlichkeit bloßstellen und sich selbst als bessere Alternative präsentieren wollen. Auch wenn sich die Oppositionsparteien in einer klaren Minderheitsposition befinden und die Regierung bei Gesetzesvorhaben nicht in Bedrängnis bringen können, so ist doch die Oppositionsarbeit und ihr Bekanntwerden über die Medien für eine Demokratie unabdingbar.

19. Jede Fraktion sorgt nach einem innerparteilichen Diskussionsprozess für eine möglichst eindeutige Entscheidung der Fraktionsmitglieder bei Abstimmungen im Parlament. Die Abgeordneten, die auf Fraktionssitzungen eine abweichende Haltung eingenommen haben, beugen sich in der Regel der Mehrheitsmeinung und stimmen dann im Bundestag mit den anderen Abgeordneten ihrer Fraktion einheitlich ab, damit die **Partei nach außen handlungsfähig erscheint**, was besonders wichtig für die Regierungsparteien ist. Die **Arbeitskreise** dienen der Vorbereitung solcher Fraktionsentscheidungen, weil sich dort jeweils eine Gruppe von Abgeordneten auf ein Politikfeld konzentriert und so am besten argumentieren kann. Vor ganz schwierigen Entscheidungen kann es sogar zu einem überfraktionellen Arbeitskreis kommen, dessen Überzeugungsarbeit dann erst eine Bundestagsmehrheitsentscheidung ermöglicht (z. B. Reform Abtreibungsrecht).

20. Der **Plenarsaal** des Bundestages (Ort des Plenums = Vollversammlung der Abgeordneten) ist nur bei ganz wenigen Entscheidungen (wie z. B. für neue Bundeshauptstadt Berlin oder die Abtreibung) der wichtigste Tagungsort. Denn die Hauptarbeit bei der Vorbereitung von Gesetzen/Gesetzesänderungen findet in den mehr als 30 ständigen **Ausschüssen** (z. B. im Verteidigungsausschuss) statt, sodass die Abgeordneten in Bundestagsdebatten selten noch neue Argumente hören. Außerdem ist die Meinungsfindung ja schon in Arbeitskreis- und Fraktionssitzungen weitgehend abgeschlossen worden. Jeder Bundestagsabgeordnete hat schließlich noch die Möglichkeit, in seinem Arbeitszimmer die Plenardebatte per Monitor mit zu verfolgen.

21. Imperatives Mandat bedeutet, dass der Abgeordnete einen klaren Entscheidungs-/Abstimmungsauftrag hat – entweder von Wählern, denen gegenüber er rechenschaftspflichtig wäre und die ihm sein Mandat entziehen könnten, oder gegenüber der Partei, für die er kandidiert hat. Solch ein Abgeordneter würde zu einem **Befehlsempfänger**. Die Stabilität von Regierungen wäre durch möglichen ständigen Willenswechsel gefährdet.

22. Die Meinung eines Abgeordneten kann im Gegensatz zu der Fraktionsmeinung stehen. Bei Abstimmungen beugt er/sie sich dann aber der Fraktionsdisziplin. Um schweren

Gewissenskonflikten vorzubeugen, stellen die Fraktionen allerdings bei entsprechenden Entscheidungen allen Abgeordneten das Abstimmungsverhalten frei.

23. Das Zitierrecht ist ein wichtiges parlamentarisches Kontrollmittel und bedeutet, dass jedes Regierungsmitglied zu Parlaments- und Ausschusssitzungen „zitiert" werden kann, um sich kritischen Fragen zu stellen und Auskünfte zu erteilen.

24. Die Bezeichnung „Länderparlament" oder „Länderkammer" ist insofern falsch, als dort keine Angelegenheiten besprochen und Entscheidungen getroffen werden, welche die Länder untereinander betreffen. Natürlich werden im Bundesrat Interessen der einzelnen Länder durch ihre Regierungen vertreten, aber der **Bundes**rat – wie es der Name sagt – ist eines der fünf ständigen Verfassungsorgane der BRD mit der wichtigen Aufgabe der Mitwirkung an der **Bundesgesetzgebung**.

25. Finden in einem Bundesland Wahlen statt, woraufhin sich die Regierung(skoalition) dort ändert – wie 2005 und 2010 in Nordrhein-Westfalen –, verändert dies auch die Stimmenverhältnisse im Bundesrat. (So hatte nach Sommer 2010 „Schwarz-Gelb" keine Mehrheit mehr im Bundesrat. 2013 scheiterte die FDP sogar an der Fünf-Prozent-Klausel.)
Jede Bundesregierung (mit ihrer Bundestagsmehrheit als Machtbasis) muss aber bei **zustimmungspflichtigen Gesetzesvorhaben** auf die Bundesratsmehrheit Rücksicht nehmen und zu Kompromissen bereit sein!
Noch abhängiger sind Bundesregierung und Bundestagsmehrheit bei **verfassungsändernden** Gesetzen, wobei sie sogar eine Zweidrittelmehrheit (= 46 Stimmen) im Bundesrat brauchen (wie z. B. bei Änderungen der Wehrpflicht nach Grundgesetz-Artikel 12a).

26. Die Bundesrepublik Deutschland ist der einzige Bundesstaat in der Europäischen Union. Die Bundesregierung hat auf EU-Ebene eine Machtposition, die sie wegen des Föderalismus auf nationaler Ebene nicht hat. Die Bundesländer haben deshalb vor EU-Ministerratsentscheidungen, welche die Bundesländer betreffen, ein Informations- und Mitspracherecht. Dies wurde vom Bundesverfassungsgericht im Zusammenhang mit Klagen gegen den Lissabon-Vertrag der EU-Staaten ausdrücklich bestätigt.

27. Gründe:
    - **Fünf-Prozent-Klausel** gegen Parteienzersplitterung
    - **konstruktives** Misstrauensvotum
    - Bundespräsident kann nicht einen Bundeskanzler nach eigener Wahl einsetzen, sondern braucht Mehrheitsentscheidung im Bundestag.
    - Die Volksparteien suchen häufig Kompromisslösungen, wozu sie über den Föderalismus, insbesondere die Einrichtung des **Bundesrates** und **Vermittlungsausschusses** auch immer wieder gezwungen werden.

28. Die BRD besteht aus 16 Bundesländern, die Staatsgewalt ist zwischen Bund und Ländern aufgeteilt, der Bundesrat ist an Bundesgesetzgebung beteiligt.

29. - **Bundeskanzler/-in** braucht immer die Zustimmung der **Parlamentsmehrheit (Bundestag)**.
    - Bei rund jedem dritten Gesetzesvorhaben braucht die Regierung die **Zustimmung des Bundesrates**, in dem oft andere Mehrheitsverhältnisse herrschen, z. B. Opposition im Bundestag hat Mehrheit im Bundesrat.
    - Der **Bundespräsident** darf verfassungswidrige Gesetze nicht unterzeichnen.
    - Das **Bundesverfassungsgericht** ist unabhängig und in seiner Urteilsfindung nur an das Grundgesetz gebunden.

30. Argumente für ein Plebiszit:
    - Im Gegensatz zur Stimmabgabe bei Wahlen im 4- oder 5-Jahres-Rhythmus kann der wahlberechtigte Bürger bei Sachthemen seine Meinung differenziert zum Ausdruck bringen.
    - Bürger identifizieren sich stärker mit dem Staat und politischen Entscheidungen, wenn sie selbst etwas direkt bewirken können.
    - Die Akzeptanz politischer Entscheidungen steigt.

    Argumente **gegen** ein Plebiszit:
    - Volksentscheide sind verglichen mit repräsentativen Entscheidungen (durch die Parlamente) zeitaufwendiger und mit höheren Kosten verbunden.
    - Einfache Ja-/Nein-Abstimmungen führen oft zu „Abstrafungen" der Regierungen (wie z. B. 2016 in Großbritannien und Italien).

2.2 Entwicklung der Demokratie in Deutschland und ihre Gefährdungen

1. Nach den schrecklichen Kriegsjahren mit unermesslichem Leid (Mio. von Gefallenen, Vermissten, Kriegsgefangenen, Verwundeten, Kranken) stehen dem Volk weitere Schreckensjahre bevor: **Deutschland ist zerbombt, Millionen Wohnungen fehlen, Notunterkünfte sind ohne Strom, Wasser und Heizungsmöglichkeit**, in bewohnbaren Gebäuden fehlt es an Brennmaterial, **zusammengebrochene Lebensmittelversorgung, von den Besatzungsmächten ausgegebene Lebensmittelkarten reichen oft nicht zum Überleben**; Tauschen (Schwarzmarkt), Betteln und Stehlen sind lebensnotwenig.

2. Im Potsdamer Abkommen wurde die von Stalin vorgenommene **Unterstellung von Königsberg und des nördlichen Ostpreußen unter sowjetische Verwaltung** sowie die der übrigen **Reichsgebiete** (in den Grenzen von 1937) **östlich der Oder-Neiße-Linie unter polnische Verwaltung** bestätigt und eine endgültige Grenzregelung auf einen später zu schließenden Friedensvertrag vertagt. Die Vertreibung der im Osten lebenden Deutschen und die **Neubesiedlung nach der von Stalin erzwungenen „Westverschiebung" des polnischen Staatsgebietes** führten dazu, dass das frühere deutsche Reichsgebiet nicht mehr hergestellt werden kann und die **Oder-Neiße-Linie seit 1990 die völkerrechtlich anerkannte Westgrenze Polens (= Ostgrenze Deutschlands) darstellt.**

3. Das Zweckbündnis der Westmächte und der UdSSR gegen Hitler zerbrach nach dem Sieg über den gemeinsamen Feind, weil die gegensätzlichen Ideologien (Kommunismus kontra Demokratie) bei dem Versuch der gemeinsamen Verwaltung Deutschlands deutlich wurden.

4. Am 11.06.1945 wurde die **KPD** (Kommunistische Partei Deutschlands) neu gegründet, wenige Tage später die **SPD** (Sozialdemokratische Partei Deutschlands). Die Mitglieder beider Parteien waren während der Hitler-Herrschaft verfolgt und z. T. ermordet worden und hatten daher eine **gemeinsame antifaschistische Herkunft** und ein **Interesse an der organisatorischen Stärkung der Arbeiterbewegung**. Am 20./21.04. schlossen sich auf starken Druck der sowjetischen Militärverwaltung KPD und SPD zur **Sozialistischen Einheitspartei Deutschlands** (SED) zusammen, **weil** die SPD zur stärksten Kraft in ganz Deutschland werden wollte und die **KPD zu wenig Rückhalt in der Bevölkerung hatte**. Nur in Berlin durfte die SPD (wegen des Viermächtestatus) weiter existieren, wo sie bei den **Wahlen im Oktober 1946** 48,7 % der Stimmen erhielt, die SED dagegen nur enttäuschende **19,8** %.

5. Westmächte sahen bald nach dem Ende des 2. Weltkriegs, dass **Stalin** die Positionen, welche die Rote Armee in Europa gewonnen hatte, nicht wieder hergeben wollte und den **kommunistischen Einflussbereich in Europa** (1946 bereits von den baltischen Staaten Estland, Lettland, Litauen im Norden bis Albanien im Süden) **weiter nach Westen ausdehnen wollte.** Die **USA verfolgten ab 1946 entgegengesetztes Ziel: Stoppen des sowjetischen Expansionsdrangs** durch wirtschaftlich überlebensfähiges und von der UdSSR unabhängiges Deutschland, d. h. letztlich **Errichtung eines westdeutschen Teilstaates.**

6. **Sowjetisch gesteuerte Volkskongressbewegung** bereitet den Aufbau einer „Diktatur des Proletariats" vor, nachdem erste Gemeinde- und Landtagswahlen gezeigt haben, dass KPD bzw. SED nicht die Interessen der Bevölkerungsmehrheit vertreten.
Währungsreform und Blockade sowie die **gleichzeitige Ausarbeitung einer Verfassung in Westdeutschland** (= Grundgesetz) auf Wunsch der West-Besatzungsmächte führen zur **Verabschiedung einer eigenen DDR-Verfassung** und damit Gründung eines zweiten deutschen Staates.

7. Der staatliche Neubeginn in den Westzonen kam auf Wunsch der West-Alliierten zustande, deshalb wollte der Parlamentarische Rat bei der Ausarbeitung einer neuen „Verfassung" deutlich machen, dass es sich bei der „**Bundesrepublik Deutschland**" um ein **Provisorium** handelt, das **für eine Übergangszeit eine grundlegende gesetzliche Ordnung** braucht. Die **Präambel** des **Grundgesetzes** von 1949 machte deutlich, dass das gesamte deutsche Volk aufgefordert blieb, „in freier Selbstbestimmung die Einheit und Freiheit Deutschlands zu vollenden". Deshalb wurde das GG auch damals nicht durch einen Volksentscheid verabschiedet.
Nach den 1994 **infolge der Wiedervereinigung Deutschlands** vorgenommenen **Grundgesetzänderungen** könnte das Grundgesetz als unsere Verfassung noch durch eine *Volksabstimmung* – und zwar des ganzen deutschen Volkes – bekräftigt werden, so wie es die erste GG-Präambel vorsah.

8. Die UdSSR führte eine **radikale Demontage** von Industrieanlagen bis zur Gründung der DDR 1949 durch, außerdem befriedigte sie ihre Reparationsansprüche bis Anfang der 1950er-Jahre durch **Entnahmen aus der laufenden Güterproduktion**, wandelte viele Betriebe in Sowjet. Aktiengesellschaften (= sowjetisches Staatseigentum) um und verschleppte viele Fachkräfte zur Arbeit in russischen Betrieben.
In den **West-Zonen** dagegen kam es ab **1946** zur **Beendigung der Demontagen**, und außerdem sorgte die Verwirklichung des amerikanischen **Marshallplans** mit seiner **großzügigen Güter- und Geldhilfe** für einen relativ schnellen wirtschaftlichen Wiederaufbau.

9. Berlin sollte nach dem Ende des 2. Weltkriegs und der von den Siegermächten beschlossenen Aufteilung der ehemaligen Reichshauptstadt (seit 1871) in vier Sektoren gemeinsam (über die Alliierte Kommandantur) verwaltet werden, was aber wegen der **Interessengegensätze** immer weniger gelang und 1948/49 schließlich zur Blockade West-Berlins durch die sowjetische Besatzungsmacht führte.

Ziele der westlichen Besatzungsmächte	Ziele der UdSSR
keine weitere Machtausdehnung der UdSSR in Europa oder Zurückdrängung	Ausbau der durch den Sieg im 2. Weltkrieg erworbenen Supermachtrolle
Errichtung eines demokratischen Deutschlands und Berlins, notfalls eines Teilstaats	Ausbreitung des Kommunismus in Europa „Satellitenstaaten"
Verbreitung der Marktwirtschaft	Verbreitung der Planwirtschaft

Gemeinschaftskunde: Demokratie in Deutschland

Bei der Aufteilung der Besatzungszonen waren die verbündeten (= alliierten) Siegermächte nicht davon ausgegangen, dass aus Bündnispartnern hasserfüllte Gegner werden könnten.

Die geografische Lage Berlins führte dazu, dass West-Berlin rundum umgeben war von einem Land, dessen Führung einen kommunistischen Staat auf deutschem Boden errichten wollte. Aber gerade dieses als überholt geltende „kapitalistische" Lebensmodell zeigte den DDR-Bürgern ständig die Vorzüge des „goldenen Westens".

In den Arbeiteraufstand 1953 in Ost-Berlin mischten sich nach dem Bekanntwerden über West-Berliner Rundfunksender auch West-Berliner Demonstranten, was von der DDR-Führung = SED als bewusste Provokation (und Konterrevolution vom Westen aus) aufgefasst wurde.

1958 forderte die UdSSR die Westmächte (wegen der ungeliebten Konkurrenzsituation) auf, Berlin innerhalb von 6 Monaten zu verlassen (Chruschtschow-Ultimatum), um es angeblich in eine entmilitarisierte („freie") Stadt verwandeln zu können.

10. SED-Generalsekretär und Staatsratsvorsitzender Ulbricht hielt kurz nach dem Beginn des **Mauerbau**s eine Rundfunkrede, die er auch an die Westdeutschen richtete.
Darin **rechtfertigte** er **diese Maßnahme** als „**wichtigen Beitrag zum Frieden**", weil die Westdeutschen zugelassen hätten, dass **Militarismus** und **Nazismus** in Westdeutschld. wieder starke Machtpositionen gewonnen hätten, sodass mit der NATO „**amerikanische Imperialisten**" und deutsche **Faschisten** gemeinsam die Staatsgrenzen der DDR beseitigen wollten.

11. Bis zum 13.08.1961 war Berlin zwar eine politisch geteilte Stadt, aber die Menschen konnten sich in ihr frei bewegen. Dagegen wurde die Grenze zur Bundesrepublik seit 1952 immer schärfer bewacht, sodass **immer mehr Flüchtlinge** (nur mit Handgepäck versehen) den Weg **über Berlin-West** wählten: jährlich ca. 200.000 und weiter zunehmend, sodass die Bevölkerungszahl der DDR ständig sank.
Besonders **bedrohlich für die weitere Existenz der DDR** war aber die alters- und bildungsmäßige Zusammensetzung der **Flüchtlinge**: die Hälfte **unter 25 Jahren**, viele **Facharbeiter**, Ingenieure, Ärzte, sodass die **Abwanderung qualifizierter Arbeitskräfte** und zu erwartender Nachwuchsmangel die **wirtschaftliche Lage weiter verschlechtern würde**.
Wie wichtig für die SED-Staatsführung die Fluchtverhinderung war, zeigte sich daran, dass an der Berliner Mauer mindestens 80 Flüchtlinge erschossen wurden.
In den Jahren nach dem Mauerbau kam es in der DDR zu einer Verbesserung der wirtschaftlichen Lage (mit dem höchsten Pro-Kopf-Einkommen in den Ostblockstaaten).

12. „Die deutsche Frage" war die **Frage danach, ob die Spaltung Deutschlands auf unübersehbare Zeit** (50 oder 100 Jahre, wie Honecker noch kurz vor seinem Sturz glaubte) **erhalten bliebe** oder **auf welchem Wege** ein wirklich nachbarliches Leben in zwei Staaten oder **eine selbstbestimmte Vereinigung der deutschen Nation verwirklicht werden könnte**.
Die Berliner **Mauer vor dem Brandenburger Tor**, das schon im Ostteil (von der DDR als Hauptstadt bezeichnet) stand, **machte die Spaltung Deutschlands symbolhaft für die ganze Welt deutlich**, weil seit der Reichsgründung 1871 dieser Platz in der deutschen Hauptstadt einer der berühmtesten und verkehrsreichsten Plätze war und eben solches **Zusammenkommen der Deutschen nur mit Gewaltmaßnahmen wie einer fast unüberwindlichen Betonmauer verhindert werden konnte**.

13. Materiell gesichertes Leben für die Bundesbürger war für **Adenauer** nur über eine Einbindung in ein **westliches Wirtschaftssystem** möglich (= Marktwirtschaft). Außerdem wollte Adenauer wirtschaftliche Zusammenarbeit in Europa und ist insofern Mitbegründer der Europäischen Gemeinschaft für Kohle und Stahl (Montanunion) als Vorläufer der Europäischen Wirtschaftsgemeinschaft.
    Souveränität der neu geschaffenen Bundesrepublik (= Unabhängigkeit von den ehemaligen Besatzungsmächten, insbesondere der Sowjetunion) war für Adenauer nur über den Anschluss an ein westliches Verteidigungsbündnis denkbar, was zum Eintritt der BRD in die **NATO** und zur Aufstellung einer in die NATO integrierten **Bundeswehr** führte.

14. Die Wehrpflicht entsprach der Vorstellung von Soldaten als „Staatsbürger in Uniform". Die Verteidigungslasten sollten möglichst auf alle Bürger/Familien verteilt werden. Für einen eigenen Verteidigungsbeitrag im NATO-Bündnis war nur eine Wehrpflichtarmee geeignet, da durch die Anwerbung von Freiwilligen nicht genügend Soldaten für eine zweckmäßige Mindeststärke erreicht wurden.

15. USA und UdSSR hatten entgegengesetzte Interessen: Beide wollten mit ihrer Supermacht-Position die vorherrschende Rolle in Europa spielen. Nachdem sich die UdSSR unter Stalin seit Ende des II. Weltkriegs mit militärischem Druck in Osteuropa durchsetzte und sogenannte Satellitenstaaten (Regierungen, die in Abhängigkeit von der Moskauer Regierung waren) schuf, reagierten die USA mit ihrer „Eindämmungspolitik", was zu einem Konflikt um die Rolle Deutschlands in dem Nachkriegseuropa führte.

16. Mit dem Ausdruck „Wirtschaftswunder" wollte man den kaum zu glaubenden wirtschaftlichen Wiederaufstieg Westdeutschlands in den 1950er-Jahren beschreiben, in denen eine unablässige Hochkonjunktur durchschnittliche Wachstumsraten des Bruttosozialproduktes von über 9 % brachte. Angesichts des bis 1948 am Boden liegenden Deutschlands erschienen der Wiederaufbau und der ständig steigende Wohlstand wie ein Wunder.

17. Unbehagen am gesellschaftlichen System, v. a. der NS-Vergangenheit vieler Verantwortlicher in Politik und Wirtschaft; Unzufriedenheit mit der Generation ihrer Eltern, für die nur Leistung und Wohlstand wichtige Werte zu sein schienen; Kritik am realen oder vermeintlichen US-Imperialismus; Angst vor einer Übermacht des Staates und Rückkehr zur Diktatur als Folge des sich entwickelnden Kapitalismus; Notwendigkeit einer Hochschulreform.

18. Demokratisierung ist zum Wert oder Ziel bei allen staatlichen wie nicht staatlichen Einrichtungen geworden → z. B. bei der Gemeindeverwaltung mit Bürgerentscheiden, in Tausenden von Bürgerinitiativen, Schulen mit aktiver Schülermitverantwortung, im Ehe- und Partnerschaftsrecht. „Grüne" Politik ist nicht mehr wegzudenken – bei vielen Parteien.

19. August/September 1989 **Massenflucht** von DDR-Bürgern nach Öffnung der ungarischen Westgrenze; spontane und dann ständig wachsende **Demonstrationen** in vielen Orten der DDR mit Parolen: „Wir sind das Volk", „Das Volk sind wir, gehen sollt ihr"; **Absetzung Honeckers** wenige Tage nach der (militaristischen) 40-Jahr-Feier der DDR; **Fall der Mauer am 09.11.1989; erste demokratische Volkskammerwahlen** am 18.03.1990; **Währungsunion** an 01.07.1990; zielstrebige Gesprächsführung der Bundesregierung mit der UdSSR-Regierung ab Februar 1990; 12.09.1990 **Abschluss der 2+4-Gespräche**

20. *Gleichartig*: Neue Währung **erhöhte die Kaufkraft** der Bevölkerung und war Signal für wirtschaftlichen Neubeginn.
Andersartig: **Große Unterschiede zwischen der wirtschaftlichen Leistungsfähigkeit von West- und Ostdeutschland** (im Gegensatz zur Trizone 1948) und deshalb gab es einen Konjunkturaufschwung im Westen und höhere Arbeitslosenzahlen im Osten (1991 z. B. hat Ost-D. Waren und Dienstleistungen im Wert von 361 Mrd. DM verbraucht, aber nur ein Bruttosozialprodukt von 193 Mrd. erzeugt).

21. **DDR war für die UdSSR der wirtschaftlich und militärisch stärkste Partner** (im Rat für gegenseitige Wirtschaftshilfe und Warschauer Pakt), mehrere **Hunderttausend sowjetische Soldaten waren in der DDR stationiert und sicherten sowjetischen Einfluss**, auch über die Anwesenheit in Berlin. Der **Machtverlust** schien hohen kommunistischen Funktionären und Generälen in der UdSSR so gefährlich, dass einige von ihnen den Demokratisierungsprozess mit Gewalt verhindern wollten.

22. **Vorteile**: Unmenschliche Trennung von Familien/Verwandtschaft durch Mauer und andere Grenzsicherungsanlagen der DDR ist aufgehoben; auf deutschem Boden befindet sich nicht mehr die dichteste Konzentration von Atomwaffen; Deutschland ist nicht mehr zentraler „Kriegsschauplatz" im Ost-West-Konflikt; Deutsche sind bei militärischen Entscheidungen (z. B. Tiefflüge) im eigenen Land nicht mehr von USA und UdSSR abhängig; Deutschland muss nun nicht mehr wegen seiner Teilung die Rolle eines „politischen Zwerges" spielen; westdeutsche Wirtschaft hat durch den frei zugänglichen Markt in Ostd. sehr **gute Absatzchancen** und über gezielte Investitionen in wenigen Jahren dort die Leistungsfähigkeit westlicher Unternehmen erreicht. Ostdeutschland hat eine verbesserte Lebensqualität durch gezielte Infrastruktur- und Umweltpolitik erhalten.
Nachteile: Steuer-/Abgabenerhöhungen sowie höhere Sozialversicherungsbeiträge waren zur Finanzierung der Entwicklung Ostd. unumgänglich: Die höhere Arbeitslosigkeit, die durch mangelnde Konkurrenzfähigkeit gegenüber West-Betrieben entstand, verursacht in Ostd. jährlich Mehrausgaben der Bundesagentur für Arbeit in Höhe von mindestens 10 Mrd. EUR.
Insgesamt betrug der Finanzierungsbedarf zur Sanierung Ostdeutschlands bisher ca. 1.600 Mrd. EUR. Die Abwanderung in den Westen und die Verödung dünn besiedelter Regionen ist nicht völlig zu stoppen.

23. Beitritt der DDR(-Länder) zum Geltungsbereich des Grundgesetzes mit Wirkung vom 03.10.1990

24. Am 02.12.1990 fand die **erste gesamtdeutsche Bundestagswahl** statt, wobei **für Ostdeutschland (ohne Berlin) 144 Abgeordnete** nach dem bisherigen Wahlrecht, aber mit separater Fünf-Prozent-Klausel **gewählt wurden**.
Die Wahlentscheidung des gesamten deutschen Volkes: *CDU* 268 Sitze, *SPD* 239, *FDP* 79, *CSU* 51, *PDS* 17, *Bündnis 90/Grüne* 8; **insgesamt 662 Abgeordnete** (inkl. 6 Überhangmandate) statt der vorherigen 497 (inkl. einem Überhangmandat) + 22 nicht stimmberechtigten Berliner Abgeordneten im 11. Bundestag von 1987–1990.
Die neuen Bundesländer (ohne Berlin) haben 19 von 69 Stimmen im Bundesrat, wobei sich die Stimmenanzahl nach der Einwohnerzahl der Bundesländer richtet: Stimmverteilung im Bundesrat (neue Länder fett gedruckt!):

6 Stimmen	4 Stimmen	3 Stimmen
(mehr als 7 Mio. Einwohner)	(mehr als 2 Mio. Einw.)	(unter 2 Mio. Einw.)
Nordrhein-Westfalen	**Sachsen**	**Mecklenburg-Vorpommern**
Bayern	Rheinland-Pfalz	Hamburg
Baden-Württemberg	**Berlin**	Saarland
Niedersachsen	**Sachsen-Anhalt**	Bremen
	Thüringen	
	Schleswig-Holstein	
	Brandenburg	

5 Stimmen
(mehr als 6 Mio. Einwohner)
Hessen (seit 1996)

Berücksichtigt man, dass West-Berlin bis zum 03.10.1990 nur mit eingeschränkter Wirkung im Bundesrat vertreten war, jetzt aber Gesamt-Berlin mit 4 vollgültigen Stimmen, so ist **Ostdeutschland nun insgesamt mit 23 von 69 Stimmen = 33,3 % vertreten.**

25. Nationalismus, Rassismus, Verleumdung demokratischer Einrichtungen, stattdessen Führerprinzip

26. Vergleich von Demokratie und Diktatur:

Demokratie	Diktatur
Sicherung der Grundrechte, z. B. Informationsfreiheit	keine Grundrechtsgarantie, sondern z. B. Pressezensur
Pluralismus der Interessengruppen	Einheitsmeinung, keine Wirkungsmöglichkeit für Interessengruppen
Gewaltenteilung = gegenseitige Kontrolle der drei Staatsgewalten	Machtkonzentration bei der Regierung bzw. Staatspartei
Unabhängigkeit der Gerichte	Abhängigkeit der Richter von Regierung bzw. Staatspartei
allgemeine, freie, gleiche, geheime Wahlen	Scheinwahlen (z. B. mit Einheitslisten)
Konkurrenz mehrerer Parteien, von Regierung und Opposition	Einheitspartei, festes Parteienbündnis oder Militärherrschaft
Machtübernahme auf begrenzte Zeit = für eine Wahlperiode	Machtübernahme durch Diktator-Clique, Dauer allein vom Diktator abhängig

2.3 Grund- und Menschenrechte

1. Die Grundrechte sind die obersten Rechtsnormen in der Bundesrepublik, sie sind auch nicht durch Staatsorgane aufhebbar, sondern **nur mit Zweidrittelmehrheit in Bundestag und Bundesrat veränderbar**, wobei ihr **Sinn aber erhalten bleiben muss**. Kein Gesetz darf gegen die Verfassung mit den dort formulierten Grundrechten verstoßen.

2. Wer sich durch staatliches Handeln ungerecht behandelt fühlt, kann einen Prozess vor dem Verwaltungsgericht, Oberverwaltungsgericht, evtl. vor dem **Bundesverwaltungsgericht** und dem **Bundesgerichtshof** führen; je nach Streitfall können auch Finanzgerichte, Arbeitsgerichte, Sozialgerichte zuständig sein. Oberste Schutzinstanz für die Grundrechte ist das **Bundesverfassungsgericht (in Karlsruhe).**

3. Die **Würde des Menschen** ist oberster Verfassungsgrundsatz, der ausdrückt, dass der Staat für den einzelnen Menschen da sein soll und nicht umgekehrt. Die Würde des Menschen ist dementsprechend immer verletzt, wenn er **nur noch Objekt staatlicher Maßnahmen** ist und **keinen freien Willen mehr zeigen kann**, auf die Ebene eines Tieres erniedrigt wird oder wenn seine Privatsphäre verletzt wird.

4. Es ist in der BRD fast selbstverständlich geworden, dass Bevölkerungsgruppen gegen staatliche Planungen und Entscheidungen Protestdemonstrationen durchführen. Gewalttaten, wie das Beschädigen von Fahrzeugen und Gebäuden oder Angriffe auf Gesundheit und Leben anderer Menschen, sind aber nicht durch das Grundrecht auf Demonstrationsfreiheit geschützt.

5. **Pressekonzentration**, die inzwischen weit über die Abhängigkeit nationaler Zeitungen und Zeitschriften von wenigen Verlegern hinausgeht und zur Bildung von **„Mediengiganten"** führt; Tendenz zu regionalen Doppelmonopolen; **„innere Zensur"**, die Journalisten sich bei ihrer Berichterstattung auferlegen, z. B. um wichtige Werbekunden nicht zu „verärgern"; Verkleinerung der Zahl angestellter Journalisten, um Kosten zu sparen im Wettbewerb mit den größtenteils bisher kostenlosen Informationsangeboten im Internet.

6. Einige Menschenrechte wie Verbot von Folter und Sklaverei dürfen auf keinen Fall eingeschränkt werden, aber auch in demokratischen Gesellschaften kann es zulässige Eingriffszwecke geben, z. B. Aufrechterhaltung der nationalen Sicherheit, Verhinderung schwerer strafbarer Handlungen, Schutz der Rechte und Freiheiten anderer. Die Eingriffe müssen gesetzlich fundiert sein. Für Situationen in der BRD entscheidet in Zweifels- oder Streitfällen das Bundesverfassungsgericht oder der Europäische Gerichtshof für Menschenrechte.

7. Die Aufgabe des Bundesverfassungsgerichts ist, die **Einhaltung des Grundgesetzes**, also der Verfassung der BRD, **sicherzustellen**. Das geschieht vor allem über jährlich mehr als 100 rechtsverbindliche Urteile zu **Verfassungsbeschwerden** von Bürgern und über **Verfassungsklagen (Normenkontrollverfahren)**, die beim Bundesverfassungsgericht durch ein anderes Gericht, Bundestag, Bundesrat oder Regierungen (Bund oder Länder) beantragt werden können. Vor allem für die Opposition (Zustimmung von einem Drittel der Abgeordneten ist für die Verfahrensbeantragung nötig) ist dies ein wirksames Instrument zur Kontrolle der Regierung, wenn sie der Meinung ist, dass ein neues Gesetz nicht dem Sinn des Grundgesetzes entspricht.

8. Die Richter sind für zwölf Jahre gewählt, können nicht abberufen werden und brauchen niemandem (keiner Partei!) gefällig sein, da eine Wiederwahl nicht erlaubt ist!

2.4 Prüfungsaufgaben

Prüfungsaufgaben Sommer 2013 (Aufgabe 3)

1.1 **Beschreibung:**
- Drei Personen füttern Baby auf der linken Seite.
- Eine „Person" kümmert sich um Baby auf der rechten Seite.
- Babys mit Zipfelmützen sitzen im Hochstuhl und sind am Hinterteil zusammengewachsen.
- Bildunterschrift „Ostzone-Westzonen: Die deutschen siamesischen Zwillinge"

Interpretation:
Die Karikatur beschreibt die zunehmende Auseinanderentwicklung der vier Besatzungszonen nach dem Ende des Zweiten Weltkrieges.
Hier links: USA (Uncle Sam), Frankreich (Marianne) und GB (mit Union Jack) als Vertreter der Westzonen, die „ihren Teil Deutschlands" wohlwollend füttern, aber durchaus auch eigene Interessen verfolgen.
Hier rechts: Sowjetunion, die „ihren" ängstlich blickenden deutschen Zwilling aufmuntert, jedoch nicht füttert.

1.2 Z. B.
Davor:
- Marshallplan
- Bizone

Danach:
Gründung der beiden deutschen Staaten

2.1 Bild 1: Mai 1955
Bild 2: 07.12.1970
Bild 3: März 1990
Bild 4: 17.06.1953
Bild 5: 13.08.1961
Bild 6: 10.11.1989

2.2 **Bild 1: Mai 1955**
- Bild zeigt Bundeskanzler Konrad Adenauer mit Bundeswehrsoldaten.
- 1955: Gründung der Bundeswehr und Wiederbewaffnung der BRD (1956 Einführung der allgemeinen Wehrpflicht in der BRD)
- Aufhebung des Besatzungsstatus: Die BRD wird eingeschränkt souverän.
- Beitritt zur NATO als Element der Westintegration der BRD

Bild 2: 07.12.1970
- Bild zeigt Kniefall Willy Brandts vor dem Denkmal für die im Warschauer Ghetto Umgekommenen.
- Kranzniederlegung fand im Zusammenhang mit der Unterzeichnung der Ostverträge (hier Vertrag mit Polen) statt.

Bild 3: März 1990
- Bild zeigt (Montags-)Demonstration, bei der neben Volkssouveränität („Wir sind das Volk") die Wiedervereinigung („Wir sind ein Volk") gefordert wird.
- Am 18.03.1990 fanden die ersten freien Wahlen in der DDR statt, aus denen die CDU als eindeutige Siegerin hervorging.

Bild 4: 17.06.1953
- Bild zeigt sowjetische Panzer, die die Aufstände gewaltsam niederschlagen.
- Am 17.06 protestierten Arbeiter in Berlin gegen die Maßnahmen der Regierung (z. B. Erhöhung der Arbeitsnormen, anhaltende Mangelwirtschaft, Bespitzelung und Unterdrückung).
- Die Proteste und Streiks weiteten sich landesweit aus.

Bild 5: 13.08.1961
- Bild zeigt Beginn des Mauerbaus zwischen Ost- und Westberlin.
- Nachdem die DDR-Regierung jahrelang zusehen musste, dass immer mehr Bürgerinnen

Gemeinschaftskunde: Demokratie in Deutschland

und Bürger der DDR über das „Fluchtloch" Berlin in den Westen fliehen, entschloss sie sich zur völligen Abriegelung der Grenzen.

Bild 6: 10.11.1989
- Bild zeigt Menschen auf der Mauer vor dem Brandenburger Tor nach der Grenzöffnung am 09.11.1989.
- Die Grenze wurde nach Fluchtwelle (z. B. über Ungarn, Tschechoslowakei) und Montagsdemonstrationen (z. B. in Leipzig) im Sommer/Herbst 1989 von der DDR-Regierung „geöffnet", d. h., die Regierung erlaubte Auslandsreisen ohne besondere Genehmigung.

3.1 Z. B.
Rechtsradikalismus als Gefahr
- Autoritär organisierte rechtsradikale Parteien widersprechen demokratischen Strukturen.
- Gewaltbereitschaft gegenüber Schwächeren wird nicht nur geduldet, sondern gefördert.
- Mögliche Beispiele: Republikaner, NPD
- Grundgesetz ermöglicht Parteienverbot nach Art. 21 Abs. 2, z. B. Verbot der SRP (Sozialistische Reichspartei) 1952.

3.2 Z. B.
Argumente dagegen:
- Piratenpartei belebt den politischen Prozess, mehr Bürgerbeteiligung.
- Piraten schwächen durch „Liquid Democracy" die Macht der Lobbygruppen und stärken die Transparenz bei politischen Entscheidungen.
- Piraten sind nicht verfassungswidrig; keine Verfassungsfeinde.

Argumente dafür:
- Mehr Parteien in den Parlamenten machen Regierungsbildung immer schwieriger; stärkere Tendenz zu Großen Koalitionen und somit Kompromissen.
- „Liquid Democracy" macht Positionierung der Partei schwierig; Piraten können keine nachhaltigen Lösungen für die Probleme unserer Gesellschaft formulieren.

Prüfungsaufgaben Sommer 2013 (Aufgabe 4)

1.1 a) Bundeskanzler
   b) Bundesregierung
   c) Bundestag
   d) Bundesversammlung
   e) Bundespräsident
   f) Bundesverfassungsgericht
   g) Bundesrat
   h) Landesregierungen

2.1 **Fünf Wahlrechtsgrundsatze:**
- Allgemeine Wahl: Alle Deutschen sind (bis auf wenige Ausnahmen) ab dem Mindestalter berechtigt zu wählen und gewählt zu werden.
- Unmittelbare Wahl: keine Zwischenschaltung von Wahlfrauen und -männern zulässig
- Freie Wahl: Eine Wahl ist frei, wenn der Wähler nicht auf eine bestimmte Wahlentscheidung festgelegt ist, sondern sich zwischen Alternativen entscheiden kann. Es besteht keine Wahlpflicht.

- Gleiche Wahl: Jede Stimme zählt gleich viel.
- Geheime Wahl: Die Stimmabgabe muss anonym (Wahlkabine) stattfinden.

2.2 Die sinkende Wahlbeteiligung ist negativ zu beurteilen, wenn sie Ausdruck von Desinteresse, Resignation oder Unzufriedenheit darstellt.
Jeder Nichtwähler stärkt den Einfluss radikaler Parteien, wenn diese ihre Anhänger stärker mobilisieren können als es den demokratischen Parteien gelingt.
Eine sinkende Wahlbeteiligung kann auch als Anzeichen für Zufriedenheit mit dem politischen System gewertet werden.

3. Z. B.
Dafür:
Jugendliche mit 16 Jahren stehen oftmals bereits im Berufsleben und bezahlen Steuern. Sie sollten daher auch Mitsprache haben und bei Wahlen abstimmungsberechtigt sein.
Dagegen:
Jugendliche in diesem Alter verfolgen andere Interessen und lassen sich leichter beeinflussen.

4. **Beschreibung:**
Aus zwei löchrigen Eimern läuft Wasser heraus. Aus einem der Eimer ruft es: „Wir sind voller!!". Die Eimer tragen die Aufschrift „CDU" und „SPD". Der Titel lautet: „Mitgliederentwicklung".
Erklärung:
Der Karikaturist beschreibt die sinkenden Mitgliederzahlen bei den großen Volksparteien, die diese Entwicklung nicht wahrhaben wollen, insbesondere die CDU, die diesen Verlust schönredet.

Prüfungsaufgaben Winter 2013/2014 (Aufgabe 3)

1.1 Z. B.
- bessere Lebens- und Arbeitsbedingungen im Westen Deutschlands (inkl. West-Berlin)
- fehlende Freiheiten bzw. Grundrechte (z. B. Reise- oder Meinungsfreiheit)
- Trennung von den in Westdeutschland lebenden Familienangehörigen
- SED-Machtmonopol statt freier Wahlen, Unterdrückung echter Opposition
- Verlust des Glaubens an den „Sieg des Sozialismus", an ein „Arbeiterparadies"

1.2.1 Zweck: Erleichterung des innerstädtischen Personenverkehrs.
Regelungen:
- Besuchserlaubnis für Westberliner in Ost-Berlin
- Besuchsabkommen ist auf ein Jahr begrenzt.
- innerhalb eines Jahres Besuche nur in begrenztem Umfang
- Gültigkeit nur für Verwandte

1.2.2
- keine Änderung der unterschiedlichen politischen und rechtlichen Standpunkte
- keine Anerkennung der SED-Herrschaftsverhältnisse in Ost-Berlin
- Ostberliner Beamte besitzen keinerlei Hoheitsbefugnisse.
- Ziele des West-Berliner Senats bleiben unverändert in Bezug auf Freizügigkeit, Selbstbestimmung und Wiedervereinigung.

1.2.3 Schutzmächte von West-Berlin: USA, GB, F; Schutzmacht von Ost-Berlin: UdSSR

Gemeinschaftskunde: Demokratie in Deutschland 191

2.1 SPD und FDP

2.2
- Aufbau gutnachbarlicher Beziehung auf Grundlage der Gleichberechtigung
- Streitfragen werden mit friedlichen Mitteln gelöst (keine Gewaltanwendung).
- Anerkennung der bestehenden Grenzen
- Achtung der jeweiligen territorialen Integrität
- Hoheitsgewalt beschränkt sich auf das jeweilige Staatsgebiet.
- gegenseitige Anerkennung der Unabhängigkeit und Selbstständigkeit in inneren und äußeren Angelegenheiten
- Austausch „ständiger Vertretungen" (anstelle von diplomatischen Botschaften)

2.3 UdSSR, Polen, Tschechoslowakei

Prüfungsaufgaben Winter 2013/2014 (Aufgabe 4)

1.1 Ja, die Gemeinschaftsschule darf eingeführt werden, da die Gegner der Einführung das notwendige Quorum von 25 % nicht erreicht haben.

1.2
- Bürgerentscheide hätten eine größere Chance, erfolgreich zu sein.
- Die Anzahl der Bürgerentscheide würde steigen, da sie eine größere Erfolgschance hätten.

1.3 **Pro:**
- mehr Transparenz
- Bürger entdecken politisches Bewusstsein, wenn sie sich für eine bestimmte Sache einsetzen.
- mehr Mitwirkungsmöglichkeiten

Kontra:
- Überforderung aufgrund zu vieler Abstimmungen
- sachliche Überforderung
- langwierige Entscheidungsprozesse

1.4 **Beschreibung der Karikatur:** Ein Bürger steht ratlos an der Theke einer „Apotheke". Der Apotheker mit dem Bundesadler auf dem Kittel liest eine lange Liste vor, in welchen Fällen das Plebiszit nicht anzuwenden sei. Vor der Theke steht ein Ständer mit der Aufschrift „mehr Demokratie wagen", in dem Informationen zu demokratischer Beteiligung kostenlos angeboten werden.
Interpretation: Einerseits sollen die Bürger sich stärker in politische Entscheidungsprozesse einbringen. Andererseits wird ihnen auf Landes- und Kommunalebene bei vielen Themen aus unterschiedlichen Gründen eine aktive Beteiligung verweigert.
Dadurch kann das „Medikament" Plebiszit kaum wirkungsvoll sein. (Auf Bundesebene sind Volksabstimmungen bisher nicht vorgesehen, als Ausnahme gemäß Art. 146 wäre eine Abstimmung über das für die Wiedervereinigung angepasste Grundgesetz möglich gewesen.)

2.1 Für Bundestagswahlen gilt ein „personalisiertes Verhältniswahlrecht":
Die Erststimme ist für einen Kandidaten aus dem Wahlkreis bestimmt. Sie wird nach dem relativen **Mehrheitswahlrecht** ausgezählt. Dadurch wird in jedem Wahlkreis der Kandidat in den Bundestag gewählt, der hier die meisten Stimmen gewonnen hat (Direktwahl).
Die Zweitstimme des Wählers zählt für die jeweilige Landesliste einer Partei. Alle abgegebenen Zweitstimmen werden nach dem **Verhältniswahlrecht** (mit speziellen Anrechnungsmethoden für die Zweitstimmen der 16 Länderlisten) ausgezählt.

Entsprechend den Prozentsätzen der Zweitstimmen (Minimum: 5 % insgesamt, sonst sind die Stimmen ohne Wirkung für diese kleinen Parteien) werden die Bundestagsmandate aufgeteilt. Deshalb sind die Zweitstimmen von größerer Bedeutung.

2.2 Z. B.
- fehlendes politisches Interesse
- fehlende Kenntnisse
- Gefühl der Einflusslosigkeit

Prüfungsaufgaben Sommer 2014 (Aufgabe 3)

1.1
- Wahlbeteiligung respektable 48,8 %
- eindeutiges Wahlergebnis

1.2
- Der Volksentscheid sollte vor allem einen Koalitionskonflikt auflösen.
- Viele Gegner des Projekts haben ihre Niederlage nicht akzeptiert.
- Basis für den Entscheid war eine Kostenobergrenze, deren Einhaltung unklar bleibt.
- Die Bahn betreibt eine intransparente Informationspolitik.

2.1 Z. B.
- Mittel gegen Politikverdrossenheit, wer abstimmen darf, interessiert sich auch mehr für Politik.
- Die Regierung muss sich stärker an den Vorstellungen des Volkes orientieren.
- Jeder kann sich heutzutage informieren und auf eine Volksabstimmung vorbereiten.

2.2 Z. B.
- Unpopuläre Gesetze sind in einer direkten Demokratie schwer durchsetzbar.
- Dem Bürger fehlt das Fachwissen, um über komplizierte Sachverhalte abzustimmen.
- Gut organisierte Minderheiten könnten die öffentliche Meinung manipulieren und ihre Interessen auf Kosten der Mehrheit durchsetzen.

3. Z. B.
- Wahl der Bundeskanzlerin/des Bundeskanzlers
- Kontrolle der Bundesregierung
- Abstimmung über Gesetze

4. Im Grundgesetz steht, dass die Abgeordneten über ein freies Mandat verfügen, d. h., dass sie bei tiefgreifenden Meinungsverschiedenheiten zwischen ihnen und der Fraktionsmehrheit ihrem Gewissen entsprechend abstimmen können.
In der Realität stimmen Abgeordnete meist, wie in den Fraktionssitzungen vorbereitet, einheitlich ab. Ohne diese Fraktionsdisziplin wäre die Regierung handlungsunfähig. Außerdem sind die Abgeordneten von ihrer Partei abhängig, da diese bestimmt, ob sie erneut für sie kandidieren können.

Prüfungsaufgaben Sommer 2014 (Aufgabe 4)

1.1 Die Zweitstimme, da sie über die Zusammensetzung des Bundestages entscheidet.

1.2 Z. B.
Pro Beibehaltung:
- einfachere Mehrheitsfindung im Parlament
- Verhinderung eines zu großen Einflusses von Splitterparteien

Gemeinschaftskunde: Demokratie in Deutschland 193

Pro Absenkung:
- Chancen für kleinere oder neue Parteien
- Wahlgrundsatz „Jede Stimme zählt gleich viel" wird eher umgesetzt.

1.3 Eine Partei, die mindestens drei Direktmandate erworben hat, zieht entsprechend ihres Zweitstimmenanteils in den Bundestag ein, auch wenn sie weniger als 5 % der Zweitstimmen erreicht.

2. **Parteien:**
   - sind ein Muster für die „sich ständig verbessernde Demokratie"
   - müssen „das große Ganze im Blick behalten"
   - können leichter unpopuläre, aber notwendige Maßnahmen durchsetzen

   Bürgerinitiativen:
   - vertreten Bürgerproteste und Partikularinteressen
   - sind Ergänzung, aber kein Ersatz für Parteien

3.1 **Beschreibung:**
Man sieht drei grimmig schauende Kühe mit der Aufschrift Hessen, Baden-Württemberg und Bayern. Ein Mann trägt in der einen Hand einen riesigen, durchlöcherten Melkeimer mit der Aufschrift Berlin, in der anderen Hand zwölf kleine Eimer mit der Aufschrift der restlichen Bundesländer. Der Mann sagt „Guten Morgen". Das Bild trägt die Überschrift „Der Finanzausgleich ist wieder da".

Interpretation:
Der Karikaturist weist auf die Problematik des Länderfinanzausgleichs hin. Die Geberländer Bayern, Baden-Württemberg und Hessen werden „gemolken", um die ärmeren Nehmerländer mit Geld zu versorgen. Das meiste Geld bekommt das hoch verschuldete Berlin. Der Zeichner verdeutlicht, dass der Finanzausgleich in der jetzigen Form von den Geberländern als ungerecht empfunden wird.

3.2 Z. B.
Vorteil:
Regionale Gegebenheiten können durch die Landesgesetzgebung berücksichtigt werden.
Nachteil:
langwierige Entscheidungsfindung bei der Bundesgesetzgebung durch die Mitwirkung des Bundesrates

Prüfungsaufgaben Winter 2014/2015 (Aufgabe 3)

1. Z. B.
   Wirtschaft:
   - IG Metall
   - BDI

   Umwelt:
   - BUND
   - Greenpeace Deutschland

2.1
   - bessere Vereinbarkeit von Beruf und Familie
   - bedarfsgerechte Betreuungsmöglichkeiten für Kinder und Pflegebedürftige
   - mehr Frauen in Führungspositionen
   - gerechte Besteuerung

- flächendeckender gesetzlicher Mindestlohn von 8,50 EUR je Stunde
- Reform der Minijobs

2.2
- Kontakte zu Politikern suchen und pflegen, die ihrerseits Einfluss haben
- wichtige Posten in Regierung und Verwaltung zu besetzen wie Minister/-in (Bsp. Frau Nahles/SPD) oder Staatssekretär/-in.
- Wahlempfehlungen an die Mitglieder („Wahlprüfbausteine" herausgeben)
- Sachverständige können bei Anhörungen in zuständigen Ausschüssen ihre Argumente vortragen.

3. **Positiver Beitrag für die Demokratie:**
- wirksames „Frühwarnsystem" für die Politik
- Bürgerinnen haben dadurch indirekte Partizipationsmöglichkeiten, eben auch zwischen den Wahlterminen.

Eventueller Schaden für die Demokratie:
- Abgeordnete fühlen sich ihren Verbänden verpflichtet, v. a. wenn sie diesen ihre Karriere mit zu verdanken haben.
- Die nicht vom Volk gewählten Verbandsvertreter nehmen starken Einfluss auf die Gesetzgebung und stellen damit den repräsentativen Charakter des Parlaments infrage.
- Nicht alle gesellschaftlichen Gruppen werden gleich stark vertreten, weil finanz- und mitgliederstarke Verbände größeren Einfluss ausüben können.

4. **Verbände:**
- vertreten Partikularinteressen
- haben eine feste, dauerhafte Organisation
- nehmen nicht an Wahlen teil

Parteien:
- haben feste, dauerhafte Organisation
- haben den Grundgesetzauftrag, an der Willensbildung mitzuwirken
- müssen an Wahlen teilnehmen, um politische Verantwortung übernehmen zu können

Bürgerinitiativen:
- lose Zusammenschlüsse zur Durchsetzung gemeinsamer Interessen gegenüber politischen Entscheidungsträgern
- Tätigkeit ist zeitlich, thematisch und räumlich begrenzt.

5. Leserbrief, Petition, Demonstration

Prüfungsaufgaben Winter 2014/2015 (Aufgabe 4)

1.1 Eine Koalition der beiden größten Fraktionen CDU/CSU und SPD

1.2 Die Große Koalition wird als Elefant, die Opposition als zwei Mäuse dargestellt. Der Elefant denkt sich, er werde eine gewisse Ausgewogenheit suggerieren, indem er sich heftig erschrecke, wenn die Mäuse „Buh" machten.

Der Karikaturist bringt hier zum Ausdruck, dass die Opposition in Wirklichkeit kaum Einfluss ausüben kann, aber dass ihr der Eindruck vermittelt werden soll, sie könne sich erfolgreich einbringen.

Gemeinschaftskunde: Demokratie in Deutschland

1.3 Z. B.
- „GroKo" gewährleistet in Krisenzeiten eine gewisse Stabilität.
- Es ist leichter, Gesetze zu verabschieden, die notwendig erscheinen, aber bei „wackeligen" Mehrheitsverhältnissen keine Umsetzungschance hätten.
- Sie ermöglicht großen Teilen der Bevölkerung Identifikation.

2.1 Der Bundestag hat mindestens doppelt so viele Abgeordnete, wie es Wahlkreise gibt.

2.2 Die Differenz kommt durch Überhangmandate und Ausgleichsmandate zustande. Überhangmandate ergeben sich, wenn eine Partei in einem Bundesland mehr Wahlkreise gewinnt als ihr nach Zweitstimmen Sitze zustehen würden. Diese Sitze müssen ausgeglichen werden, bringen also den anderen Parteien entsprechend ihren Zweitstimmenprozenten zusätzliche Mandate.

2.3 Die FDP hat weniger als 5 % der gültigen Zweitstimmen erhalten und auch keine drei Wahlkreise direkt gewonnen, daher ist sie nicht im Bundestag vertreten.

2.4 Z. B. AfD, Piraten, ÖDP, Tierschutzpartei

Prüfungsaufgaben Sommer 2015 (Aufgabe 3)

1.1 Die horizontale Gewaltenteilung ist die Aufteilung der Macht im Staat zwischen Legislative, Exekutive und Judikative.
Die Legislative ist für die Gesetzgebung, die Exekutive für die Ausführung und die Judikative für die Rechtsprechung zuständig.

1.2 Die Karikatur stellt die drei Säulen Kommunen, Länder und Bund dar, die den Staat tragen. Die Säule der Kommunen wird von einer höheren Anzahl von Menschen gebildet als die Säule der Länder. Die dritte Säule des Bundes ist als Steinsäule dargestellt.
Die Karikatur stellt die vertikale Gewaltenteilung dar, d. h. die Aufteilung der Macht zwischen unterschiedlichen Ebenen der Politik, also in Deutschland zwischen Bund, Ländern und Kommunen.
In der Karikatur sind Bund, Länder und Kommunen als gleichwertige Partner dargestellt, die den Staat bilden. So soll eine zentrale Machtausübung des Bundes verhindert werden. Trägt eine der drei Säulen nicht mehr ausreichend, ist die politische Stabilität des Staates gefährdet.
Für die Stabilität des Staates ist folglich eine Zusammenarbeit aller drei Säulen Voraussetzung.
Hierbei spielt die politische Beteiligung der Bürger auf kommunaler und Länderebene eine wichtige Rolle. Dies wird durch die Darstellung dieser beiden Säulen als „Menschenturm" verdeutlicht.

1.3 Verhinderung bzw. eine Erschwerung einer Willkürherrschaft:
Es übt nicht nur ein Einzelner oder ein einzelnes Staatsorgan die Staatsgewalt aus, wodurch sich die Gefahr verringert, dass Machtmissbrauch stattfindet.
Zweck der Gewaltenteilung ist, die Ausübung staatlicher Gewalt in ihren Grundfunktionen organisatorisch und personell zu trennen.
Durch die Verteilung der Macht auf verschiedene Gewalten findet eine gegenseitige Kontrolle statt.

2.1 Bundestag, Bundesrat, Bundesregierung, Bundespräsident

2.2 Zustimmungsgesetze:
Kommen nur zustande, wenn der Bundesrat mit der Mehrheit seiner Stimmen zustimmt.

Einspruchsgesetze:
Der Bundesrat kann seine abweichende Meinung dadurch zum Ausdruck bringen, dass er Einspruch gegen das Gesetz einlegt. Der Einspruch des Bundesrates kann durch den Deutschen Bundestag überstimmt werden. Der Einspruch hat somit nur eine aufschiebende Wirkung.

2.3 Z. B.
Pro-Argument:
Mit dieser weiteren Partizipationsmöglichkeit könnte vielleicht der Politikverdrossenheit entgegengewirkt werden.

Kontra-Argument:
Eine solche Mitbestimmung setzt politischen Sachverstand und Urteilsvermögen voraus, was Bürgerinnen und Bürger überfordern könnte.

Prüfungsaufgaben Sommer 2015 (Aufgabe 4)

1.1 Z. B.
sachliche Information, Beitrag zur Willensbildung, Kontrolle, Kritik

1.2 Bei Filmen gibt es Altersbeschränkungen, sodass bestimmte Inhalte, z. B. Gewalt- oder Horrorfilme, in Kino, Videothek etc. nicht für alle Altersgruppen zugänglich sind. Begründet wird das mit der fehlenden Reife von Kindern und Jugendlichen, die diese Inhalte noch nicht einordnen und daher Schaden in ihrer Entwicklung nehmen können.

2.1 Trotz der im Internet weltweit verfügbaren Informationen sind nicht alle wichtigen Inhalte leicht zu finden. Der Bürger muss die für ihn interessanten Informationen selbst zusammensuchen. Die verfügbaren Quellen nehmen beständig zu, dabei droht die Gefahr, in der Menge das Wichtige zu übersehen (Untergang im Informationsmüll), weil mehr Quantität nicht automatisch mehr Qualität bedeutet.

2.2 Z. B.
- Hintergrundinformationen über die Quelle einholen und auf ihre Seriosität überprüfen
- Vergleich der Informationen mit anderen Quellen im Internet oder in anderen Medien

2.3 Z. B.
Pro:
Aufgrund des immer schneller werdenden Informationsflusses, der keiner redaktionellen Kontrolle unterliegt, ist eine Überprüfung der Inhalte durch eine neutrale Instanz notwendig.

Kontra:
Aufgrund der bestehenden Meinungs- und Informationsfreiheit darf der Staat eine Kontrolle der Inhalte nicht vornehmen.

3. Die Medien erfüllen eine Kontrollfunktion, indem sie auf möglichen Machtmissbrauch bzw. politische Missstände aufmerksam machen bzw. diese aufdecken.

Beispiel:
Misshandlung von Asylbewerbern im September 2014 durch Angestellte von privaten Sicherheitsdiensten.

Prüfungsaufgaben Winter 2015/2016 (Aufgabe 3)

1.1
- teilweise Niederlage → bedingungslose Kapitulation
- italienische Besatzungszone → französische Besatzungszone
- Reparaturzahlungen → Reparationszahlungen
- Rhein-Neckar-Grenze → Oder-Neiße-Grenze
- Nationalsozialismus und Faschismus → Kommunismus
- Erweiterung um Österreich → Trizone; Zusammenschluss der amerikanischen, britischen und französischen Besatzungszonen
- Kanalsystem → Berliner Luftbrücke
- Deutscher Bundestag → Parlamentarischer Rat

1.2

BRD	DDR
Preisbildung v. a. durch Angebot und Nachfrage (marktwirtschaftlich)	Preisfestsetzung durch den Staat (Ministerien)
Privateigentum hat Vorrang	Staatseigentum an Produktionsmitteln überwiegt extrem
Gewinnerwirtschaftung	Planerfüllung

1.3 Z. B.
- Streik der Arbeiterschaft gegen die Erhöhung der Arbeitsnormen am 17.06.1953; Beginn in Ost-Berlin, Ausdehnung auf andere Städte, Ende mit Niederschlagung durch sowjetisches Militär
- Nach ersten Demonstrationen von Ausreisewilligen im Frühjahr 1989 und der Flucht tausender DDR-Bürger über die BRD-Botschaften in Budapest, Warschau und Prag, wachsen die Demonstrationen gegen die SED ständig an (bis zu einer Million Bürger Anfang November). Letztlich führte das zur Öffnung der DDR-Grenze.

2.1 Z. B.
- Agitation extremistischer Parteien
- Wiedererstarken nationalistischer Gruppierungen und Terrororganisationen (z. B. NSU)
- terroristische Anschläge (z. B. „Islamischer Staat")
- Volksverhetzung/Aufruf zum Fremdenhass im Internet

2.2 Z. B.
- Verbot von Parteien (durch das Bundesverfassungsgericht) und sonstigen Vereinigungen wegen verfassungswidriger Aktivitäten
- Verwirkung von Grundrechten, wenn diese zum Kampf gegen die freiheitlichdemokratische Grundordnung missbraucht werden
- Verfolgung von Straftaten, die sich gegen den Bestand des Staates oder gegen die Verfassung richten (sogenannte Staatsschutzdelikte)
- Pflicht der Angehörigen des öffentlichen Dienstes zur Verfassungstreue

Prüfungsaufgaben Winter 2015/2016 (Aufgabe 4)

1.1 **Ziele:**
- Enttarnung von Terroristen und Waffenhändlern
- Verfolgung eigener wirtschaftlicher und politischer Interessen

Maßnahmen:
- Abhören von Telefongesprächen
- Sammlung von Verbindungsdaten
- Überwachung der Internetkommunikation
- Analysieren der gesammelten Daten

1.2 **Beschreibung:**
Ein riesengroßer Mensch (Mann) mit Hut, Sonnenbrille und Trenchcoat beobachtet einen Bürger, der vor seinem Computer sitzt. Der Riese befindet sich im privaten Bereich des Bürgers und möchte sich laut eigener Aussage nur ein bisschen „umgucken".

Deutung:
Der Geheimdienst sieht es als selbstverständlich an, die privaten Daten der Bürgerinnen und Bürger in massiver Weise auszuspionieren.
Die Bürger und Bürgerinnen sind fassungslos angesichts dieses Eingriffs in die Privatsphäre.

1.3 Grundrecht des Brief-, Post- und Fernmeldegeheimnisses

1.4 Z. B.
- Unverletzlichkeit der Wohnung
- Versammlungsfreiheit
- Meinungsfreiheit
- Religionsfreiheit

2.1
- Der Art. 1 des GG ist unveränderbar.
- Die Art. 2–19 GG dürfen in ihrem Wesensgehalt nicht verändert werden. Sie können lediglich bei Bedarf im Interesse der Funktionsfähigkeit des demokratischen Staates angepasst werden.

2.2 Es ist eine Zustimmung mit Zweidrittelmehrheit im Bundestag und Bundesrat nötig.

3. Z. B.
- Das Bundesverfassungsgericht interpretiert das Grundgesetz, bestimmt dessen ursprünglichen Sinn im Hinblick auf sich wandelnde gesellschaftliche Verhältnisse.
- Es prüft auf Antrag (vonseiten eines Staatsorganes wie z. B. einer Landesregierung), ob verabschiedete Bundes- oder Landesgesetze mit den Bestimmungen und dem Sinn des Grundgesetzes vereinbar sind.

Prüfungsaufgaben Sommer 2016 (Aufgabe 3)

1.1 Aufgaben der **Koalition**sparteien:
- Durchsetzung der eigenen politischen Vorstellungen (in Gesetzesform)
- Unterstützung der Regierungstätigkeit
- Rechtfertigung der Politik gegenüber Bürgern/Bürgerinnen

Gemeinschaftskunde: Demokratie in Deutschland

Aufgaben der **Opposition**sparteien:
- Kontrolle/Kritik der Regierung
- Politikalternativen (alternative Gesetzesvorschläge) aufzeigen
- Vorbereitung einer möglichen Übernahme der Regierungsverantwortung in der nächsten Legislaturperiode

1.2 Koalitionsparteien: CDU/CSU und SPD
Oppositionsparteien: Bündnis 90/Die Grünen, Die Linke

2. **Beschreibung:**
Zu sehen ist ein Mann, auf dessen Anzugärmel sich die Aufschrift „Fraktion" befindet. Er blickt auf ein großes Schild mit der Aussäge „Jeder darf seine Meinung äußern". Unter dem Wapppen-Adler steht die Aufschrift „Deutscher Bundestag". Der Mann entfernt einen Aufklebe-Zettel mit einem großen „M" und sagt: „Ich mach's ja schon wieder weg!" Erkennbar ist, dass durch das zuvor aufgeklebte „M" aus „SEINE MEINUNG" „MEINE MEINUNG" geworden war.

Interpretation:
Laut Grundgesetz ist jede/r Abgeordnete und somit auch jedes Mitglied einer Fraktion nur ihrem/seinem Gewissen unterworfen, darf dementsprechend frei seine Meinung äußern. Tatsächlich ist es allerdings so, dass es häufig einen Zwang innerhalb einer Fraktion gibt, sich einer bestimmten Meinung anzuschließen, um ein einheitliches Auftreten nach außen zu gewährleisten bzw. die Mehrheit für die Regierung sicherzustellen.

Die Karikatur zielt darauf ab, dass die Fraktionsführer gerne nur ihre Meinung bei Gesetzes-Abstimmungen geäußert sehen wollen, aber sie wollen nicht „erwischt" werden, wie sie die Meinungsfreiheit der Fraktionsmitglieder (Abgeordneten der eigenen Fraktion) manipulieren bzw. einschränken.

3. Konstruktives Misstrauensvotum: Bundestag wählt mit der Mehrheit seiner Mitglieder einen neuen Kanzler/eine neue Kanzlerin.

Vertrauensfrage: Bundeskanzler/in lässt den Bundestag darüber abstimmen, ob noch eine Mehrheit hinter seiner/ihrer Regierungspolitik steht.

4. Z. B.
   - Gesetze unterzeichnen
   - Repräsentation der Bundesrepublik Deutschland
   - Begnadigungsrecht

5.1 Bundesversammlung
Zusammensetzung: Mitglieder des Bundestages und gleich viele Abgesandte, die von den 16 Landesparlamenten vorgeschlagen und ausgewählt werden.

5.2 Joachim Gauck

Prüfungsaufgaben Sommer 2016 (Aufgabe 4)

1. Z. B.
   - Staatspartei SED (Sozialistische Einheitspartei Deutschlands) beherrscht alle politischen Organe und sozialen Einrichtungen wie in einer Einparteien-Diktatur.
   - keine freien, demokratischen Wahlen; Zusammensetzung der Volkskammer im Vorhinein durch Einheitsliste festgelegt, SED hat immer die überwältigende Mehrheit der Sitze
   - Regierung kann deshalb nicht abgewählt werden.
   - „Blockparteien" können nicht als Opposition handeln.
   - Machtkonzentration vor allem in höchsten Parteigremien der SED wie dem Politbüro und dem Zentralkomitee
   - starker Einfluss der Sowjetunion auf die Politik der SED-Führung (bis Mitte der 1980er-Jahre)

2.1 Die Deutsche Demokratische Republik
   - gehört zu den zehn leistungsfähigsten Industrienationen der Welt,
   - hat einen der höchsten Lebensstandards,
   - hat eine moderne Landwirtschaft,
   - ist eine Weltnation im Sport,
   - hat eine aufblühende Wissenschaft.

2.2
   - Mehrere Generationen der Menschen in der DDR haben den Wohlstand in harter Arbeit geschaffen unter Führung der SED.
   - Es gab für die DDR keine Wirtschaftshilfe durch andere Staaten, stattdessen versuchte der Westen den „Aufbau des Sozialismus" zu verhindern.
   - Die DDR hatte kaum eigene Rohstoffe (v. a. kein Erdöl).
   - Die DDR hat andere Länder nicht ausgebeutet.

2.3 Z. B.
   - Der Aufbau der DDR erfolgte tatsächlich ohne nennenswerte Hilfe von anderen Staaten. Die UdSSR hat die Handelsbeziehungen mit ihrem „Satellitenstaat" DDR zu ihren Gunsten genutzt statt die DDR zu fördern.
   - Die Statistiken zur wirtschaftlichen Leistungsfähigkeit waren in Übereinstimmung mit planwirtschaftlichen Vorgaben gefälscht, die Infrastruktur weitgehend veraltet, die meisten Straßen und Gebäude in schlechtem Zustand, der Staat faktisch bankrott.
   - Das Güterangebot, vor allem an hochwertigen Konsumgütern, war in der Realität deutlich schlechter als propagiert (Bsp. „Trabi").

3. Z. B.
   - Anpassungsprobleme bei der abrupten Umstellung von Plan- auf Marktwirtschaft durch die Wirtschafts-, Währungs- und Sozialunion
   - weitgehendes Wegbrechen des bisherigen Handels mit der UdSSR und anderen ehemaligen Ostblockstaaten
   - mangelnde Wettbewerbsfähigkeit vieler ostdeutscher Betriebe mit Unternehmen in den alten Bundesländern und der übrigen westlichen Welt
   - Überschuldung vieler Betriebe nach der Währungsumstellung
   - mehrere Millionen Arbeitslose als Folge der Umstellung
   - extrem hohe Staatsausgaben in den neuen Bundesländern zum Aufbau einer zeitgemäßen Infrastruktur

Gemeinschaftskunde: Demokratie in Deutschland

Prüfungsaufgaben Winter 2016/2017 (Aufgabe 3)

1.
   (a) 1949–1963 Konrad Adenauer
   (b) 1963–1966 Ludwig Erhard
   (c) 1969–1974 Willy Brandt
   (d) 1982–1998 Helmut Kohl

2. Z. B.
   - **Berlinblockade**
     - Ursache/Anlass: Spannung zwischen den Alliierten aufgrund ideologischer Unterschiede, Währungsreform in den Westzonen und Westberlin
     - Folgen: Luftbrücke durch USA und GB, Scheitern der Blockade, Vertiefung der Spaltung zwischen Ost und West
   - **Arbeiteraufstand**
     - Ursache/Anlass: im Westen höherer Lebensstandard, Unzufriedenheit der Arbeiter in der DDR aufgrund einer Erhöhung der Arbeitsanforderungen (Normerhöhung um 10 %)
     - Folgen: Unruhen in zahlreichen Städten der DDR, gewaltsame Niederschlagung des Aufstandes mithilfe der UdSSR, daraus folgend größere Fluchtbewegung in den Westen sowie Resignation in Teilen der DDR-Bevölkerung
   - **Mauerbau**
     - Ursache/Anlass: zunehmende Fluchtbewegung gut ausgebildeter und junger DDR-Bürger/-innen über Westberlin in den Westen
     - Folgen: Sperrung der letzten zehntausendfach genutzten Fluchtmöglichkeit von Ost nach West durch den Bau der Mauer, endgültige Teilung der Stadt

3. Z. B.
   - finanzielle Unterstützung durch den Marshall-Plan
   - wirtschaftlicher Zusammenschluss der drei Westzonen (erst Bi-Zone, dann Tri-Zone)
   - Währungsreform 1948
   - Einführung der sozialen Marktwirtschaft
   - Fleiß und Aufbauwillen bei Arbeitnehmern und Unternehmern
   - Begünstigung der Exportmöglichkeiten in westliche Industriestaaten durch die Westintegration und Unterbewertung der DM

4.1 Z. B.
   - zunehmendes Empfinden des Mangels an Grundrechten (z. B. Meinungsfreiheit, Reisefreiheit)
   - Fehlen wesentlicher demokratischer Elemente (freie Wahlen, Schutz vor totaler Überwachung)
   - trotz 40-Jahre-DDR-Feierlichkeiten anhaltend schlechte wirtschaftliche Lage der DDR durch Planwirtschaft (überteuerte oder nicht erhältliche Konsumgüter)
   - Hoffnung auf Unterstützung der Demokratiebewegung durch Gorbatschow

4.2 **Beschreibung:**
Der schmunzelnde und überdimensional dargestellte Bundeskanzler Helmut Kohl trägt die Unterlagen des Staatsvertrages zwischen der BRD und der DDR unter dem Arm. Am Dokument angehängt ist der zwergenhaft klein gezeichnete DDR-Ministerpräsident Lothar de Maizière.

Interpretation:
Die Proportionen der dargestellten Politiker drücken deren unterschiedliche Stärke bei den vorausgegangenen Verhandlungen aus und dass demgemäß im Staatsvertrag zur deutschen Einheit v. a. die Interessen der BRD durchgesetzt wurden. Die Karikatur stellt die DDR als zu bedauerndes oder zu belächelndes Anhängsel dar.

4.3 Z. B.
Pro:
Das DDR-System vieler steuerfinanzierter Sozialleistungen (wie z. B. Bereitstellung günstigen Wohnraums und flächendeckende Kinderbetreuungseinrichtungen) hätte bei einem längeren Beratungsweg zur Einheit eine „neue Bundesrepublik" im Hinblick auf mehr soziale Gerechtigkeit entstehen lassen können.
Die im Prozess der „friedlichen Revolution" gewonnene Diskussionskultur hätte eine weniger parteipolitisch geprägte und mehr basisdemokratisch orientierte BRD entstehenlassen können.

Kontra:
Der massenhafte Übertritt von DDR-Bürgern nach West-Deutschland setzte die Politiker der BRD unter Zeitdruck.
Es bestand Unsicherheit über die weitere Entwicklung der politischen Lage in der UdSSR und die Zustimmung Gorbatschows zur Errichtung eines geeinten Deutschland war unverzichtbar. Das Zeitfenster für die Wiedervereinigung war begrenzt.

Prüfungsaufgaben Winter 2016/2017 (Aufgabe 4)

1.1 Z. B.
- Gleichheit vor dem Gesetz
- Glaubens- und Gewissensfreiheit
- Meinungsfreiheit
- Pressefreiheit
- Versammlungsfreiheit

1.2.1 Die Datei verbessert die Zusammenarbeit der Behörden und stellt ein wichtiges Instrument dar, um den Terrorismus zu bekämpfen.

1.2.2
- Die Zusammenarbeit zwischen Polizei und Geheimdiensten verstößt gegen das Trennungsgebot des Grundgesetzes.
- Es werden auch Personen erfasst, die mit Verdächtigen in irgendeiner Weise Kontakthaben, ohne selbst verdächtig zu sein.
- Das BVG kritisiert die Intransparenz und die mangelnde Kontrolle der Antiterrordatei.

1.3 **Beschreibung:**
Ein Mensch, auf dessen Kleidung der Begriff „Demokratie" steht, kniet in einer Hängematte und schaut ängstlich nach unten. Die Hängematte ist bis zum Zerreißen zwischen zwei Bäumen gespannt. Diese tragen die Bezeichnungen „FREIHEIT" und „SICHERHEIT". Unter der Hängematte hat sich im Boden ein tiefer Spalt, ein Abgrund gebildet, der weiter zu wachsen scheint. Die Wände des Abgrunds sind mit der Aufschrift „TERROR" bezeichnet.

Interpretation:
Offensichtlich kann in einer Demokratie in Zeiten erhöhter Terrorgefahr nicht mehr ein ausgewogenes Verhältnis von Freiheit und Sicherheit gewährleistet werden. Aufgrund politischer Entscheidungen zur Terrorbekämpfung, die einerseits mehr Sicherheit bedeuten, werden andererseits die Freiheitsrechte des Einzelnen beschränkt. Somit entsteht ein Spannungsverhältnis zwischen Freiheitsrechten und Sicherheitsbedürfnissen.

2.1 Z. B.
- Teilnahme an Demonstrationen
- Engagement im Jugendparlament der Städte/Gemeinden
- Mitgliedschaft in einer Partei
- Verfassen und Mitunterzeichnen von Petitionen und Leserbriefen

2.2 Z. B.
- Aufgrund gestiegener Anforderungen im Beruf fehlen Zeit und Energie.
- Da sich Teile der Bevölkerung nicht mehr von den Abgeordneten vertreten fühlen, schwindet das politische Interesse.
- Politisches Engagement erfordert die Beschäftigung mit politischen Inhalten. Dies ist angesichts einer kaum überschaubaren Medienvielfalt mit großen Anstrengungen verbunden.

3 Internationale Zusammenarbeit

3.1 Europa im 20. und 21. Jahrhundert

1. Friedenserhaltung durch enge gegenseitige wirtschaftliche und kulturelle Beziehungen und Abbau von übertriebenem Nationalismus; Sicherheitspolitik nur gemeinsam möglich; Erlangung einer wichtigen wirtschaftlichen und politischen Rolle zwischen den Großmächten

2. Belgien, Bundesrepublik Deutschland, Frankreich, Italien, Luxemburg, Niederlande

3. 1973: Dänemark, Großbritannien, Irland
   1981: Griechenland
   1986: Portugal, Spanien
   1995: Finnland, Österreich, Schweden
   2004: Estland, Lettland, Litauen, Malta, Polen, Slowakei, Tschechien, Slowenien, Ungarn, Zypern (griechischer, international anerkannter Teil)
   2007: Bulgarien, Rumänien
   2013: Kroatien

4. keine Grenzkontrollen mehr (Ausnahme: Stichprobenfahndung, z. B. nach Rauschgiftschmuggel), Freizügigkeit bei Wohnsitzwahl und Berufsausübung innerhalb der EU

5. **Europäischer Rat**: Festlegung von Leitlinien zur Weiterentwicklung Europas
   Ministerrat/Rat der EU: Beschluss von verbindlichen EU-Verordnungen = Gesetzen
   Kommission: Ausführung der Ministerratsentscheidungen
   Europäisches Parlament: Beratung und Feststellung des EU-Haushalts
   Europäischer Gerichtshof: juristische Überprüfung von Staatsorganen, Behörden und Unternehmen in der EU, ob sie das EU-Recht beachten

6. Kernstück der EG-Agrarpolitik seit 1957 war die Sicherung und Verbesserung der Einkommen in der Landwirtschaft. Die früher üblichen jährlichen Erhöhungen der Agrarpreise als Leistungsanreiz führten zu ständig steigenden Produktionsmengen im Agrarsektor. So entstanden Überschüsse, deren Aufkauf, Lagerung und Beseitigung immer mehr Geld kostete, sodass die Mitgliedstaaten immer mehr eigene Steuereinnahmen an die EU-Kasse abführen mussten.
   Zum Abbau der Überschüsse dienen seit Mitte der 1980er-Jahre Senkungen der Garantiepreise für bestimmte landwirtschaftliche Überschussprodukte und direkte Beschränkungen der Agrarproduktion wie Flächenstilllegungen und Milchquoten. Da aber zum Erhalt der bäuerlichen Familienbetriebe wieder ein Einkommensausgleich gezahlt wird, bleibt letztlich ein hoher Finanzbedarf für die Subventionierung der Landwirtschaft erhalten.
   Langfristig ist deshalb zu befürchten, dass die Zahl der „Agrarfabriken" weiter zunimmt und eher unrentable kleine Familienbetriebe aufgeben müssen.

7. **Früher:** Einzelne Währungen wie DM und Franc, zwischen denen ein relativ festes Wechselkursverhältnis bestand. Der Wert eines ECU ergab sich jeden Tag bis Ende 1998 als Summe des Wertes der einzelnen Währungsanteile.
   Jetzt: Nur noch eine einzige Währung: Euro (€). Die nationalen Regierungen und Nationalbanken können bei dieser Währungsunion keine eigene Geldpolitik mehr betreiben, weil es nur noch die eine verantwortliche europäische Zentralbank in Frankfurt gibt; z. B. kann Griechenland nicht (die Drachme) abwerten, um den griechischen Export zu stärken.

8. Die DM war im EWS I seit 1979 mit Abstand die stabilste Währung, das Preisniveau in den übrigen Teilnehmerstaaten ist bis 1999 um mehr als 50 % stärker gestiegen als in der Bundesrepublik Deutschland. Voraussetzungen für den Erfolg des Euro: Nur EU-Staaten dürfen an der Währungsunion teilnehmen, die eine sehr niedrige Inflationsrate und eine bewältigbare, verringerbare Staatsverschuldung haben. Die Europäische Zentralbank müsste vor jedem politischen Druck nationaler Regierungen geschützt sein. Problemlage: Die hohe Staatsverschuldung, unterschiedliche Kreditwürdigkeit und Wirtschaftslage der Eurostaaten, lockere Geldpolitik der EZB gefährden den Euro weiter.

9. Vergleich von Bundestag und Europäischem Parlament:

Bundestag	Europäisches Parlament
wählt den Bundeskanzler und kann ihn durch konstruktives Misstrauensvotum ersetzen; entscheidet damit über Regierungskoalition	hat keinen Einfluss auf Zusammensetzung des Ministerrats und nur geringen Einfluss auf die Kommission (durch „Bestätigung" der ausgesuchten Kommissare)
beschließt Gesetze	nur am Gesetzgebungsverfahren beteiligt
Untersuchungsausschüsse zur Kontrolle der Exekutive	nur Misstrauensantrag gegen Kommission möglich

10. Bürger in den Nationalstaaten müssen von den Vorteilen einer wirklichen politischen Europäischen Union überzeugt werden (Volksabstimmungen in Dänemark 1992, in Frankreich und den Niederlanden 2005 zeigten das Gegenteil); **Regierungen der Mitgliedstaaten müssten noch mehr Befugnisse an die EU abgeben**, was von vielen Regierungen wie z. B. in GB gar nicht gewollt ist; gleichzeitig müsste der organisatorische Aufbau der EU verändert und v. a. das **Europäische Parlament** die entscheidenden Rechte der **Legislative** erhalten; **Anpassung der unterschiedlichen Sozial- und Steuersysteme** (z. B. USt. von 15 %–25 % für denselben Artikel) ist äußerst **schwierig**; das **Wohlstandsgefälle** von Nord nach Süd innerhalb der EU **erschwert eine gleichartige Wirtschaftspolitik**; in Krisenzeiten wachsen Egoismus und Nationalismus und damit Interessenkonflikte wieder an.

11. Mögliche **negative** wirtschaftliche und gesellschaftliche **Konsequenzen**

Für die EU-15	Für Beitrittsländer
Konkurrenz billiger Waren und Dienstleistungen aus und in den osteuropäischen Niedriglohnländern (z. B. Fliesenleger, Schlachter; Autos, Gaststätten)	Überschwemmung mit westeuropäischen Waren: Agrarüberschüsse und modernste Industrieproduktionen
Benachteiligung bei der Neuverteilung der Beihilfen (Subventionen) aus den EU-Fonds	Niedergang der Landwirtschaft (da zzt. bis zu 20 % Beschäftigte im primären Sektor), mehr Arbeitslose
starke Steigerung der Finanzbeiträge für die „Nettozahler" (wie BRD)	Überforderung beim Strukturwandel hin zu modernster Industrie und Dienstleistung
wachsende Arbeitslosigkeit durch Firmensitzverlagerung	„Ausverkauf" von Boden, Immobilien und Unternehmen an kaufkräftige Westeuropäer
Wirtschaftsimmigranten im Billiglohnbereich führen zu Verdrängungswettbewerb und neuem Radikalismus/Nationalismus.	Gut ausgebildete und junge Arbeitskräfte versuchen, so schnell wie möglich in den „reichen" Westen abzuwandern.
Beeinträchtigung der Handlungs- und Leistungsfähigkeit sowie Solidaritätsbereitschaft	Notwendiger Souveränitätsverzicht führt zu Anti-Europa-Haltung (EU-Parlamentswahl-„Boykott" Juni 2004 und 2009!).

Gemeinschaftskunde: Internationale Zusammenarbeit

Mögliche **positive** wirtschaftliche und gesellschaftliche **Konsequenzen:**

Für die EU-15	Für die Beitrittsländer
Steigerung des Exports nach Osteuropa	Vermehrte Investitionen durch Firmen aus Westeuropa fördern Wirtschaftswachstum und schaffen Arbeitsplätze.
Zuwanderung dringend benötigter Arbeitskräfte und Familien (wegen der Überalterung der westeuropäischen Gesellschaften)	Subventionen aus den EU-Fonds (Regional- und Strukturfonds) für die relativ armen Gebiete, Hebung des Lebensstandards auf längere Sicht für die gesamte Bevölkerung

Die wirtschaftliche Rückständigkeit der Beitrittsländer macht die vollzogene Erweiterung zu einer hochriskanten politischen Angelegenheit: Die Wirtschaftsleistung, gemessen in Kaufkraft-BIP* pro Einwohner im Jahr 2002 (nach Angaben von Eurostat), macht deutlich, dass es Jahrzehnte dauern wird, bis die wirtschaftliche Kluft zwischen Ost und West (= EU-15 bis 2004) abgebaut sein wird. Durch den Beitritt Rumäniens und Bulgariens 2007 und Kroatiens 2013 sind weitere „leistungsschwache" Staaten dazugekommen.

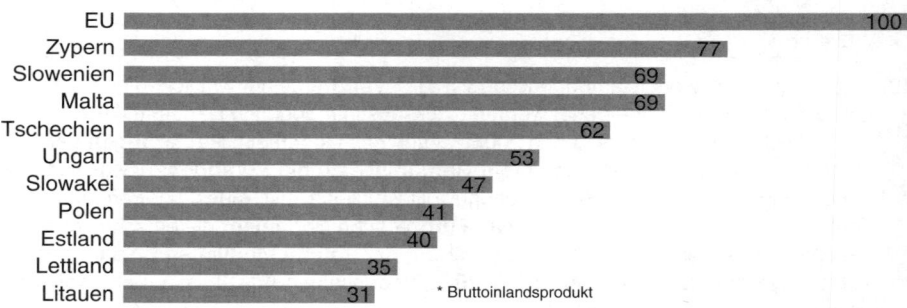

* Bruttoinlandsprodukt

3.2 Globalisierung

1. **Globalisierung** bedeutet, dass das wirtschaftliche Denken und Handeln international fast grenzenlos ist, egal ob es den Einkauf oder Verkauf von Produkten wie Autos, Dienstleistungen wie Versicherungen oder Devisen geht.
   Kapitalanleger (Unternehmen, Fonds etc.) investieren im Ausland, auf den internationalen Märkten, um eine höchstmögliche Rendite zu erzielen.
   Unternehmen wählen absatzstrategisch beste und zudem kostengünstige Standorte aus und versuchen dabei, ihre heimischen Qualitätsstandards zu halten.
   Viele **Konsumenten** wollen möglichst billig einkaufen, also werden zunehmend Waren aus Billiglohnländern exportiert.
   Telearbeit gewinnt immer mehr als neue Form der Arbeitsorganisation an Bedeutung, weil sich die Arbeitswelt infolge des verschärften globalen Wettbewerbs wandelt. Global handelnde Unternehmen nutzen schon jetzt die Zeitverschiebung von Kontinent zu Kontinent, um 24 Stunden lang pro Tag über das Internet tätig sein zu können.

2. **Wirtschaftliche Globalisierung:**
   - weltweite Vernetzung von Produktion, Handel und Dienstleistungen
   - gegenseitige Abhängigkeiten und Kampf um globale wirtschaftliche Vorherrschaft
   - Allgemein: alle ökonomischen und finanztechnischen Verflechtungen

Gemeinschaftskunde: Internationale Zusammenarbeit

3. **Kulturelle Globalisierung:**
   - ständige, wechselseitige Beeinflussung und Kenntnis fremder Kulturen
   - das daraus folgende Angleichen der Kulturen (mit allen Vor- und Nachteilen)

4. Mit dem zunehmenden Einsatz der modernen Medien und von Kommunikationssatelliten sowie der Verbreitung von Glasfaserleitungen ist die Übertragungsgeschwindigkeit von Informationen ständig gestiegen, die Welt kann zum „globalen Dorf" werden, sofern (diktatorische) Staaten nicht die Kommunikation stören oder unterbinden.

5. Z. B.
   Positiv:
   - Produktvielfalt und niedrige Preise für Konsumenten
   - gestiegene Absatzchancen der deutschen Exportindustrie
   - kostengünstiger Einkauf von Vorprodukten für die deutsche Industrie
   - eventuell Verbreitung demokratischer Staatsformen und friedlicher Verhaltensweisen

   Negativ:
   - Verlagerung von Arbeitsplätzen
   - Ausbeutung ärmerer Länder durch Industrienationen wie die BRD
   - Verlust kultureller Identität
   - Umweltverschmutzung durch wachsende weltweite Transporte

6. Singapur, Südkorea, Hongkong, Taiwan (wobei letztere zwei Staaten von der VR China als der chinesischen Nation zugehörig betrachtet werden)

3.3 Friedenssicherung und Entwicklungszusammenarbeit

1. Im ehemaligen **Jugoslawien** gab es von 1946 bis 1990 **sechs staatstragende Völker** in einem Bundesstaat, der aber tatsächlich zentralistisch von der kommunistischen Partei (Tito bis 1980) mit eindeutiger **Vorherrschaft der Serben** geleitet wurde. Diese war vor allem auf den serbisch-kommunistischen Sieg über das von Hitler-Deutschland seit 1941 abhängige Kroatien und dessen brutale Diktatur in der Verfolgung serbischer Minderheiten zurückzuführen.

   Mit dem **wirtschaftlichen Niedergang** in den 1980er-Jahren wuchs die Kritik an der Staatsführung, aber während in Slowenien Demokratisierung als Lösung angesehen wurde, machte die kommunistische Parteiführung in Belgrad Propaganda für ein neues serbisches **Nationalgefühl**. Ende 1990 verließen die Vertreter Sloweniens und Kroatiens die kommunistische Staatspartei und kündigten freie Wahlen in ihren Teilstaaten an.

   Danach kämpfte die serbische Führung mit **Gebietseroberungen** für ein großserbisches Reich („Rest-Jugoslawien"). Neben den unterschiedlich (v. a. aus der Geschichte der letzten zwei Jahrhunderte) von den einzelnen **Volksgruppen** begründeten **Gebietsansprüchen** sorgten **drei offizielle Sprachen** mit zwei Schriftarten sowie **drei Religionen** (katholische, orthodox-byzantinische und islamische) für eine Förderung der Konflikte bis zum Ausbruch offener Gewalt und brutalster kriegerischer Auseinandersetzungen.

2. Im Warschauer Pakt gab es eine eindeutige Vorherrschaft der UdSSR, und dieses Bündnis diente auch zum Zusammenhalt der **von der UdSSR abhängigen kommunistischen osteuropäischen Staaten** (Truppen des Warschauer Pakts wurden zur Niederschlagung von Reformversuchen eingesetzt: 1956 in Ungarn, 1968 in der ČSSR). Mit dem **Demokratisierungsprozess in Osteuropa** Ende der 1980er-Jahre, den VKSE-Verhandlungen 1989 und der Hoffnung der osteuropäischen Staaten auf westliche Hilfe gab es **keine logische Begründung mehr für ein gegen die NATO gerichtetes Bündnis**.

3. INF; VKSE; START I + II: Vertrag zwischen USA und Russland über Vernichtung von ca. $\frac{2}{3}$ der strategischen Nuklearwaffen (2003 erneuert, gültig bis Ende 2009), Atomwaffenteststoppvertrag, START-Nachfolgeabkommen ab 2010

4. Zunahme des Strebens von Volksgruppen/Minderheiten in Osteuropa, Afrika, Asien nach einem eigenen Staat, **Nationalismus** als Konfliktverschärfer zwischen neu entstandenen Staaten Ost- und Südosteuropas; der schlecht kontrollierbare **Waffenverkauf** (inkl. Atomsprengköpfe) aus der ehemaligen UdSSR; die weitere Aufrüstung der Nahost-Region (v. a. Saudi-Arabien, Kuwait, Iran, Syrien, Türkei) nach dem Golf-Krieg durch die USA, Russland und europäische NATO-Staaten; Ausbreitung des **islamischen Fundamentalismus; Terror- und Sabotageakte** im Auftrag von fanatischen Staatsführern; **weltweite Flüchtlingsströme** als Folge von Wirtschaftselend, Umweltzerstörung und **Bürgerkriegen**

5. Die NATO soll zu einem Sicherheitsfaktor für die inzwischen mehr als 50 OSZE-Staaten werden. Dazu könnten spezielle, schnell handlungsfähige Eingreiftruppen geschaffen werden, die regionale Konflikte eindämmen und Waffenstillstände überwachen, wenn sie von den OSZE-Staaten dazu aufgefordert werden. Auch als Kern von UNO-Truppen dürfte der NATO in den nächsten Jahren wachsende Bedeutung zukommen.
Die Bundeswehr beteiligte sich 1989 erstmals an einem UN-Friedenstruppeneinsatz (Bundesgrenzschutzangehörige bei der Überwachung der Vorbereitung zur Unabhängigkeit Namibias) und nimmt inzwischen schrittweise an allen UN-Missionen teil. Das vereinigte Deutschland begäbe sich vermutlich in eine Außenseiterrolle innerhalb der NATO und Westeuropäischen Union (WEU), wenn es sich langfristig auf UN-Blauhelm-Einsätze und humanitäre Hilfsaktionen beschränken würde.

6. Vorbeugende Konfliktbearbeitung und Vorsorge ist humaner, billiger und politisch wirksamer (im Hinblick auf einen stabilen Frieden) als militärische Konflikteindämmung und „Nachsorge" mit Waffenstillstandstruppen und wirtschaftlicher Wiederaufbauhilfe. Eine Friedenssituation kann grundsätzlich nicht „herbeigebombt" werden, v. a. nicht bei komplexen Bürgerkriegen mit unklaren Fronten. Nicht bewaffnete, repräsentative Gruppen der Zivilgesellschaft wie einheimische Nichtregierungsorganisationen (NGOs) oder traditionelle Autoritäten müssen systematisch in einen Prozess der Aussöhnung und des Aufbaus neuer staatlicher Institutionen einbezogen werden.

7. Sicherung der Bundesrepublik vor einem Angriff mittels der NATO-Abschreckungspolitik; technische Hilfe bei der Bewältigung von Naturkatastrophen und sonstige humanitäre Hilfsaktionen

8. Verteidigungsausschuss als ständiger Ausschuss des Bundestages prüft aktuelle Entwicklungen der Bundeswehr und bereitet Sachentscheidungen wie den Beschluss über die Höhe des Bundeswehretats vor. Der Verteidigungsminister ist unabhängig von der Militärführung und entscheidet nach politischen Gesichtspunkten. Bei Bedenken gegen die Rechtmäßigkeit von Bundeswehrorgan-Handlungen (z. B. beim Waffenexport) kann der Bundestag einen Untersuchungsausschuss einsetzen. Der jährliche Bericht des vom Bundestag gewählten unabhängigen Wehrbeauftragten informiert Bundestag und Öffentlichkeit über die Situation in der Bundeswehr, insbesondere über Missstände wie die Verletzung von Grundrechten.

Gemeinschaftskunde: Internationale Zusammenarbeit

9. Einsatz von speziellen „Blauhelm-Bataillonen" im Rahmen der UNO-Friedenstruppen oder eines OSZE-Auftrages (Organisation für Sicherheit und Zusammenarbeit in Europa, aus der KSZE 1995 hervorgegangen); sogar die Beteiligung von Berufssoldaten und freiwillig Wehrdienst Leistenden an Kampfeinsätzen im UNO-Auftrag ist seit 1995 (Bosnien!) Fakt.

10. Wehrdienst war früher immer Ausbildung in der Bundeswehr mit dem Ziel, die Bundesrepublik Deutschland (bzw. das NATO-Gebiet) mit der Bedienung von Waffen bei einem Angriff verteidigen zu können.
Im Ersatzdienst (bis 2011) erfüllten anerkannte Kriegsdienstverweigerer dem Allgemeinwohl dienende Aufgaben, vorrangig im sozialen Bereich.

11. Die/der Wehrbeauftragte und ihre/seine Mitarbeiter (Behörde) ist ein Hilfsorgan des Bundestages und wacht in dessen Auftrag über die *Innere Führung* und den *Schutz der Grundrechte*, die auch für Soldaten gelten. Wenn ein Soldat einen unzulässigen Befehl erhält oder schikaniert wird und seine Beschwerde beim Dienstvorgesetzten nicht möglich ist oder keinen Erfolg hat, kann er sich direkt beim Wehrbeauftragten beschweren. Mit der Arbeit der/des Wehrbeauftragten soll verhindert werden, dass sich in der Bundeswehr demokratiefeindliche und gesellschaftsfremde Verhaltensweisen entwickeln.

12. Höhere Motivation und Kampfbereitschaft, weil Tätigkeit als Beruf und nicht als lästige Pflicht angesehen wird; intensivere Ausbildung an komplizierten Waffensystemen möglich → daher bessere technische Beherrschung im Ernstfall; bessere Pflege der Waffen und Geräte; stärkeres Zusammengehörigkeitsgefühl; rasche Einsatzbereitschaft, da keine Mobilmachung nötig

13. Verteidigungslasten wurden auf möglichst viele Bürger verteilt; Armee konnte nicht zum „Staat im Staat" werden, weil ständiger Zugang und Abgang von jungen Wehrpflichtigen gesellschaftliche Integration sicherte; Personalkosten für Wehrpflichtige sind relativ klein; große Anzahl von Reservisten, die im Verteidigungsfall mobilisiert werden können

14. Wehrungerechtigkeit wurde immer größer: Aufgrund der ständigen Streitkräftereduzierung sank der Bedarf an Wehrpflichtigen; Einberufung zum Grundwehrdienst nur noch bis zum 23. Lebensjahr sowie Nichtverheiratete und Taugliche mit T1- und T2-Grad. Über 100.000 erfasste Wehrpflichtige wurden jährlich als nicht wehrdienstfähig eingestuft. Außerdem wurde nicht einmal jeder zweite „Einsatzfähige" als Wehrdienstleistender eingezogen. Der Motivation war das nicht förderlich (demotivierender Gedanke: „Wir dienen, andere verdienen!"). Frauen dagegen können als Freiwillige Zeit- oder Berufssoldatinnen sein.

15. Eine Gefährdung Deutschlands durch einen Angriff mit konventionellen Streitkräften ist nicht mehr vorstellbar, da alle angrenzenden Staaten Mitglied der EU und/oder NATO sind. Der Kampf gegen den internationalen Terrorismus ist eine der Hauptaufgaben geworden und wenn man davon ausgeht, dass die Gefahr von den Taliban in Afghanistan und dem verbündeten Al-Qaida-Netzwerk ausgeht, dann dient der Einsatz im Hindukusch-Gebiet im weiteren Sinn dem Schutz Deutschlands und seiner Bürger.

16. Die Bundeswehr hat das Problem, die jährlich benötigten 15.000 freiwillig Wehrdienstleistenden, die dem bisherigen geistigen Potenzial entsprechen sollten, zu gewinnen. Deshalb wird auch die Gewinnung von Zeit- und Berufssoldaten über die Wehrdienstschiene eine kaum bewältigbare Aufgabe.

Außerdem fehlen den Pflegeeinrichtungen mindestens 50.000 Ersatzdienstleistende, was sich negativ auf die Pflege und Betreuung hilfsbedürftiger Menschen auswirken wird. Der neu geschaffene freiwillige soziale Dienst („Bundesfreiwilligendienst") wird das Problem zwar verringern, aber nicht lösen.

17. • Active Endeavour (Anti-Terror-Einsatz im Mittelmeer)
    • KFOR (im Kosovo)
    • ISAF (in Afghanistan), ab 2015 Militärausbildung für Afghanen
    • Atalanta (Küste vor Somalia)

18. Im Norden der Weltkugel liegen die wohlhabenden Industriestaaten, die Mehrheit der armen Staaten dagegen im Süden. Und zwischen diesen nördlich und südlich gelegenen Staaten gibt es eine tiefe Kluft, was den Wohlstand und die Lebenschancen anbelangt. Konflikte gibt es vor allem um die Erschließung und Nutzung der Bodenschätze, aber auch um eine Weltwirtschaftsordnung, die als gerecht betrachtet werden könnte und den ärmeren Staaten eine Chance gäbe, die Kluft zu verringern. Nicht zuletzt gibt es einen Konflikt wegen der Vorherrschaft der Industriestaaten im Weltsicherheitsrat der UNO und der dort praktizierten „Weltpolitik".

19. *Innerstaatliche* Faktoren: Bevölkerungswachstum von mehr als ca.1,5 % jährlich, hohe Analphabetenrate, hohe Militärausgaben, staatsbeherrschende Oberschicht, schlechte Umweltbedingungen.
    800 Mio. Menschen leben in absoluter **Armut** mit ständigem Hunger. Eine wachsende Bevölkerung braucht mehr Nahrung, die mit entsprechendem Wissen und technischen Mitteln erzeugt werden könnte, **bei einem Bevölkerungswachstum von jährlich mehr als 90 Mio. Menschen in Südasien, Afrika und Lateinamerika** aber **kann der Nahrungsmittelanbau kaum Schritt halten**, zumal Überflutungen wie 1991 in Bangladesch oder anhaltende Dürreperioden wie in der Sahel-Zone Erntemöglichkeiten immer wieder zerstören. Wenn der Staat **zu viel Geld für Rüstung** ausgibt und deshalb die **Bildung der nachwachsenden Generation vernachlässigt**, fehlt einem Großteil der Bevölkerung die Möglichkeit, daran mitzuwirken, dass mehr Lebensnotwendiges erzeugt wird und die Wirtschaft wächst. Stattdessen wachsen die Zahlen der **von Großgrundbesitzern abhängigen Hilfskräfte** und Arbeitslosen, die in die **Slums** der großen – unregierbar gewordenen – Städte flüchten, wodurch sich die **Armut** weiter vergrößert. Bedingt durch mangelnde Bildung und Armut fehlt mehreren hundert Mio. Frauen der Zugang zu Empfängnisverhütungsmitteln. Wenn diese Entwicklung nicht umgekehrt werden kann, leben im Jahre 2030 mehr als 10 Mrd. Menschen auf der Erde. Armut wird verfestigt.

20. Europäische „Mutterländer" der **Kolonien** haben diese mit radikaler Nutzung der Bodenschätze und des fruchtbaren Landes **ausgebeutet**, die einheimische Wirtschaftsweise zerstört und mit dem **Export von Monokulturen und Rohstoffen** die Bedürfnisse des im industriellen Aufbau befindlichen Europa befriedigt.
    Langfristig verheerend: Die Macht der Industriestaaten bei der internationalen Arbeitsteilung sorgt seit vielen Jahren für niedrige oder **sinkende Rohstoffpreise** → Folgen: minimale Staatseinnahmen, noch höhere **Verschuldung** (bei steigenden Zinsen), z. T. Staatsbankrott.

21. Die materielle Kluft zwischen Nord und Süd ist größer geworden; **Auslandsverschuldung hemmt** inzwischen mehr die Entwicklung, als dass sie hilft; westliche Technologie ist oft zu

teuer, strom- und ersatzteilabhängig sowie Arbeitsplätze vernichtend; Industrialisierung hat die Steigerung der **Landwirtschaftsproduktion vernachlässigt.**

22. *Vorteile*: Entwicklungsländer, die eine militärstrategisch wichtige Lage haben und bisher für das Führen von „Stellvertreterkriegen" eingesetzt wurden, werden in solche **Ost-West-Auseinandersetzungen nicht mehr verwickelt** werden. Die Kriegsgefahr müsste sich insoweit verringern.
    Nachteile: Entwicklungsländer konnten bisher mit der Drohung, das politische Lager zu wechseln, höhere Unterstützungsleistungen erzielen – dies entfällt nun.
    Angesichts des **riesigen Bedarfs an Geld und Investitionen für den wirtschaftlichen Aufbau Osteuropas**, der für Unternehmen zum Markt der Zukunft werden kann, ist kaum mit steigenden Privatinvestitionen westlicher Unternehmen und größerer staatlicher Finanzhilfe zu rechnen. Außerdem gilt die wirtschaftliche Förderung der ehemaligen Ostblockstaaten als wichtigste Maßnahme zur Stabilisierung der jungen Demokratien. Entwicklungsländerförderung in entfernteren Weltregionen erscheint dann nicht mehr ganz so wichtig.

23. Die Gesamtzahl hungernder (Kriegs-)**Elends- und Umweltflüchtlinge** (auch innerhalb der Herkunftsländer) wird seit Jahren auf **mehrere hundert Millionen Menschen** geschätzt. Circa 20 Mio. flüchten in andere Staaten.
    Wenn nicht viele Millionen von ihnen in den „Wohlstands-Norden" flüchten sollen, v. a. nach Europa, müssen wir die Not leidenden Menschen in ihren Heimatländern unterstützen. Notlagen führen auch zum **Raubbau an der Natur** (z. B. Abholzen tropischer Wälder) und zum **Drogenanbau**. Weil die ökologischen Katastrophen und die Rauschgiftkatastrophe weltweit spürbar sind, muss auch von uns Abhilfe geleistet werden.

24. Bei absoluten Hungerkatastrophen ist Nahrungsmittelhilfe sicher angebracht. Wenn aber USA und EU jährlich Getreideüberschüsse verschenken, so fördert dies einerseits die **Empfängermentalität** und drückt vor allem die Preise für die einheimischen Produkte, sodass den **Bauern** wegen erlösbedingt fehlender Investitionsmittel der **Anreiz genommen wird, mehr zu produzieren.** Außerdem wird die Regierung eines Entwicklungslandes nicht gezwungen, den Agrarsektor zu reformieren, sodass die **Unterversorgung mit Nahrungsmitteln zum Dauerproblem wird.** Schädlich ist auch die **Veränderung der Verzehrgewohnheiten**, die von der heimischen Produktion nicht befriedigt werden können (Weizenanbau ist klimabedingt z. B. nicht möglich), sodass sich die **Abhängigkeit von den Geberländern weiter verstärkt.**

25. Kirchliche Nichtregierungsorganisationen (NGOs): Brot für die Welt, Misereor, Caritas; Weitere NGOs: Rotes Kreuz, Dt. Welthungerhilfe, Ärzte ohne Grenzen, terre des hommes

26. Die fünf ständigen Mitglieder des UN-Sicherheitsrats haben ihre Machtstellung unverändert seit 1945, entscheidend bedingt durch die Situation nach Ende des II. Weltkrieges. Seine Zusammensetzung spiegelt die politischen und wirtschaftlichen Machtverhältnisse der heutigen Welt nicht wider. Das Vetorecht ist in der Vergangenheit oft zur Durchsetzung nationaler Interessen der „Großmächte" USA, Russland und China missbraucht worden.

27. Von etwa 150 Mio. Migranten weltweit ist ein Teil auf der Suche nach besseren Arbeits- und Lebensbedingungen (sie sind sogenannte „Wirtschaftsflüchtlinge"). Für die meisten Flüchtlinge ist die direkte Lebensbedrohung durch Hunger, Umweltzerstörung, Enteignung, Landvernichtung, Krieg und Verfolgung (v. a. politisch, religiös) der Hauptgrund für die

Migration (Flucht, Wanderungsbewegung). 25 bis 30 Mio. Menschen sind „Binnenflüchtlinge", die vertrieben werden, aber keine Staatsgrenzen überschreiten.

28. Die G8-Staaten sind Deutschland, Frankreich, Großbritannien, Italien, USA, Kanada, Japan (= westliche G7 seit Mitte der 1970er-Jahre) sowie Russland, sie erzeugen 54 % des Welt-BIPs. Die Themen der „Weltwirtschaftstreffen" sind inzwischen auch Klimawandel und Atomwaffenkontrolle. Wichtiger werden die G20 mit den aufstrebenden Schwellenländern China, Indien, Brasilien, Indonesien und 80 % BIP-Anteil. Kritik von NGOs an den Gipfeltreffen wird wegen weltweit vorhandener Verarmung und Umweltzerstörung geübt.

29. Erfolge und Misserfolge bei den UN-Millenniumszielen für das Jahr 2015: 130 Mio. Menschen wurden in den letzten Jahren aus extremer Armut (weniger als 1,25 USD/Tag) befreit, aber 60 Mio. Menschen verarmten durch die Weltwirtschaftskrise wieder extrem. 1,2 Mrd. Menschen sind arm. Statt angestrebter Grundschulbildung für alle haben mindestens 110 Mio. Kinder keinen regelmäßigen Unterricht.

3.4 Prüfungsaufgaben

Prüfungsaufgaben Sommer 2013 (Aufgabe 5)

1.1 Z. B.
- Der angestiegene weltweite Warenhandel erhöht das Risiko von Unfällen beim Transport (Tankerunglücke).
- Der vermehrte Einsatz giftiger Pestizide durch den Zwang zu billiger Produktion verunreinigt den Boden und somit das Grundwasser.

1.2 Z. B.
Vorteile:
- Menschen können andere Länder bereisen, um andere Kulturen kennenzulernen.
- in anderen Ländern arbeiten (höherer Verdienst, bessere Arbeitsbedingungen)

Nachteile:
- Zunahme des Verkehrsaufkommens, dadurch vermehrter Ausstoß von Abgasen
- mehr Landschaftsverbrauch für Verkehrsflächen/Flugplätze
- schnellere Verbreitung von Krankheiten
- Anstieg der organisierten, internationalen Kriminalität

1.3 Die Freizügigkeit würde nicht an erster Stelle stehen, da die Reisemöglichkeiten aus politischen und finanziellen Gründen stark eingeschränkt sind. Umweltzerstörung (Dürre/Versteppung) dürfte von zentraler Bedeutung sein, weil dadurch die Lebensgrundlage zerstört wird (Landwirtschaft). Die negativen Begleiterscheinungen würden wohl zuerst genannt werden. Frieden und wirtschaftlicher Wohlstand kämen möglicherweise erst am unteren Ende der Skala.

2.1 Es geht darum, sich klar zu machen, dass das Verhalten vor Ort nicht losgelöst von weltweiten Zusammenhängen denkbar ist. Die Formel beinhaltet einen Aufruf zum aktiven Handeln und dabei im persönlich erfahrbaren Umfeld die Auswirkung desselben im großen Maßstab zu berücksichtigen.

Gemeinschaftskunde: Internationale Zusammenarbeit

2.2 Z. B.
- Ausbau des öffentlichen Nahverkehrs, des Radwegnetzes, Anreize für energiesparendes Verhalten durch entsprechende Tarife, Investitionsprogramme
- Förderung dezentraler Energieversorgung (Wasser/Wind/Voltaik)
- der Umstieg von stark energieverbrauchenden Verkehrsmitteln auf energiesparende (E-Mobilität)
- Verzehr von weniger Fleisch, Kauf von regional produzierten Waren, von fair gehandelten Waren

2.3 Z. B.
Ja:
- Erfolgreiches Umsetzen unterschiedlicher Ansätze führt zu wesentlich effizienterer Nutzung von Energie als früher.
- sensibilisiertes Verbraucherbewusstsein (Car-Sharing, Abgasfilter, Baurichtlinien usw.)

Nein:
- Klimaziele werden trotz aller Anstrengungen nicht erreicht.
- Es gibt zwar effizientere Autos, Flugzeuge usw., aber es gibt viel mehr Verkehr, sodass der Effekt wieder aufgehoben wird.

Prüfungsaufgaben Sommer 2013 (Aufgabe 6)

1. Ägypten, Libyen, Jemen, Syrien

2. Z. B.
   - soziale Missstände (hohe Arbeitslosigkeit)
   - wirtschaftliche Missstände (Inflation)
   - rechtsstaatliche Missstände (Korruption)
   - politische Missstände (fehlende demokratische Rechte)

3. **Gründe für die Intervention in Libyen:**
   Die Staatengemeinschaft musste eingreifen, um ein bevorstehendes Massensterben der oppositionellen Zivilbevölkerung (ein zweites Srebrenica) zu verhindern.
   Gründe gegen die Intervention in Syrien:
   - Weil sich die Lage vor Ort noch verschlimmern könnte (Bürgerkrieg).
   - Weil ein militärisches Eingreifen keine Zustimmung im UN- Sicherheitsrat bekommt.
   - Weil noch Spielraum für diplomatische Vermittlung vorhanden ist.

4. Fünf ständige Mitglieder mit Vetorecht (China, Russland, Frankreich, Großbritannien, USA) und zehn nichtständige Mitglieder (auf zwei Jahre von der Generalversammlung gewählt). Ein Beschluss benötigt die Zustimmung aller fünf ständigen Mitglieder sowie die Zustimmung von mindestens vier nichtständigen Mitgliedern.

5. Z. B.
   - Vetorecht der ständigen Mitglieder des Sicherheitsrats
   - Nicht alle Staaten erkennen den Internationalen Strafgerichtshof an.
   - zu geringe finanzielle Mittel
   - keine eigenen Truppen

Prüfungsaufgaben Winter 2013/2014 (Aufgabe 5)

1.1
- über einen langen Zeitraum (sechs Jahrzehnte) für den Frieden aktiv
- Unterstützung der Aussöhnung zwischen Frankreich und Deutschland
- Unterstützung der Demokratisierung Europas (Griechenland, Spanien, Portugal)
- Lösung ethnischer Konflikte und Förderung der Aussöhnung

1.2 **Beschreibung:**
Eine Taube fliegt nach oben und freut sich. Auf einem Felsen sitzt ein Geier, der die Taube grimmig betrachtet und denkt: „Freue dich nicht zu früh, Europa!".

Interpretation:
Durch den Erhalt des Friedensnobelpreises (Taube) ist das Projekt Europa in ein positives Licht gerückt worden. Die wirtschaftlichen Probleme (symbolisch im Pleitegeier) bestehen jedoch weiterhin. Das Projekt Europa kann, so der Karikaturist, wegen wirtschaftlicher Probleme scheitern.

1.3 Z. B.
- Größerer Binnenmarkt führt zu Wirtschaftswachstum.
- Sicherung von Arbeitsplätzen durch verbesserte Exportchancen
- freie Wahl des Arbeitsplatzes und des Wohnsitzes in der EU
- verbesserter Kampf gegen internationale Probleme (Umweltverschmutzung, Drogenhandel, Terrorismus)
- größeres weltpolitisches Gewicht gegenüber alten und entstehenden Supermächten sowie diversen politischen und wirtschaftlichen Bündnissen

2.1 **Legislative:** Europäisches Parlament, Rat der Europäischen Union
Exekutive: Europäische Kommission
Judikative: Europäischer Gerichtshof

2.2 **Europäisches Parlament:** 754 von den Wahlberechtigten der einzelnen Mitgliedsstaaten getrennt gewählte Abgeordnete; die Mandatszahl hängt v. a. von der Bevölkerungszahl der Mitgliedsstaaten ab.
Rat der Europäischen Union: Fachministerinnen und Fachminister der Mitgliedsstaaten der EU je nach Sitzungsthema
Europäische Kommission: 27 Kommissare und Kommissarinnen aus den Mitgliedsstaaten der EU; je Mitgliedsstaat (außer Kroatien, das 2013 EU-Mitglied wurde) ein von der Regierung abgesandtes Mitglied
Europäischer Gerichtshof: Mindestens 27 Richterinnen und Richter von den Regierungen der Mitgliedsstaaten in gegenseitigem Einvernehmen für sechs Jahre ernannt. (Angaben gemäß dem Stand 2013)

Prüfungsaufgaben Winter 2013/2014 (Aufgabe 6)

1.1 Z. B.
- Friedenssicherung
- Durchsetzung der Menschenrechte
- Ausgleich von sozialen Unterschieden

1.2 Fünf ständige Mitglieder: USA, Russland, China, Frankreich, Großbritannien. Diese haben ein Vetorecht, d. h., jedes Mitglied (Atommacht) kann eine Entscheidung blockieren.

Gemeinschaftskunde: Internationale Zusammenarbeit

1.3 **Beschreibung der Karikatur:** Im Hintergrund brennt eine Stadt mit der Aufschrift „Syrien". Im Vordergrund befindet sich ein Gebäude mit der Beschriftung „UN-Sicherheitsrat". Daneben stehen fünf Feuerwehrleute mit missmutigen Gesichtern und halten einen Schlauch, aus dem nur ein Tropfen Wasser kommt. Zwei weitere Feuerwehrleute stehen grinsend auf dem Wasserschlauch und blockieren somit die Zufuhr. Auf den Helmen der Feuerwehrleute steht „UN". Die Unterschrift des Bildes lautet: „Von der UN nichts Neues."

Interpretation: Der (Bürger-)Krieg in Syrien geht seit zwei Jahren mit unverminderter Härte weiter. Ein Eingreifen der UN mit wirtschaftlichen oder militärischen Zwangsmaßnahmen mit dem Ziel der Eindämmung des Krieges und der Wiederherstellung des Friedens wäre nach einem $\frac{9}{15}$-Votum des Sicherheitsrates möglich. Das Veto von Russland und China verhindert aber ein Einschreiten der UN im Syrienkonflikt. Die beiden Vetomächte verfolgen mit ihrem Veto eigene Interessen, zeigen (lächelnd!) ihre Macht und machen gleichzeitig die Hilflosigkeit der UN und ihre Abhängigkeit von den Supermächten deutlich.

2.1 der Bundestag

2.2 Gründe für eine **ablehnende** Haltung:
- Der Einsatz kostet den deutschen Steuerzahler viel Geld.
- Die Bundeswehr ist bereits in Afghanistan engagiert.
- Die Bundeswehr wurde 1955 zur Verteidigung Deutschlands gegründet.

Gründe für eine **befürwortende** Haltung:
- Der Einsatz ist wichtig, um gegenüber den anderen NATO-Mitgliedsstaaten als verlässlicher Partner glaubwürdig zu bleiben.
- Deutschland übernimmt Verantwortung hinsichtlich der internationalen Friedenssicherung und verhindert eine Konfliktausdehnung auf Europa.

3. **Gründe für die Aussetzung** der Wehrpflicht:
- Bedrohungsszenario (ehemaliger Ostblock) hat sich verändert.
- Wehrpflichtige bei Auslandseinsätzen nicht einsetzbar
- Wehrgerechtigkeit war nicht mehr gegeben (max. 30 % eines Jahrgangs wurden zuletzt einberufen).
- Abgesenkte Wehrdienstdauer von sechs Monaten war uneffektiv.

Nachteile der Aussetzung:
- verringerte Verankerung des Wehrgedankens in der Bevölkerung
- Gefahr einer Verselbstständigung der Berufsarmee („Staat im Staate" statt „Staatsbürger in Uniform")
- Gefahr eines sinkenden intellektuellen Niveaus
- Steigende Personalkosten, da ohne attraktive Entlohnung nicht genug Freiwillige bei guter Wirtschaftslage zu finden sein werden.

Prüfungsaufgaben Sommer 2014 (Aufgabe 5)

1.1
erste Direktwahl zum Europaparlament	1979
Ost-Erweiterung der EU	2004
Unterzeichnung der Römischen Verträge	1957
Der Euro wird amtliches Bar-Zahlungsmittel in zwölf EU-Ländern.	2002
Inkrafttreten des Vertrags von Lissabon	2009
Inkrafttreten des Europäischen Binnenmarktes	1993

1.2 Z. B.
- **Hoffnung auf Frieden:**
Der Wunsch, endlich ohne Krieg in Europa zu leben, trug entscheidend zur Entwicklung eines gemeinsamen Europas bei. Bis zum Ende des 2. Weltkrieges führten die Staaten in Europa immer wieder Kriege gegeneinander, die Millionen von Toten und Verwundeten zur Folge hatten.
- **Wirtschaftliche Interessen:**
Von einer Zusammenarbeit der Regierungen Europas auf wirtschaftlicher Basis konnten viele Staaten stark profitieren. Den Anfang stellte die Gründung der Montanunion im Jahre 1951 dar, womit sich die Mitgliedsstaaten untereinander freien Handel mit Kohle und Stahl zusicherten.

2.1 **Politische Kriterien:**
- demokratische und rechtsstaatliche Ordnung
- Wahrung der Menschenrechte und Bürgerrechte sowie Achtung und Schutz von Minderheiten

Wirtschaftliche Kriterien:
- funktionsfähige Marktwirtschaft
- Offenheit der Märkte gegenüber dem Ausland
- Fähigkeit, dem Wettbewerbsdruck innerhalb des EU-Binnenmarktes standzuhalten

Acquis-Kriterium:
Fähigkeit, sich die aus einer EU-Mitgliedschaft erwachsenen Verpflichtungen und Ziele zu eigen zu machen (Acquis communautaire)

2.2 **Beschreibung:**
Auf einer kleinen Insel befindet sich eine gestrandete Menschenmenge mit abgerissener Kleidung. Auf der Insel weht eine beschädigte EU-Fahne. In einem Waschzuber unter kroatischer Flagge sitzt ein freudestrahlender Mann und paddelt auf die Insel zu. Die Menschen auf der Insel bejubeln seine Ankunft mit den Worten „Hurra, wir sind gerettet!".

Interpretation:
Die EU der 27 steckt in Schwierigkeiten, sieht aber im Herannahen eines neuen Mitglieds, das nicht reicher ist, die Rettung. Innerhalb der EU wird der Erweiterungsgedanke so sehr in den Vordergrund gestellt, dass die Konsolidierung der bestehenden Gemeinschaft vernachlässigt wird.

2.3
- neuer Absatzmarkt, v. a. für hochwertige Technologieprodukte
- Stabiles Land wird Mitglied.
- Gut ausgebildete Fachkräfte stehen dem EU-Arbeitsmarkt zur Verfügung.
- Adriaküste als kultureller Wert

2.4 Z. B. Türkei, Serbien, Albanien, Montenegro

Prüfungsaufgaben Sommer 2014 (Aufgabe 6)

1.1 Z. B.
- geringere Lohn- und Gemeinkosten
- nicht so strenge gesetzliche Regelungen für den Umwelt- und Arbeitsschutz
- Markterschließung
- geringere steuerliche Belastung
- großes Angebot an Arbeitskräften

Gemeinschaftskunde: Internationale Zusammenarbeit

1.2.1
- verbesserter Brandschutz
- Erhöhung der Sicherheit in den Textilfabriken

1.2.2
- Kontrollen durch unabhängige Fachleute
- Trainingsprogramme
- Streikrecht

1.2.3 **Chancen:**
- Zusammenarbeit mehrerer nationaler und internationaler Akteure mit den Textilunternehmen (Multistakeholder-Ansatz)
- Zunehmender Einfluss auf die Politik in Bangladesch, da auch große Unternehmen das Abkommen unterzeichnet haben.

Probleme:
- Einige wichtige Konzerne haben nicht unterzeichnet.
- Transparenz und Druck der Medien sind entscheidende Voraussetzungen für den Erfolg.

2.1 **Teufelskreise der Armut**

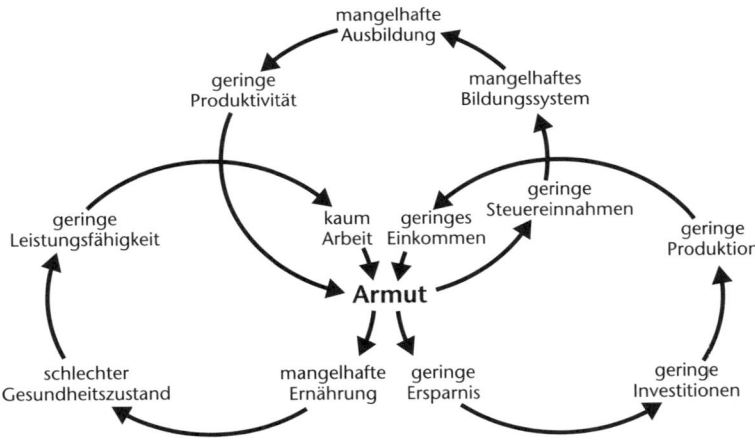

2.2 Z. B.
- Ausbau des Bildungswesens
- Ausbau des Verkehrsnetzes
- Vergabe von Mikrokrediten
- Impfkampagnen

2.3 Z. B.
Wirtschaftliche Interessen stehen vor echter humanitärer Hilfe.

Prüfungsaufgaben Winter 2014/2015 (Aufgabe 5)

1.

Folgende Aussagen sind falsch	Begründung
Rechnung von 30,00 EUR	GB gehört nicht zur Eurozone.
Arbeitsgenehmigung	Es ist keine Arbeitserlaubnis erforderlich, um in einem anderen EU-Staat arbeiten zu können.
unterschiedliche Zölle	Es gibt keine Zölle innerhalb der EU.
kein Recht, an Kommunalwahlen teilzunehmen	EU-Bürger dürfen an Kommunalwahlen teilnehmen.
Aufforderung auszureisen, da arbeitslos	Der Vertrag von Maastricht erlaubt den EU-Bürgern, selbst nach Beendigung des Beschäftigungsverhältnisses im Land zu bleiben.
Recht als EU-Bürger in Norwegen zu leben	Norwegen ist kein EU-Mitglied.

2.
- politisches Kriterium, z. B. demokratische und rechtsstaatliche Ordnung, Wahrung der Menschenrechte, Schutz von Minderheiten
- Wirtschaftliches Kriterium: funktionsfähige Marktwirtschaft
- Verwaltung (Acquis-Kriterium): Übernahme des „Acquis communautaire", d. h. Übernahme aller Gesetze mit europaweiter Gültigkeit

3.1 Sitz: Straßburg
Standorte: Brüssel, Luxemburg

3.2 Das Europäische Parlament ist das einzige Organ, das direkt von den europäischen Bürgern und Bürgerinnen gewählt wird.

3.3
- Gesetzgebungsfunktion: EP teilt sich die Gesetzgebungsfunktion mit dem Rat der EU.
- Budgetierungsfunktion: Mitentscheidung über den Haushalt der EU
- Kontrollfunktion: EP kontrolliert Europäische Kommission, kann ggf. EuGH anrufen.
- Wahlfunktion: EP wählt den Präsidenten der Europäischen Kommission.

3.4 Z. B.
- Der Nutzen, welchen der einzelne Bürger von der EU hat, wird nicht erkannt.
- Probleme, welche mit der Erweiterung der EU entstanden sind, werden als Belastung für den Einzelnen empfunden, und der Glaube an Verbesserung ist nicht mehr vorhanden.
- Das „Friedensprojekt Europa" wird nicht mehr in seiner Bedeutung wahrgenommen.
- Die Grundfunktionen der einzelnen EU-Organe sind nicht bekannt, v. a. nicht die gewachsene Bedeutung des Europäischen Parlaments.

Prüfungsaufgaben Winter 2014/2015 (Aufgabe 6)

1.1 Z. B.
- fehlende Bildung und ungleiche Bildungschancen für Jungen und Mädchen
- ungerechte Gesellschaftsordnungen (reiche Oberschicht und arme Bevölkerung)
- Korruption und Verschwendung von Staatsgeldern
- Abhängigkeit von einzelnen Rohstoffen als Folge des Kolonialismus

Gemeinschaftskunde: Internationale Zusammenarbeit

- Kapitalmangel und hohe Verschuldung
- schlechte medizinische Versorgung der Bevölkerung

1.2 Z. B.
- Industrieländer repräsentieren nur einen kleinen Teil der Weltbevölkerung, sie besitzen eine hohe Wirtschaftskraft und haben einen hohen Energieverbrauch.
- Entwicklungsländer repräsentieren einen großen Teil der Weltbevölkerung, sie besitzen eine niedrige Wirtschaftskraft und haben einen niedrigen Energieverbrauch.
- Die daraus entstehenden Interessensgegensätze bezeichnet man als Nord-Süd-Konflikt.

1.3 Z. B.
Politische Entscheidungen dürfen nicht nur die Bedürfnisse der Gegenwart befriedigen, sondern müssen auch die Bedürfnisse der zukünftigen Generationen im Blick haben, und zwar im ökologischen, ökonomischen und sozialen Bereich (Umweltschutz, Staatsverschuldung, Armutsbekämpfung).

2.1 In der Karikatur sieht man Horst Seehofer, der hinter einer Schranke steht und darüber befindet, wer nach Deutschland einwandern darf. Drei Männer in orientalischer Kleidung möchten die Grenze passieren. Alle drei halten ein Gefäß in der Hand. Seehofer entscheidet: „Der mit dem Gold darf rein …!" Der Untertitel lautet: „Bayerische Zuwanderungskontrolle!".
Der Karikaturist möchte zum Ausdruck bringen, dass nur reiche bzw. nutzbringende Einwanderer erwünscht sind. Andere Zuwanderer/Einwanderer sind nicht erwünscht, ihre Motive werden nicht gewürdigt. Zuwanderung sollte jedoch besonders aus humanitären und ethischen Gründen gewährt werden (Schutz vor politischer Verfolgung und Folter, Schutz des Lebens der Menschen).

2.2 Der Ausdruck „Armutszuwanderung" bezeichnet schlecht qualifizierte Einwanderer, die in Deutschland angeblich nicht arbeiten, sondern vor allem Hartz-IV-Leistungen beziehen wollen, die höher sind als die Arbeitslöhne in ihren (armen) Heimatländern. Der Begriff „Sozialtourismus" besteht aus zwei positiv klingenden Bestandteilen: sozial und Tourismus. Aber in der Wortverbindung legt der neue Ausdruck nahe, dass Einwanderer zum Urlaubmachen (Faulenzen), also nicht aus Schutz vor Verfolgung, materieller Not und Suche nach Arbeit, sondern nur aus Genusssucht nach Deutschland kommen. Der Wortbestandteil „sozial" erweckt den Eindruck, dass sie außerdem von den Vorteilen des deutschen Sozialstaates profitieren wollen.

Prüfungsaufgaben Sommer 2015 (Aufgabe 5)

1.1
- internationale Anerkennung und Aufmerksamkeit (US-Präsident und chinesischer Staatschef besuchen EU-Institutionen in Brüssel)
- EU tritt geschlossen auf, z. B. bei Verhandlungen mit den USA und Kanada über Freihandelsabkommen oder gegenüber der Ukraine und Russland.

1.2 Absicht vieler Europäerinnen und Europäer, EU- und Euro-kritische Parteien bei der Wahl zum Europäischen Parlament zu unterstützen.

1.3 Z. B.
Argumente für mehr Europa:
- Die EU hat mehr internationales Gewicht (Macht, Einfluss) als die Einzelstaaten.
- Die EU ist den zunehmenden internationalen Herausforderungen (z. B. Datenschutz, Internet, Krisen, Globalisierung) eher gewachsen als die Einzelstaaten.

Z. B.
Argumente für weniger Europa:
- Die Einzelstaaten verlieren ihre nationale Handlungsfähigkeit (Gesetzgebung, Geldpolitik).
- Finanzielle Risiken durch wirtschaftlich angeschlagene Mitgliedsstaaten werden auf andere Staaten übertragen.

2.1 2019

2.2
- Die SPD legt um 6,5 Prozentpunkte zu; ein starkes Viertel der Wähler und Wählerinnen hat sich für die Sozialdemokraten entschieden. Sie stellen vier Abgeordnete mehr.
- CDU verliert leicht im Vergleich zu 2009, bleibt aber mit 30 % stärkste Kraft und schickt nun fünf Abgeordnete weniger ins Parlament.
- Die Grünen verlieren 1,4 Prozentpunkte, bleiben aber zweistellig (10,7 %).
- Die FDP verliert stark und rutscht von 11 % (2009) auf 3,4 % ab.
- Die Linke hält mit 7,4 % fast ihr Ergebnis von 2009.
- Die CSU verliert deutlich und schickt drei Abgeordnete weniger ins Parlament.

2.3.1 Acht kleine Parteien, die 0,6 % bis 3,4 % der Stimmen erhalten haben, sind nun im Europäischen Parlament vertreten, obwohl sie an einer Fünfprozenthürde gescheitert wären.

2.3.2 Z. B.
- Bevorteilung der großen Parteien durch das bisherige Wahlrecht
- Jede abgegebene Stimme zählt gleich und sollte deshalb einbezogen werden.
- Arbeitsfähigkeit des Parlaments wird nicht eingeschränkt.

2.3.3 Eine solche Sperrklausel soll sicherstellen, dass nicht zu viele kleine Parteien in ein Parlament einziehen und somit – wie die Erfahrung es gezeigt hat – die Arbeit des Parlaments (Gesetzgebung, Regierungsbildung, Regierungskontrolle) schwierig bzw. unmöglich wird.

Prüfungsaufgaben Sommer 2015 (Aufgabe 6)

1.1 Z. B.
- politische Verfolgung
- religiöse Verfolgung
- Bürgerkrieg
- Naturkatastrophen
- Armut, Hunger, Perspektivlosigkeit

1.2 Beschreibung: Die Karikatur von Paolo Calleri zeigt eine Burganlage in Form eines Schiffes, die auf einer kleinen Insel steht. Am Fahnenmast flattert die EU-Flagge und es ertönt die EU-Hymne, erkennbar an den Worten aus Schillers Ode an die Freude, „Alle Menschen werden Brüder ...". Vor der Insel sind drei Sprechblasen mit Fragezeichen zu erkennen. Von der Burg aus rufen zwei Menschen: „Das Boot ist voll!" und „Kehrt um!", während im Hintergrund jemand ruft, jemand solle doch endlich das verdammte Lied abstellen.

Gemeinschaftskunde: Internationale Zusammenarbeit 221

Interpretation: Die Burganlage steht für die Europäische Union, die sich als „Festung Europa" gegenüber Flüchtlingen abschottet. Dabei wird der Widerspruch zwischen dem in der EU-Hymne zum Ausdruck gebrachten Selbstverständnis der Verbrüderung aller Menschen und der tatsächlichen Praxis der EU-Flüchtlingspolitik an den Außengrenzen der Union aufgezeigt. Die auf humanistischen Idealen basierende Gründungsidee der Union wird von der aktuellen politischen Praxis konterkariert.

2.1 Mit dem Ausdruck ist die Praxis der Frontex-Mitarbeiter gemeint, die Flüchtlinge in ihren Booten am Landen auf EU-Boden zu hindern und diese zur Umkehr in ihre Herkunftsländer zu zwingen.

2.2
- Flüchtlinge, die in Seenot geraten sind, müssen von Grenzschutzpolizisten und Frontex-Mitarbeitern gerettet werden und dürfen nicht mehr zurückgedrängt werden (Verbot von „Push-back-Aktionen").
- Flüchtlingen muss bei Bedarf Zugang zu medizinischer Versorgung, Übersetzungsdiensten und Rechtsberatung gewährt werden.
- jährlicher Rechenschaftsbericht über die Umsetzung der Vorschriften
- Zwischenfälle müssen dokumentiert werden.

2.3 Z. B.
- Afghanistan
- Syrien
- Russland
- Pakistan

2.4 Z. B.
Für die Abschottungspolitik:
Überforderung der Erstaufnahmeländer (Auffanglager, medizinische Versorgung, personelle Betreuung)

Gegen die Abschottungspolitik:
Pflicht zur humanitären Hilfe Notleidender (Menschenrechte)

Prüfungsaufgaben Winter 2015/2016 (Aufgabe 5)

1.1 Z. B.
- Sicherung des Friedens: Überwindung des Nationalismus in Europa, der die Länder immer wieder in den Krieg geführt hatte, insbesondere in zwei Weltkriege 1914 und 1939.
- Wirtschaftliche Interessen: Mit Zusammenarbeit ist der Wiederaufbau des vom Krieg zerstörten Europas leichter und wirkungsvoller.
- Sicherheitspolitische Interessen: Schutz vor weiterer sowjetischer Expansion in Europa

1.2.1
- EWG: Zollunion und gemeinsamer Markt
- Euratom: gemeinsame friedliche Nutzung der Kernenergie

1.2.2
- Gründungsstaaten: 6
- Momentane Mitgliedsstaaten: 28

1.2.3 Die Europäische Währungsunion entstand durch den Zusammenschluss von EU-Mitgliedsstaaten auf dem Gebiet der Geld- und Währungspolitik. Die dazu neu geschaffene

Währung namens Euro ersetzte ab 1999 (Giralgeld) bzw. 2002 (Bargeld) die alte Landeswährung in den Staaten, welche bestimmte Finanzkriterien wie relative Preisstabilität und akzeptable Staatsverschuldung erfüllten.

2.1 Der Rat der EU nimmt Vorschläge der EU-Kommission für neue Verordnungen (welche nach Verabschiedung bedeutsamer sind als nationale Gesetze) und Richtlinien (welche die Nationalstaaten zur Verabschiedung von Gesetzen verpflichten) auf und trifft Entscheidungen mit qualifizierter Mehrheit.

2.2 Das Europäische Parlament wurde erstmals 1979 von der Wahlbevölkerung der EG gewählt, hatte jedoch nur beratende Funktion.
Mit den weiteren EU-Verträgen wurden die Legislativrechte begründet, gestärkt und auf immer mehr Mitbestimmungsbereiche ausgedehnt.
Mit dem Vertrag von Lissabon wurde das Parlament dem Ministerrat in seinen Rechten annähernd gleichgestellt.

2.3 Europäische Kommission (Sie muss für die Durchsetzung der von Ministerrat und Parlament gemeinsam beschlossenen „Gesetze" sorgen.)

3.1 Die Europäische Union will bis zum Jahr 2020 den Anteil der erneuerbaren Energien am Energieverbrauch um (bzw. auf) 20 % erhöhen, insgesamt 20 % Energieverbrauch einsparen und den Ausstoß von Treibhausgasen um 20 % verringern.

3.2 Z. B.
- Treibhausgase senken: strengere Vorschriften für genehmigten Schadstoffausstoß von Autos
- Anteil erhöhen: Förderung von Windkraftanlagen
- Energieverbrauch senken: strengere Vorschriften beim Stromverbrauch von elektronischen Geräten

Prüfungsaufgaben Winter 2015/2016 (Aufgabe 6)

1.1 Z. B.
- UNO
- Europarat
- OSZE
- EU
- NATO

1.2
- Vorbeugende Diplomatie: Entstehung von Streitigkeiten im Vorfeld verhindern
- Friedensschaffung: Beendigung eines Konflikts durch Verhandlungen
- Friedenserzwingung: militärisches Eingreifen im Auftrag des Sicherheitsrates bei Friedensbruch oder bei Angriffshandlungen, aber auch Sanktionen wie Wirtschaftsembargo
- Friedenssicherung: Überwachung eines Waffenstillstandes, Wahlbeobachtung
- Friedenskonsolidierung: Unterstützung des Aufbaus rechtsstaatlicher Strukturen, Sicherung der Menschenrechte nach Beendigung eines Konflikts

2.
- Wirtschaftliche Ursachen: z. B. Sicherung wirtschaftlicher Vorteile durch Kontrolle und Ausbeutung von Bodenschätzen, Sicherung ökonomisch wichtiger Verkehrswege oder wirtschaftlicher Vorherrschaft über andere Staaten oder Gruppen im eigenen Land, ungerechte Verteilung von Gütern
- Psychologische Ursachen: z. B. gegenseitiges Misstrauen, Vorurteile und Feindbilder gegenüber Angehörigen anderer Gruppen, Angst vor dem Verlust der eigenen Machtposition

Gemeinschaftskunde: Internationale Zusammenarbeit 223

- Ideologische Ursachen: z. B. unterschiedliche Wertvorstellungen, gegensätzliche wirtschaftliche und politische Systeme, Ausdehnung des eigenen Machtbereichs
- Religiöse Ursachen: z. B. Kampf um die Vormachtstellung einer Religion innerhalb und außerhalb eines Staatsgebietes, Rivalität zwischen Kirchen und Religionsgemeinschaften
- Nationalistische bzw. rassistische Ursachen: z. B. Überbetonung und Verherrlichung der eigenen Nation, Herabsetzung und Diskriminierung anderer Völker

3.1
- Die Sanktionen sollten im genannten Konflikt klare Forderungen zur Verhaltensänderung beinhalten.
- Wirtschaftssanktionen haben auch unbeabsichtigte Folgen.
- Bei Sanktionen sollte darauf verzichtet werden, wesentliche politische Veränderungen zu verlangen.
- Man sollte sich bewusst sein, dass es lange dauert, bis Wirtschaftssanktionen ihr Ziel erreichen.
- Bei großen Ländern mit vielen Nachbarstaaten ist es schwer, Handelssanktionen durchzusetzen.

3.2 **Beschreibung:**
In der Karikatur von Horst Haitzinger, die am 19.03.2014 in der Badischen Zeitung veröffentlicht wurde, sieht man einen Soldaten mit der Aufschrift „EU" hinter einem gerade feuernden Artilleriegeschütz stehen. Die Kanone ist auf einen Elefanten gerichtet, der das Gesicht des russischen Präsidenten Putin darstellen soll und der vor einem Schild mit der Aufschrift „Krim" steht. Die Flugbahn der Kanonenkugel zeigt, dass das Geschoss nach dem Abschuss zwar den Elefanten trifft, aber nur oberflächlich, weil die Kugel von dem Elefanten abgeprallt ist und, nachdem sie auf dem Helm des EU-Soldaten gelandet ist, zu Boden fällt.

Interpretation:
Die Karikatur weist auf die Problematik der Sanktionen seitens der EU gegen Russland hin. Die Sanktionen gegen Russland erzielen keine erkennbare Wirkung, weil Russland nicht so leicht zu verletzen ist. Stattdessen kommt die „Sanktionskugel" zurück, d. h., die Sanktionen haben negative Folgen für die EU. Somit bestraft sich die EU selbst.

Prüfungsaufgaben Sommer 2016 (Aufgabe 5)

1.1 Z. B.
Wirtschaftliche Kennzeichen:
- hohe Arbeitslosigkeit
- wenig ausgebaute Infrastruktur
- hoher Anteil des primären Sektors

Gesellschaftspolitische Kennzeichen:
- geringer Bildungsgrad
- wenig politische und soziale Mitbestimmungsmöglichkeiten
- traditionell geprägte Familienstrukturen
- hohe Geburtenraten

1.2 Z. B.
- Bau von Brunnen und Bewässerungsanlagen
- Faire Handelsverträge, welche die Exportchancen für Entw.länder verbessern.
- langfristige Kredite (zu minimalem Zins) zum Ausbau von landwirt. Betrieben
- Unterstützung bei Existenzgründungen und Güter-Abnahme zu fixierten Preisen, die nicht durch Preisverfall an Rohstoffbörsen beeinflusst werden.
- Schulung in der Verwendung wirkungsvoller, aber schlichter Technologie
- Bio-Technologie, die Pflanzen schützt, aber nicht von Chemiekonzernen abhängig macht.
- weitgehender Verzicht auf Export von Fertignahrung in Entwicklungsländer

2. In den Entwicklungsländern insgesamt ist von 1990 bis 2004 ein Rückgang des Anteils der Menschen zu verzeichnen, die von weniger als einem USD täglich leben müssen: von 32 % auf 19 %, d.h., die Zahl der Armen hat sich ab 1990 um 40 % verringert. Die asiatischen Länder verzeichnen fast alle einen deutlichen Rückgang. In den afrikanischen Länder südlich der Sahara dagegen hat sich die Armut nur gering von 47 % auf immer noch 41 % verringert.

3. Z. B.
Chancen:
- Einhalten von Hygienestandards
- Aufbau einer Infrastruktur zur lückenlosen Abgabe von sauberem Wasser für alle

Risiken:
- Privatwirtschaftliche Interessen setzen sich gegenüber humanitären Ansprüchen durch.
- Verteuerung durch Preisspirale bei Knappheit

4.1 **Beschreibung:**
Ein hagerer, dunkelhäutiger Mann in zerrissenen, geflickten, schmutzigen Kleidern sitzt einem adipösen, hellhäutigen Mann im Nadelstreifenanzug gegenüber. Unterhalb der Stühle stehen zwei Koffer mit den Aufschriften „Entwicklungsländer" und „Industrieländer". Beide verharren schwitzend und angestrengt blickend in einer Position des Armdrückens. Die Bildunterschrift lautet: „Sie verhandeln noch!".

Interpretation:
Die Verhandlungen stellen ein körperliches Kräftemessen dar. Am Verhandlungstisch sind dabei ungleiche Voraussetzungen vorhanden. Die „Verhandlungen" sind real gar keine und das Kräftemessen wird voraussichtlich zugunsten der Industrieländer ausgehen, also mit einer Niederlage für die Entwicklungsländer enden.

4.2 Z. B.
- Fair Trade mit höherer Bezahlung der Erzeuger vor Ort statt Orientierung an Börsen
- Vermeidung von monopolartigem (auch staatlichem) Zwischenhandel
- Vereinbarung einer fairen Zollpolitik zugunsten der Dritte-Welt-Staaten

Prüfungsaufgaben Sommer 2016 (Aufgabe 6)

1.1 Z. B.
- Friedenserhaltung und zukünftige -sicherung zwischen den westeuropäischen Staaten
- Wiederaufbau des im 2. Weltkrieg zerstörten Europa mit gegenseitiger Hilfe
- Schutz vor Machtansprüchen der UdSSR

Gemeinschaftskunde: Internationale Zusammenarbeit

1.2 Bundesrepublik, Frankreich, Italien, Belgien, Niederlande, Luxemburg („BeNeLux"-Staaten)

2.1 Z. B.
- Freizügigkeit in allen Ländern der EU zum Arbeiten und Leben
- erhöhter Lebensstandard dank größerer Produktauswahl durch den Binnenmarkt
- keine Grenzkontrollen, dadurch kein Zeitverlust beim Reisen
- innerhalb der 19 EURO-Staaten kein Geldwechsel nötig dank einheitlicher Währung, dadurch keine Umtauschverluste

2.2 Z. B.
- größerer Absatzmarkt durch Binnenmarkt
- keine Zölle, dadurch geringere Kosten und Arbeit
- Arbeitnehmerfreizügigkeit, dadurch mehr Bewerber und Bewerberinnen auf Stellen

3.1
- Unfähigkeit der EU, drängende Probleme zu bewältigen: die Staatsverschuldung, die Währungskrise und mangelndes Wirtschaftswachstum
- Ablehnung der Kombination aus Hilfspaketen und Sparpolitik der EU als Mittel, finanzielle Krisen zu bewältigen

3.2
- Krise durch einen neuen Nationalismus in Europa, gefährdet die Solidarität in Europa
- Spaltung der EU, Spannungen zwischen Nord und Süd
- unzufriedene Bürger auf der einen Seite und Mangel an Führungswillen auf der anderen

3.3 Z. B.: Protestbewegung
- wirkt belebend und regt zu Diskussionen an, wie Europa weiterentwickelt werden müsste, um wieder Zustimmung bei der großen Mehrheit der Bürger zu finden,
- bringt Strukturdefizite und weitere Probleme in der EU zur Sprache, könnte die Reformbereitschaft in der EU erhöhen,
- könnte zu einer zunehmenden Demokratisierung führen, z. B. (längerfristig) durch europaweite Referenden (mit Auswirkungen auf die nationalen Verfassungen).

Prüfungsaufgaben Winter 2016/2017 (Aufgabe 5)

1.1 Das Hauptziel der WTO ist die Sicherung des freien Welthandels durch Abbau von Handelsschranken.

1.2 Z. B. China, USA, Deutschland, Japan, Niederlande, Frankreich, Südkorea

2.1 Schaffung der weltgrößten Freihandelszone zwischen den USA und der EU, beispielsweise durch Abbau der Zölle und Harmonisierung von Standards

2.2 **Beschreibung:**
Auf dem Kopf einer Krake steht der Begriff „TTIP", auf den Tentakeln befinden sich die Namen verschiedener multinationaler Unternehmen und Institutionen, v. a. der USA. Zwischen den Tentakeln fährt ein Mann in einem einfachen Schlauchboot mit der Aufschrift „EU". Das Schlauchboot hat ein Leck, aus dem Wasser austritt. In dem Schlauchboot befinden sich Kisten mit verschiedenen Begriffen (z. B. „Sozialstandards", „Regulierung Gentechnik"). Eine Kiste mit der Aufschrift „Öko-Standards" schwimmt im Wasser und der Mann versucht diese mithilfe des Paddels ebenfalls aus dem Weg zu räumen. Der Mann sagt dabei zur Krake: „Augenblick, ich räum' die Handelshemmnisse sofort weg!"

Interpretation:
TTIP wird als Krake dargestellt, die alles zu verschlingen versucht: Die Standards der EU, die in Form der Kisten im Boot des Mannes liegen und in der EU gelten, drohen durch das Freihandelsabkommen außer Kraft gesetzt zu werden. Dadurch würden besonders amerikanische Unternehmen profitieren, die sich auf ihrem „Fangzug" auf den Weg nach Europa machen. Die EU scheint mit ihren Standards zu versinken, ihre Wirtschaftskraft durch TTIP nicht gefördert zu werden.

2.3
- Zulassung diverser Chemikalien, Pflanzenschutzmittel und Nahrungszusätze
- Verkauf von Genpflanzen ohne Kennzeichnung
- Behandlung von Tieren mit Wachstumshormonen
- Schädigung des Weltklimas
- Investorenschutz

2.4 Z. B.
- Für Verbraucher/-innen: günstigeres und größeres Warenangebot
- Für Unternehmen: größerer Absatzmarkt, größerer Umsatz, höhere Gewinne
- Für Staat und Arbeitnehmer/-innen: Sicherung von Arbeitsplätzen und Schaffung neuer Arbeitsplätze

Prüfungsaufgaben Winter 2016/2017 (Aufgabe 6)

1. Z. B.
    Push-Faktoren sind Gründe, die einen Menschen veranlassen, seine Heimat zu verlassen. „Push" bedeutet „wegdrücken". Hierzu zählen zum Beispiel Krieg, Terror, hohe Arbeitslosigkeit, Verfolgung, mangelhafte Gesundheitsversorgung und Umweltzerstörung.
    Pull-Faktoren sind positive Merkmale des Zielgebietes eines Migranten. „Pull" bedeutet „anziehen". Hierzu zählen zum Beispiel Frieden, Sicherheit, stabile wirtschaftliche Lage, soziale Versorgung, gute Ausbildungs- und Arbeitsmöglichkeiten, Religionsfreiheit.

2.1 Z. B.
- Menschen in Not muss geholfen werden. Die Aufnahme von Flüchtlingen ist unumgänglich, da die Situation in den Konfliktländern für die Menschen z. B. aufgrund von Krieg und Terror unerträglich ist.
- Der demografische Wandel führt ohne Zuzug von Menschen aus anderen Ländern zur Überalterung der deutschen Gesellschaft. Flüchtlinge könnten bei genügender Bildung und entsprechender Ausbildungsbereitschaft den durch Geburtenmangel und Überalterung entstehenden Arbeitskräftemangel ausgleichen und Probleme bei der Finanzierung der Renten verkleinern.
- Deutschland ist als Mitgliedsland der Europäischen Union dazu verpflichtet, seinen Beitrag zur Bewältigung der Flüchtlingskrise zu leisten. Länder wie Griechenland und Italien können massenhaft ankommende Flüchtlinge nicht alleine bewältigen und sind ohne Hilfe der anderen EU-Mitgliedsländer zu stark belastet.
- Flüchtlinge stellen eine Bereicherung für die deutsche Gesellschaft dar. Durch die Begegnung mit anderen Kulturen und Religionen wird Toleranz gefördert und Ängste vor dem Fremden werden abgebaut.
- Aus der deutschen Vergangenheit kann man die moralische Verpflichtung ableiten, Flüchtlinge aufzunehmen, denn zahlreiche Deutsche mussten v. a. vor und während des Zweiten Weltkriegs ihre Heimat verlassen und wurden in anderen Ländern aufgenommen.

Gemeinschaftskunde: Internationale Zusammenarbeit

- Deutschland ist durch den Export von Waffen indirekt für die Fluchtursachen vieler Menschen mitverantwortlich. Daher sollte Deutschland sich mit den Folgen des eigenen Handelns auseinandersetzen.

2.2 Z. B.
- Organisation nach Ankunft der Flüchtlinge (z. B. Registrierung, Verteilung)
- Integration der Flüchtlinge (z. B. Sprache, Ausbildung, Arbeitsplätze, Vermittlung von Gesetzen und Regeln, Eingliederung anderer Kulturen in unsere Gesellschaft)
- Finden von Wohnraum für die Flüchtlinge
- Finanzierung der entstehenden Kosten

3.1 Die Dublin-Verordnung regelt, welcher Staat für die Bearbeitung eines Asylantrags innerhalb der EU sowie Norwegen, Island, der Schweiz und Liechtenstein zuständig ist. Grundsätzlich ist der Asylantrag in dem Staat zu beantragen, den der Flüchtling erstmals betreten hat.

3.2
- Entlastung der Erstaufnahmestaaten
- Entlastung der hiesigen Behörden von zwischenstaatlichem Verwaltungsaufwand
- Bearbeitung des Asylantrags in dem Land ihrer Wahl

4. Beschreibung:
Die Karikatur mit der Bildunterschrift „Europäische Sternstunden" zeigt die zwölf kreisförmig angeordneten Sterne der EU-Flagge inmitten eines gefährlichen Gewässers. Auf jeder „Insel" in Sternform ist ein Schild angebracht, das die Aufnahmebereitschaft oder Möglichkeit der Aufnahme von Flüchtlingen zum Ausdruck bringt (z. B. „Quote offen!", „Quote erfüllt!", „Quote noch offen!", „Nicht sehr herzlich willkommen", „Ausgebucht!" etc.). Außerdem sind auf den „Inseln" Menschen zu sehen. Zu beachten ist, dass um die Menschen herum noch ausreichend Platz ist. Im Wasser rund um die „Inseln" befinden sich acht volle oder überfüllte Boote. Drei von ihnen sind im Untergehen begriffen und zahlreiche Menschen drohen zu ertrinken.

Interpretation:
Der Karikaturist kritisiert den Umgang der EU mit der Flüchtlingskrise. Er verdeutlicht als erstes, dass es keine gemeinsame Position gibt, was die Bereitschaft zur Aufnahme von Flüchtlingen anbelangt bzw. die Akzeptanz einer Aufnahme-Quote für jeden einzelnen EU-Staat. Gleichzeitig wird in der Karikatur dargestellt, dass alle EU-Länder noch ausreichend Kapazität zur Aufnahme weiterer Flüchtlinge hätten. Die EU, die anderen Staaten häufig die Nichteinhaltung von Menschenrechten vorhält und die ihre demo- kratischen und humanitären Werte stets als Vorbild für andere darstellt, zeigt im Umgang mit den Flüchtlingen, wie wenig sie sich selbst an diese Werte hält. Während in den EU-Staaten über „Quoten" diskutiert wird und einige Länder negativ gegenüber Flüchtlingen eingestellt sind, sterben gleichzeitig Menschen im Mittelmeer und auf der Flucht. Der Titel der Karikatur ist also ironisch zu verstehen: Das Verhalten der EU 2015, die 2012 als Organisation den Friedensnobelpreis erhalten hat, hat gar nichts mit einer glücklichen Sternstunde der Menschheitsgeschichte zu tun. Im Gegenteil macht die Karikatur das Versagen vor den aktuellen Herausforderungen deutlich.

Prüfungsaufgaben Sommer 2017

1 Prüfungsaufgaben Wirtschafts- und Sozialkunde Sommer 2017

Aufgabe 1: In Ausbildung und Beruf orientieren

1.1 Schülerabhängig, z. B.:
Gewerkschaft: Lebenshaltungskosten (z. B. Mieten) sind gestiegen (Inflationsausgleich), Unternehmen haben Gewinne erwirtschaftet, ein Teil steht den Arbeitnehmern zu, die Belastungen am Arbeitsplatz nehmen zu, ...

1.2 Dies ist rechtlich nicht möglich, da die Urabstimmung der Gewerkschaftsmitglieder über den Streik Voraussetzung für eine rechtmäßige Arbeitsniederlegung ist.

Beispiel:

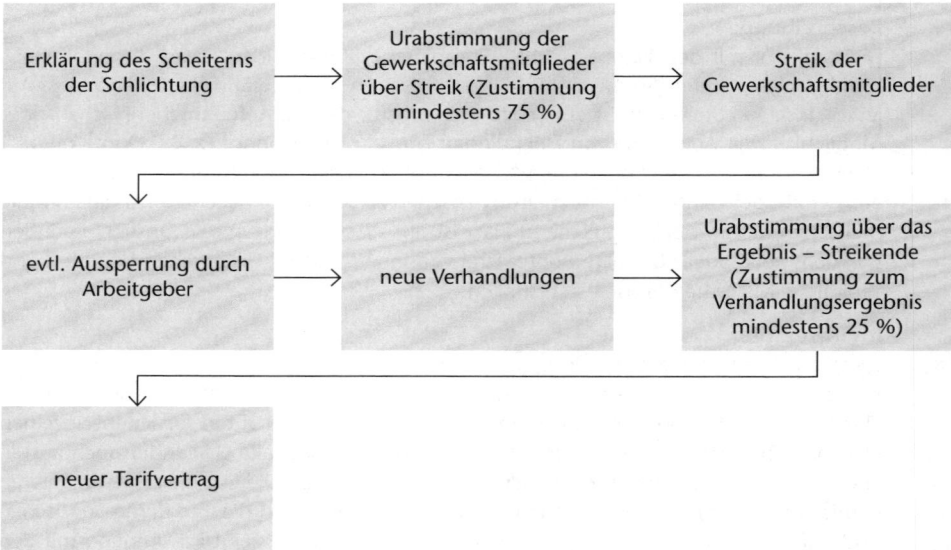

1.3.1 Sabrina ist nicht Mitglied in der Gewerkschaft, somit würde die Erhöhung der Ausbildungsvergütung sie nicht betreffen. Allerdings steht in ihrem Ausbildungsvertrag, dass der Tarifvertrag und die Betriebsvereinbarung gelten, somit profitiert sie von der Entgelterhöhung.

1.3.2 Zu Beginn des Jahres 2016 war Sabrina 17 Jahre alt. Daher stehen ihr laut § 19 JArbSchG 25 Tage Urlaub zu. Zu Beginn des Jahres 2017 ist Sabrina 18 Jahre alt, daher gilt die gesetzliche Regelung des Bundesurlaubsgesetzes. Ihr stehen 24 Tage Urlaub zu.

Aufgabe 2: Markt und Preis

2.1.1 Die XPed Sport GmbH hat eine (zeitweilige) Monopolstellung, sodass sie bei der Preisfestsetzung nur ihre Kostensituation sowie das Verhalten der Nachfrager berücksichtigen muss.

2.1.2

Preis (EUR)	Absetzbare Menge (Stück)	Erlös (EUR)	Kosten (EUR)	Gewinn (EUR)
400,00	0	0,00	50.000,00	−50.000,00
350,00	200	70.000,00	70.000,00	0,00
300,00	400	120.000,00	90.000,00	30.000,00
250,00	600	150.000,00	110.000,00	40.000,00
200,00	800	160.000,00	130.000,00	30.000,00
150,00	1.000	150.000,00	150.000,00	0,00
100,00	1.200	120.000,00	170.000,00	−50.000,00

gewinnmaximaler Preis: 250,00 EUR

2.1.3 Z. B.
Mit einem Preis von 200,00 EUR (laut Tabelle der Preis, mit dem noch Gewinn zu erzielen wäre) könnte man mehr Kunden gewinnen und sich aufgrund eines guten Preis-Leistungs-Verhältnisses ein positives Image aufbauen.

Treten nach einiger Zeit andere Anbieter am Markt auf, ist die XPed Sport GmbH bereits etabliert und würde ggf. weniger Kunden an die Konkurrenten verlieren.

2.1.4 Erlös, Kosten (EUR)

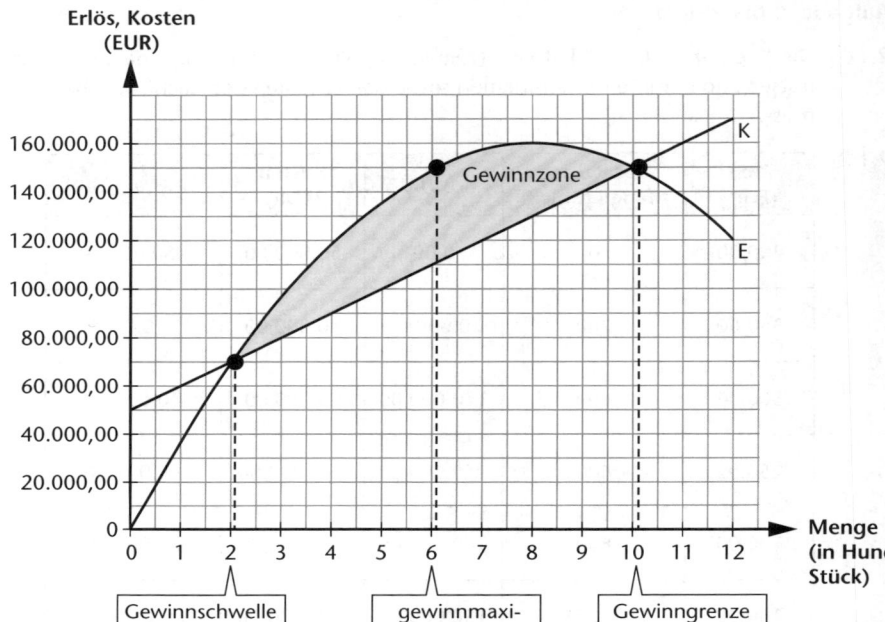

2.2.1 Z. B.
Die Strategie kann Erfolg versprechend sein, wenn die XPed Sport GmbH über eine günstigere Kostenstruktur verfügt. Dadurch können niedrigere Preise in Kauf genommen und Kunden vom Konkurrenten abgeworben werden.

2.2.2
- Ein andauerndes gegenseitiges Unterbieten kann dazu führen, dass die erzielbaren Gewinne dauerhaft zurückgehen („ruinöse Konkurrenz").
- Z. B.
Preisführerschaft: Hierbei übernimmt ein Unternehmen die Rolle des Preisführers, das andere Unternehmen passt sich mit seiner Preisfestsetzung an. Dabei kann die Preisführerschaft auch wechseln.

2 Prüfungsaufgaben Gemeinschaftskunde Sommer 2017

Aufgabe 1

1.1 Der Begriff „Informationsgesellschaft" bedeutet eine Durchdringung der Gesellschaft mit Informations- und Kommunikationstechnologien, wie z. B. dem Internet, im Arbeits- und Privatleben.

1.2
- Angefangen als Fünf-Mann-Betrieb in Walldorf, hat SAP 2007 mehr als 41.000 Mitarbeiter/-innen.
- 35 Jahre nach der Gründung 10 Mio. Anwender der SAP-Software
- 2006 Umsatzsteigerung zum Vorjahr von 10 % auf 9,4 Mrd. EUR

1.3 Unternehmen müssen, um wettbewerbsfähig zu bleiben, mit der Digitalisierung Schritt halten. Die ERP-Software ermöglicht die effiziente Steuerung von Geschäftsprozessen. SAP bietet eine solche Software an und profitiert daher von dieser Entwicklung.

1.4 Z. B.
- Aneignung von Kenntnissen und stetige Weiterbildung in den Informationstechnologien (EDV)
- Kenntnis und Berücksichtigung von entsprechenden Datenschutzvorschriften

2.1
- In dem Schaubild wird dargestellt, mit wie vielen Projekten in den verschiedenen deutschen Bundesländern von Investoren aus dem Ausland im Jahr 2013 Arbeitsplätze geschaffen wurden.
- Die höchste Zahl an Investitionsprojekten und damit 1.493 neue Arbeitsplätze entstanden in Baden-Württemberg, die wenigsten, mit nur einem Projekt und 80 neuen Arbeitsplätzen, in Schleswig-Holstein.
- In einigen Bundesländern (z. B. Bremen, Brandenburg, Rheinland-Pfalz) wurden nur wenige Projekte durchgeführt, aus denen zum Teil keine neuen Arbeitsplätze hervorgingen.

2.2 Z. B.
- günstige geografische Lage im sogenannten Dreiländereck (Deutschland, Frankreich, Schweiz)
- hohe Bevölkerungsdichte mit einer großen Anzahl an qualifizierten Arbeitskräften
- zahlreiche mittelständische sowie global agierende Unternehmen, die als potenzielle Wirtschaftspartner attraktiv sind

Aufgabe 2

1.1 Z. B.
- Dargestellt wird die Abweichung von der Durchschnittstemperatur des 20. Jahrhunderts in Grad Celsius. Diese beträgt 13,9° C.
- 2015 war das wärmste Jahr seit Beginn der Wetteraufzeichnungen im Jahre 1880.
- Seit 1880 hat sich das Klima insgesamt erwärmt.
- Die zehn wärmsten Jahre lagen alle im Zeitraum zwischen 1998 und 2015.

1.2 Z. B.
- Verbrennung von fossilen Energieträgern (Kohle, Öl, Benzin, Gas, Holz), z. B. in der Industrie und in Verbrennungsmotoren in Autos und Flugzeugen
- Freisetzung von Treibhausgasen in der Landwirtschaft (Massentierhaltung)
- Abholzung von Wäldern und damit Reduzierung der Luftreinhaltung

1.3 Z. B.
- Abschmelzen der Gletscher und dadurch bedingter Anstieg des Meeresspiegels
- Die Zunahme von extremen Wetterlagen, z. B. Dürren, führt zu lebensbedrohlichen Zuständen.
- Das Verschieben der Klimazonen kann zu sozialen und politischen Konflikten führen.

2. Z. B.
- Grenzwerte für den CO_2-Ausstoß von Autos festlegen, um die Luftqualität zu verbessern
- Steuererleichterungen oder Subventionen für die Nutzung erneuerbarer Energien gewähren, um diese zu fördern

3. Z. B.
- Einerseits: Umweltbewusste Produktion ist häufig kostenintensiver. Diese Mehrkosten verteuern die Produkte. Die internationale Wettbewerbsfähigkeit ist dadurch gefährdet.
- Andererseits:
  – Verbraucher/-innen legen zunehmend Wert auf ökologische Produktionsketten. Der Markt für umweltfreundliche Produkte wächst daher ständig. Dadurch können neue Kundenkreise erschlossen werden.
  – Die Mehrkosten für nachhaltige Produktion können zum Teil über die Jahre ausgeglichen werden.

Aufgabe 3

1.1 „Wir sind das Volk!" ermahnt die Herrschenden, dass sie letztendlich als Diener des Volkes agieren sollten. Daraus lässt sich die Forderung nach politischen Reformen ableiten. „Wir sind ein Volk!" drückt die Forderung nach der Wiedervereinigung der beiden deutschen Staaten aus.

1.2 Z. B.
- fehlende Rechtsstaatlichkeit wie z. B. willkürliche Inhaftierung und Bespitzelung durch die Staatssicherheitsorgane (Stasi)
- fehlende Grundrechte wie z. B. Meinungs-, Presse- und Reisefreiheit
- niedriger Lebensstandard wie z. B. mangelhafte Versorgungslage an hochwertigen Konsumgütern

2.1 Der Begriff „Aufbau Ost" bezeichnet alle wirtschaftspolitischen Maßnahmen, welche das Ziel verfolgen, die Lebensverhältnisse in den ostdeutschen Bundesländern an die westdeutschen Bundesländer anzupassen.

2.2 Fortschritte:

- Es mehren sich Anzeichen, dass die lang anhaltende Abwanderung aus dem Osten beendet und stattdessen ein Trend zur Zuwanderung zu verzeichnen ist (verteilt auf nur 15 % der Gemeinden).
- Ostdeutsche Städte haben durch Städtebauförderung und Aufbau Ost an Attraktivität gewonnen und ziehen wieder Menschen aus allen Alters- und Bevölkerungsschichten an.
- Dies schafft neue Arbeitsplätze in diesen Regionen.

Probleme:

- Nur ein kleiner Teil der Gemeinden profitiert und verzeichnet Zuwanderungsüberschuss.
- Ostdeutschland verliert in der Mehrheit der Regionen weiterhin an Bevölkerung, vor allem in den ländlichen Regionen durch die Abwanderung und den Sterbeüberschuss.

2.3 Beschreibung:
Auf dem oberen Bild sind gepflegte Häuser, ein intakter Bürgersteig und eine neue Straße zu sehen, davor prangt ein Schild mit der Aufschrift „Gemeinschaftswerk Aufschwung Ost" mit einem Pfeil, der nach oben gerichtet ist.
Auf dem unteren Bild ist ein altes Haus mit eingeworfenen Fensterscheiben und bröckelndem Putz zu sehen, davor prangt ein Schild mit der Aufschrift „Gemeinschaftswerk Abschwung West" mit einem Pfeil nach unten. Die Straße hat viele Schlaglöcher und auf dem Gehweg liegt Müll.

Interpretation:
Der Karikaturist will darauf aufmerksam machen, dass, obwohl der Aufbau Ost ein Gemeinschaftswerk der Deutschen ist, er doch durch die hohen Transferzahlungen eher zulasten der alten Bundesländer geht. Im Osten wird in Infrastruktur und Städtesanierung investiert, der Westen geht leer aus, es fehlen selbst Gelder zum Bestandserhalt.

Aufgabe 4

1.1
- autoritäre Machthaber, religiöse Extremisten und Militärmachthaber
- demonstrierende Menschen in Deutschland, die der Presse Lügenberichterstattung vorwerfen
- Journalisten in den Redaktionen selbst, die ihre Arbeit schlecht verrichten

1.2
- Eine kritische Presse störe durch ihre Kritik an den Missständen das Machtgefüge von Diktatoren.
- Menschen, die das Wort „Lügenpresse" verwenden, gehe es zumeist nur um ihre Sicht der Dinge, andere (tatsächliche) Wahrheiten werden nicht akzeptiert, sondern als Lüge diffamiert.
- Die Bedingungen in der Medienlandschaft führten nicht selten zu Nachlässigkeiten bei Recherchearbeiten, zum Verfälschen oder Weglassen von Informationen, zum Aufbauschen von Kleinigkeiten und zu Vorverurteilungen.

2.1 Das System der Gewaltenteilung bezeichnet die Machtaufteilung im Staat in Exekutive, Legislative und Judikative, die sich gegenseitig kontrollieren und so Machtmissbrauch vorbeugen.

2.2 Für eine funktionierende Demokratie sind freie Medien eine wichtige Voraussetzung. Sie übernehmen, wenn sie frei und nicht staatlich gegängelt und kontrolliert werden, die wichtigen gesellschaftspolitischen Aufgaben:

- Informationsfunktion,
- Meinungsbildungsfunktion,
- Kritik- und Kontrollfunktion.

3. Beschreibung:
Die Karikatur zeigt einen Mann, vermutlich einen Reporter, der einen hinter einem Zeichentisch sitzenden politischen Karikaturisten dahingehend befragt, ob das Attentat auf die Satirezeitschrift „Charlie Hebdo" irgendwelche Auswirkungen auf seine berufliche Arbeit habe. An der Wand hinter dem Karikaturisten hängen Zeichnungen, die allesamt lediglich „harmlose" Motive aus der Tier- und Pflanzenwelt zum Thema haben.

Interpretation:
Der terroristische Anschlag auf „Charlie Hebdo", dem eine ganze Reihe von politischen Karikaturisten zum Opfer fielen, zeigt Auswirkungen auf andere Karikaturisten, die nunmehr aus Angst um ihr Leben keine kritischen, möglicherweise provozierenden Zeichnungen mehr erstellen, sondern sich ausschließlich um Motive bemühen, bei denen sich niemand mehr kritisiert oder gar provoziert fühlen muss. Der Terror sorgt somit für eine Einschränkung der Medien- bzw. Pressefreiheit.

Aufgabe 5

1.1
- Durch Erhebung von Zöllen und anderen Handelshemmnissen im Zuge des Austrittes Großbritanniens aus dem Binnenmarkt würde der Güterhandel stark beeinträchtigt, der Export in die EU für GB schwieriger werden.
- Als Folge des Handelsrückgangs könnte der Wohlstand nicht nur in GB, sondern auch in der EU zurückgehen, da GB eine der größten Volkswirtschaften in der EU und wichtiger Handelspartner für die Gemeinschaft ist, bisher ca. 40 % des Exports in die EU liefert.
- Besondere Probleme hätte der Finanzsektor, da große Teile der europäischen Finanzgeschäfte bisher in London abgewickelt werden.

1.2 Z. B.
- Freier Personenverkehr: Freizügigkeit durch offene Grenzen, Arbeits- und Lebensmöglichkeiteninnerhalb aller EU-Mitgliedsstaaten
- Innerhalb der Eurozone: Gleiche Währung erleichtert Preisvergleiche und verhindert Wechselkursrisiken.

2. Z. B.
- Friedenssicherung und Aussöhnung ehemaliger Kriegsgegner durch politische Zusammenarbeit
- gemeinsamer Wiederaufbau von zerstörten Städten und Infrastruktur
- Schutz vor Expansionsbestrebungen der UdSSR bzw. kommunistischer Staaten

3. Z. B.
- Trennender Aspekt: In der Flüchtlingspolitik können sich die Mitgliedsstaaten nicht auf eine gemeinsame Linie einigen (z. B. verbindliche Aufnahmequote für jeden einzelnen Staat nach Leistungsfähigkeit).
- Vereinender Aspekt: gegenseitige Hilfe und Solidarität (z. B. Rettung des Euro, polizeiliche Zusammenarbeit bei der Terrorbekämpfung)

Aufgabe 6

1.1 Z. B.
- Kapital- und Warenverkehr
- Wissenstransfer
- Verkehr und Transport
- Kommunikation
- Politik
- Kultur
- Umwelt

1.2 Z. B. im Bereich Verkehr und Transport:
- Vorteile:
    - schneller und günstiger Warentransport
    - Verfügbarkeit von Waren aus aller Welt
    - großes Angebot an preiswerten Urlaubsreisen
- Nachteile:
    - Umweltzerstörung durch erhöhtes Verkehrsaufkommen
    - Massentourismus bedroht Umwelt und lokale Bräuche.

2. Beschreibung:
Rund um den (einen) Globus fährt ein Mann in einem Auto mit der Aufschrift „Industrienationen". Bei der Fahrt produziert er eine riesige Abgaswolke rund um die Erde. Der (z. B. europäisch wirkende) Automobilist zeigt am Ende der Rundfahrt auf einen Mann, gezeichnet als Mensch einer anderen Ethnie (dem gängigen Bild eines „Schwarzen" ähnlich), der neben einem Schild mit der Aufschrift „Schwellenländer" steht und von der Abgaswolke umhüllt ist, und ruft ihm das Wort „Stinker!" zu. Die Karikatur trägt die Bildunterschrift „Globalisierung".

Interpretation:
Die Industrienationen beschuldigen die Schwellenländer, für die globale Luftverschmutzung verantwortlich zu sein, und leugnen damit ihre eigene Verantwortung. Die Schwellenländer stehen dem hilflos gegenüber und sind die Leidtragenden dieses rücksichtslosen Verhaltens.

3. Z. B.
   - Unterschiede zwischen Arm und Reich nehmen zu, Einzelpersonen werden immer reicher.
   - Interessen der Wirtschaft setzen sich durch.
   - Umwelt- und Sozialstandards sowie Menschenrechte werden vernachlässigt.
   - Regierungen werden erpresst (Kapitalflucht).
   - Kriege/militärische Auseinandersetzungen um Rohstoffe nehmen zu.
   - Die Konsequenz der ungesteuerten Globalisierung ist eine Zerstörung der Demokratie.

4. Z. B.
   - Veränderung des Einkaufverhaltens: Kaufentscheidungen abhängig machen von der Kenntnis nachhaltiger und fairer Produktionsbedingungen/Handelsketten/Transportwege
   - Veränderung des Urlaubsverhaltens: Boykott von Urlaubsländern, in denen Menschenrechte missachtet werden/Urlaub in Heimatnähe/nachhaltiges Reisen (das keine Umweltschäden verursacht)